바·세 연구

바세 연구

དབའ་བཞེད་ཞིབ་འཇུག

조병활 지음

조병활 趙炳活

* 북경대학 철학과에서 북송 선학禪學사상 연구로 철학박사 학위취득.
* 중국 중앙민족대학 티베트학연구원에서 티베트불교 연구로 박사학위 취득.
* 『조론연구』[장경각. 2023], 『불교미술기행』[이가서. 2005], 『다르마로드』[상 · 하. 랜덤하우스중앙(주). 2005] 등의 저서를 출간했으며 『조론오가해』[전5권. 장경각. 2023], 『조론』[장경각. 2023] 등을 우리말로 옮기고 펴냈다. 「『바세』 5종 필사본에 보이는 '김 하상 기록' 비교 연구」, 「「조론서」 연구」, 「「물불천론」 연구」 등 우리말 · 중국어 · 티베트어로 쓴 다수의 논문이 있다.
* 제3회 퇴옹학술상(2021년), 제20회 불교출판문화상 붓다북학술상(2023년), 불교평론 뇌허불교학술상(2023년) 등을 수상했다.

바세 연구 དབའ་བཞེད་ཞིབ་འཇུག

2024년 1월 30일 초판1쇄 발행

지은이 조병활
디자인 김인주
발행인 김미숙
편집인 김성동
펴낸곳 도서출판 어의운하
주　소 경기도 파주시 동패로 117, 211동 101호
전　화 070-4410-8050
팩　스 0303-3444-8050
http://www.facebook.com/you-think
http://blog.naver.com/you-think
출판등록 제406-2018-000137

ISBN 979-11-977080-6-0(93200)

차례

Ⅰ. 연구 편

009 『바세』와 티베트불교

055 『바세』 5종 필사본에 보이는
'김 하샹 기록' 비교 연구

Ⅱ. 역주 편

099 바세

185 དབའ་བཞེད།

226 찾아보기

235 저자후기

일러두기

1. 역주譯注의 저본은 『韋協』, 拉薩: 西藏藏文古籍出版社, 2010, pp.1-58[དབའ་བཞེད་བཞུགས་སོ། ལྷ་ས། བོད་ལྗོངས་བོད་ཡིག་རྙིང་དཔེ་སྐྲུན་ཁང་། ༢༠༡༠ལོ། ཤོག་གྲངས་༡ནས་༥༨།]이다. 필요한 경우 『《巴協》汇編』, 北京: 民族出版社, 2009, pp.237-281[སྦ་བཞེད་ཕྱོགས་བསྒྲིགས། པེ་ཅིན། མི་རིགས་དཔེ་སྐྲུན་ཁང་། ༢༠༠༩ལོ། ཤོག་གྲངས་༢༣༧ནས་༢༨༡།]를 참조했다. 2019년 1월 10일부터 2019년 5월 10일까지 번역했다.

2. 내용에 따라 단락을 나누고 1, 2, … 등의 숫자를 역주문譯注文에 붙였고 원문에는 티베트어 숫자로 표기해 같은 번호의 역주문과 원문을 대조하며 읽을 수 있도록 했다. 티베트어 숫자는 아래와 같다.

0	1	2	3	4	5	6	7	8	9	10	11	20	100	101
༠	༡	༢	༣	༤	༥	༦	༧	༨	༩	༡༠	༡༡	༢༠	༡༠༠	༡༠༡

3. 인명人名은 다음과 같이 표기했다.
   * 일반인: 가똥짼유숭(འགར་སྟོང་བཙན་ཡུལ་ཟུངས། ?-667)
   * 왕 · 황제: 짼뽀 치송짼(ཁྲི་སྲོང་བཙན། 617-629-650). 태어난 해, 즉위한 해, 타계한 해 순서로 표기.

4. 우리말은 우리말표기법(표점 · 부호 등)을 따랐고 티베트어는 티베트어표기법(표점 · 부호 등)을 따랐다.
   * 우리말: 『 』- 책, 「 」- 짧은 글이나 논문 등.
   * 티베트어: 《 》- 책, 〈 〉- 짧은 글이나 논문 등.

5. 역주문에 보이는 ( ) 속의 글은 원문에는 없으나 이해를 돕기 위해 번역자가 첨가한 것이며 [ ] 속의 글은 바로 앞 말과 의미가 같다는 뜻이다.
   * **너희들이 이처럼 (내가 나라 다스리는 법을) 좋아하지 않기에 …**
   * **그 후 짼뽀 치송짼[송짼깜뽀] 시대에 네팔 국왕의 딸 …**

6. 본서의 주요 티베트어 발음은 아래와 같으며 이에 따라 우리말로 표기했다.
   * ཀྱ[kya] ཁྱ[khya] གྱ[gya] ཧྱ[hya] པྱ[ca] ཕྱ[qa] བྱ[ja] མྱ[nya] དཔྱ[sha] འཕྱ[cha] དབྱ[ya] འབྱ[ja] ཀྲ་ཏ་ཞ[zha] ཁྲ་ཟ་ཞ[cha] ཀྲ་ད་ཞ[cha] ཧྲ[sha] སྨ[ma] སྲ[sa]

7. 발음 그대로 전사轉寫한 티베트어는 바로 옆에, 의미를 번역한 티베트어는 [ ] 안에 각각 표기했다.

8. 한글과 음音이 같은 한자는 바로 옆에, 한글과 음이 다른 한자는 [ ] 안에 각각 표기했다. 현대 중국어의 병음倂音과 성조聲調는 [ ] 안에 표기했다.
   * 京師[jing1shi1]

9. 역주문은 성철사상연구원이 발행하는 월간月刊 『고경』 제69호[2019년 1월호], 제70호[2019년 2월호], 제73호[2019년 5월호], 제74호[2019년 6월호] 등에 연재됐던 것을 수정보완한 것이다.

10. 티베트어 원문은 『韋協』, 拉薩: 西藏藏文古籍出版社, 2010, pp.1-58[དབའ་བཞེད་བཞུགས་སོ། ལྷ་ས། བོད་ལྗོངས་བོད་ཡིག་རྙིང་དཔེ་སྐྲུན་ཁང་། ༢༠༡༠ལོ། ཤོག་གྲངས་༡ནས་༥༨།]에 수록되어 있는 것이다.

11. 이해를 돕기 위해 앞부분에 나온 각주를 뒤 부분에 다시 붙인 경우도 있다.

12. 연도는 BCE[Before Common Era, 공통기원전]와 CE[Common Era, 공통기원]로 표기했다. BCE가 없으면 '공통기원'을 의미한다.

13. 본서의 사진은 역주자가 2013년 6월 22일[삼예사 이외]과 2013년 6월 26일[삼예사] 촬영한 것이다.

Ⅰ. 연구 편

『바세』와 티베트불교

티베트(བོད། 토번吐蕃, 짼뽀བཙན་པོ།[1] 총42명, BCE 129-CE 846)[2]에 언제쯤 불교가 전래됐을까? 적지 않은 티베트 역사서에는 제28대 짼뽀 하토토리낸짼(ལྷ་ཐོ་ཐོ་རི་སྙན་བཙན། 422-542)[3] 당시 불교가 전파됐다고 기재記載되어 있다. 『바세དབའ་བཞེད།』[4], 『부뙨불교사བུ་སྟོན་ཆོས་འབྱུང་།』[5], 『왕조

---

1) 왕 · 황제의 고대 티베트식 명칭이다.

2) '고대 티베트'는 '토번'으로 중국측 자료에 기재되어 있다. 'བོད།'라는 글자를 발음대로 표기하면 '뵈'이지만 상대적으로 익숙한 '토번' 혹은 '티베트'로 표기했다. '짼뽀 총42명, BCE 129-CE 846'은 ཕུན་ཚོགས་ཚེ་རིང་གིས་བརྩམས། 《དེབ་ཐེར་ཀུན་གསལ་མེ་ལོང་》 ལྷ་ས། བོད་ལྗོངས་མི་དམངས་དཔེ་སྐྲུན་ཁང་། ༢༠༠༨ ལོ། ཤོག་ངོས་༨༦)ནས་༨༨༥།에 따른 것이다.

3) 422년 태어나 542년 타계했다. 짼뽀로 등극한 연도가 분명하지 않다. ***짼뽀의 경우**: '재위在位'란 표현이 없고 숫자가 세 개일 경우 제일 앞 숫자는 태어난 해, 가운데 숫자는 짼뽀로 등극한 해, 마지막 숫자는 붕어한 해를 각각 나타낸다. 숫자가 두 개일 경우 앞은 태어난 해 뒤는 타계한 해를 가리킨다. '재위'는 짼뽀로 재위한 기간을 말한다. ***일반인의 경우**: 앞의 숫자는 태어난 해 뒤의 숫자는 타계한 해를 의미한다. 이하 동일. 사람의 출생과 짼뽀의 재위 등 연도는 ཀྲང་དབྱི་སུན་གྱིས་གཙོ་འགན་བཞེས་ནས་རྩོམ་སྒྲིག་བྱས་པ། 《བོད་རྒྱ་ཚིག་མཛོད་ཆེན་མོ》 པེ་ཅིན། མི་རིགས་དཔེ་སྐྲུན་ཁང་། ༡༩༩༣ ལོ།; 孫怡蓀主編, 『藏漢大辭典』, 北京: 民族出版社, 1993; ཕུན་ཚོགས་ཚེ་རིང་གིས་བརྩམས། 《དེབ་ཐེར་ཀུན་གསལ་མེ་ལོང་》 ལྷ་ས། བོད་ལྗོངས་མི་དམངས་དཔེ་སྐྲུན་ཁང་། ༢༠༠༨ ལོ།; ཀོ་ཞུལ་གྲགས་པ་འབྱུང་གནས་དང་རྒྱལ་བ་བློ་བཟང་མཁས་གྲུབ་ཀྱིས་བརྩམས། 《གངས་ཅན་མཁས་གྲུབ་རིམ་བྱོན་མིང་མཛོད》 ལན་ཀྲུའུ། ཀན་སུའུ་མི་རིགས་དཔེ་སྐྲུན་ཁང་། ༡༩༩༢ ལོ།; ཁམས་སྤྲུལ་བསོད་ནམས་དོན་གྲུབ་ཀྱིས་བརྩམས། 《གངས་ཅན་མི་སྣ་གྲགས་ཅན་གྱི་འབྱུང་འདས་ལོ་ཚིགས་རེའུ་མིག》 པེ་ཅིན། མི་རིགས་དཔེ་སྐྲུན་ཁང་། ༢༠༠༥ ལོ། 등을 따랐다. 생몰년을 인용한다고 이 책들의 모든 내용에 동의하는 것은 아니며 이 글에 인용된 다른 책들도 마찬가지이다.

4) 원시사본原始寫本은 8세기 말 완성된 것으로 추정되는 역사서. 8세기

명경王朝明鏡 རྒྱལ་རབས་གསལ་བའི་མེ་ལོང་།』[6], 『투깐교의론教義論 ཐུའུ་ཀྭན་ཆོས་འབྱུང་ངམ་ཐུའུ་ཀྭན་གྲུབ་མཐའ།』[7] 등 티베트 역사서들에 비슷한 내용의 기록이 있다. 8세기 중・후반 티베트불교의 흥망성쇠를 기록한 『바세』는 다음과 같은 문장으로 시작된다.

> [1][8] "부처님 가르침이 어떻게 토번에 전파됐는지에 대해 손으로 쓴 문서. 토번에 불법佛法이 처음 나타난 것은

중・후반의 티베트불교 역사가 기재記載되어 있다.

5) 부뙨린첸춥(བུ་སྟོན་རིན་ཆེན་གྲུབ། 1290-1364) 스님이 1322년 완성한 책. 인도와 네팔 불교역사, 티베트 불교역사, 깐규르・땐규르 목록 등이 들어있다. 부뙨 스님은 시가체 부근에 위치한 샤루최데ཞྭ་ལུ་ཆོས་སྡེ夏魯寺에서 오랫동안 제자들을 가르치며 2백여 종의 저서를 남겼다. 저서들 가운데 『부뙨불교사』는 특히 유명하다.

6) 티베트불교 사꺄파의 학승인 사꺄소남갤챈(ས་སྐྱ་བསོད་ནམས་རྒྱལ་མཚན། 1312-1375) 스님이 지었으며 그의 입적 후 보완되어 1388년 완성된 역사서. 기세간器世間의 형성, 인도의 역대 왕조, 석가모니 부처님의 출생, 불교의 흥기, 티베트 고대 역사와 불교의 티베트 전파 등에 관한 역사가 차례로 기술되어 있다. 중국 학자들은 주로 『서장왕통기西藏王統記』로 번역한다.

7) 투깐로상최끼니마(ཐུའུ་ཀྭན་བློ་བཟང་ཆོས་ཀྱི་ཉི་མ། 1737-?) 스님이 1801년 완성한 책. 인도, 티베트, 중국, 몽고, 우전于闐 등지에서 종파宗派가 발전한 역사와 그 핵심교의核心教義 들을 기술해 놓았다. 중국의 유교, 도교에 대한 설명도 있다. 투깐 스님은 티베트 암도ཨ་མདོ། 지방[중국 청해성]에 위치한 곤룽곤빠 དགོན་ལུང་དགོན་པ།佑寧寺에서 주로 활동했다.

8) [1], [2], [3], … 등은 편의상 붙인 번호이다.

짼뽀 하토토리낸짼 시대이며, 짼뽀 치송짼(ཁྲི་སྲོང་བཙན། 송짼깜뽀སྲོང་བཙན་སྒམ་པོ། 617-629-650) 통치 시기에 (부처님 가르침의) 큰 일이 시작됐으며, 짼뽀 치송데짼(ཁྲི་སྲོང་ལྡེ་བཙན། 742-755-797) 시대에 교의教義가 발전해 번창했다. 짼뽀 치쭉데짼(ཁྲི་གཙུག་ལྡེ་བཙན། 랄빠·잰རལ་པ་ཅན། 806-817-841) 당시 (경문의 번역에 관한 '용어와 규칙[སྐད་གསར་ཆད།]' 등을) 혁신해 확정했다. 짼뽀 하토토리낸짼 시대에 처음 나타난 부처님 가르침과 관련해 (다음과 같은) 이야기가 전한다. 금니金泥로 쓰여진 범어梵語 육자진언[옴마니반메훔, ཡི་གེ་དྲུག་པ་མ་ཎི་པད་མེ།]이 들어있는 상자가 하늘에서 국왕 앞에 떨어졌다. (당시 누구도 그것이) 불교의 물건인지 본교བོན་པོ་ཆོས་ལུགས།[9]의 물건인지를 잘 몰라 상자 이름을 '신비하고 신령스러운 물건[낸뽀상와གཉན་པོ་གསང་བ།]'이라 부르고는 '깨끗한 옥돌[གཡུ་མཚོན།]'과 '금빛 나는 음료[གསེར་སྐྱེམས།]' 등을 바쳤다. 그리곤 운부라강ཡུན་བུ་བླ་སྒང་། 궁전의 창고에 비밀스레 모셨다. 짼뽀 자신이 때때로 그 상자를 열어 보았다. 그것에 공양을 올렸기에 80세 고령의 짼뽀의 얼굴이 16세 소년과 같은 얼굴로 변했다. 짼뽀는 임종을 맞아 '나의 자손들은 국운이 창성하든 쇠약하든 때때로 이 상자를 열어 보라!'는

9) 티베트의 자생종교. 지금도 본교 신자들이 적지 않다.

유언을 남겼다.”[10)]

“불교의 물건인지 본교의 물건인지를 잘 몰라 상자 이름을 ‘신비하고 신령스러운 물건’이라 부르고는 ‘깨끗한 옥돌’과 ‘금빛 나는 음료’ 등을 바쳤다.”라는 기록이 웅변하듯 쨴뽀 하토토리낸쨴 시대 불교는 티베트에 단지 알려진 정도에 불과하다고 볼 수 있다. 전래라 부르기에는 뭔가 부족하다. 어떤 지역에 갓 들어온 종교나 사상이 곧바로 영향력을 발휘하기는 힘들지만 기본적인 조건은 구비돼야 ‘전래傳來됐다’고 말할 수 있기 때문이다. 티베트 최고最高의 역사서 가운데 한 권으로 평가되는 『푸른 역사དེབ་ཐེར་སྔོན་པོ།』[11)] 에 이를 지

10) “སངས་རྒྱས་ཀྱི་ཆོས་བོད་ཁམས་སུ་ཇི་ལྟར་བྱུང་བའི་བཀའ་མཆིད་ཀྱི་ཡི་གེ། བོད་ཁམས་སུ་དང་པོ་དམ་པའི་ཆོས་བཙན་པོ་ལྷ་ཐོ་ཐོ་རི་སྙན་བཙན་གྱི་སྐུ་རིང་ལ་དབུ་བརྙེས། བཙན་པོ་ཁྲི་སྲོང་བཙན་གྱི་སྐུ་རིང་ལ་ལྷ་ཆོས་མཛད་པའི་སྲོལ་བཏོད། བཙན་པོ་ཁྲི་སྲོང་ལྡེ་བཙན་གྱི་སྐུ་རིང་ལ་དར་ཞིང་རྒྱས་པར་མཛད། བཙན་པོ་ཁྲི་གཙུག་ལྡེ་བཙན་ (རལ་པ་ཅན་) གྱི་སྐུ་རིང་ལ་ (སྐད་གསར་ཆད་ 〈བཅད་〉 ཀྱིས་) ཤིན་ཏུ་གཏན་ལ་ཕབ་པ་ལགས་པ་ལས། ལྷ་ཐོ་ཐོ་རི་སྙན་བཙན་གྱི་སྐུ་རིང་ལ་དབུ་བརྙེས་པ་དེ་ལ་ (རྒྱ་གར་གྱི་ཡི་གེ་དྲུག་པ་མ་ནི་པད་མེ་གསེར་ལས་བྲིས་པ་སྒྲོམ་བུར་བཅུག་ནས་ནམ་མཁའ་ལས་མངའ་བདག་གི་དྲུང་དུ་བབས་པ་ཆོས་དང་བོན་དུ་ངོ་མ་ཤེས་ཏེ་དེ་ལ་) གཉན་པོ་གསང་བ་ཞེས་མིང་བཏགས་ཏེ་གཡུ་ (རྗེ་ཟེར་ཏེ་ནས་ཡིན་) མདོན་དང་གསེར་སྐྱེམས་ཀྱིས་མཆོད། (ཡུན་བུ་བླ་སྒང་གཉན་གྱི་མཛོད་དུ་སྦས་ཏེ་) བཙན་པོ་ཉིད་ཀྱང་དུས་དུས་སུ་ཞལ་ཕྱེ་ཞིང་གཟིགས། (དེ་ལ་མཆོད་པ་བྱས་པས་རྒྱལ་པོ་དགུང་ལོ་བརྒྱད་བཅུ་པ་སྐུ་འགྲི་ 〈བགྲེས་〉 པོ་བ་གཅིག་དགུང་ལོ་བཅུ་དྲུག་པ་ལྟ་བུར་གྱུར་ཏེ་) ཞལ་ཆེམས་སུའང་ངའི་དབོན་སྲས་ཆབ་སྲིད་ཆེ་ན་ཡང་འདི་ཞལ་ཕྱེ། ཆབ་སྲིད་ཆུང་ན་འང་འདི་ཞལ་ཕྱེ་ཤིག་ 〈ཞིག་〉 ཅེས་བཀའ་བསྩལ་ཏོ།།” 《དབའ་བཞེད་བཞུགས་སོ》 ལྟ་ས། བོད་ལྗོངས་བོད་ཡིག་རྙིང་དཔེ་སྐྲུན་ཁང་། ༢༠༡༠ལོ། ཤོག་ངོས་༡ནས་༢། ‘བཞུགས་སོ།’는 “존재한다.”라는 의미. 책 등의 제목을 표기할 때 상용常用하는 단어로 쓰지 않아도 되지만 여기서는 편의상 사용한다. 이하 동일.

11) 귀로에상소누뻴(འགོས་ལོ་ཡི་བཟང་གཞོན་ནུ་དཔལ། 1392-1481) 스님이 1476-1478년에 지은 역사책. 티베트 역사를 연구할 때 가장 많이 이용하는 책 가

적하는 기록이 있다.

[2] "짼뽀 하토토리낸짼 재위 당시 『보협경요육자진언寶篋經要六字眞言』과 『제불보살명칭경諸佛菩薩名稱經』 등이 하늘에서 떨어졌다. … 짼뽀 하토토리낸짼 시대 정법正法이 티베트에 시작된 정황은 경전만 있고 (경전을) 쓰는 것, 읽는 것, 설명하는 것 등은 없었다. 짼뽀 송짼깜뽀 시기 비로소 톤미삼보타를 인도에 파견해 하릭빼셍게라는 스승에게 문자와 말 등을 잘 배우게 했다. … 모든 백성들이 문자와 '재가 도덕규범 16조'를 익혔다. 불교의 문에 새롭게 들어오는 사람들이 늘어났으며 다른 선법善法도 매우 성행盛行했다. 티베트 지역이 선량善良하게 되었다."[12]

운데 하나로 전15장으로 구성됐다. 중국학자들은 이 책을 『청사青史』로, 영역자들은 ***Blue annals***로 번역했다. 역자는 『푸른 역사』로 옮긴다.

12) "ལྷ་ཐོ་ཐོ་རི་གཉན་བཙན་གྱི་རིང་ལ་ཙིནྟ་མ་ཎིའི་གཟུངས་དང༌། སྤང་བཀོང་ཕྱག་བརྒྱ་པ་ལ་སོགས་པ་ལ་ནམ་མཁའ་ནས་བབས་ཤིང༌། … དེ་ལ་ཐོ་ཐོ་རི་གཉན་བཙན་གྱི་རིང་ལ་ཆོས་ཀྱི་དབུ་བརྙེས་པ་ནི། ཆོས་ཀྱི་གླེགས་བམ་ཙམ་བྱུང་བ་ཡིན་གྱི། བྲི་བ་དང་བཀླག་པ་འཆད་པ་སོགས་ནི་མེད་དོ། སྲོང་བཙན་སྒམ་པོའི་རིང་ལ་ཐོན་མི་སམྦྷོ་ཊ་རྒྱ་གར་དུ་བཏང་ནས། སློབ་དཔོན་ལྷ་རིག་པའི་སེང་གེ་ཞེས་བྱ་བ་ལ་ཡི་གེ་དང་སྐད་ལེགས་པར་བསླབས། … འབངས་རྣམས་ལའང་ཡི་གེ་དང༌། མི་ཆོས་བཅུ་དྲུག་ལ་སོགས་པའི་ཆོས་ལུགས་ལེགས་པར་བསླབ་སྟེ། རབ་ཏུ་བྱུང་བ་ལ་གསར་དུ་འཛུད་པ་མ་གཏོགས་ཆོས་གཞན་ཤིན་ཏུ་དར་དས་བོད་ཁམས་དཀར་པོར་བྱས་པ་ཡིན།" འགོས་ལོ་ཡེ་བཟང་གཞོན་ནུ་དཔལ་གྱིས་བརྩམས། 《དེབ་ཐེར་སྔོན་པོ》 ཁྲིང་དུ། སི་ཁྲིན་མི་རིགས་དཔེ་སྐྲུན་ཁང་། ༡༩༨༥ལོ། ཤོག་ངོས་༦༣ནས་༦༦།

『푸른 역사』가 지적한대로 쩬뽀 하토토리낸쩬 당시엔 "경전이 하늘에서 떨어진" 정도였다. 당시 사람들은 그것이 무슨 경전인지도 제대로 몰랐다. 불교가 전래됐다고 말하기엔 충분하지 않다. 사실 하나의 사상이나 종교가 하루아침에 어떤 지역에서 다른 지역으로 곧바로 즉시 이식移植되지는 않는다. 오랜 '전파기간'을 거쳐야 된다. 고대 사회라면 더욱 그럴 것이다. 어떤 사상이나 종교는 대개 전파傳播 → 공인公認 → 발전發展 → 토착화 단계를 거치며 새롭게 이식된 지역에 서서히 뿌리를 내린다. 전파된 후 곧바로 공인되지도 않고 공인된다고 즉시 발전하는 것은 아니다. 이런 견지에서 보면 쩬뽀 하토토리낸쩬 시대 불교는 티베트에 그 존재가 알려진 정도였다고 생각된다.

물론, 지리적으로 티베트는 불교가 흥기한 인도 바로 옆에 위치해 있기에 '불교라는 가르침이 인도에서 발생해 유행하고 있다'는 사실을 고대 티베트인들이 모르지는 않았을 것이다. 상인들을 통해 혹은 티베트와 인도를 왕래하는 사신들에 의해 불교의 존재를 티베트 사람들은 전해 듣거나 알고 있었을 것이다. 티베트 사람들이 '불교의 존재를 알고 있었다'는 정도의 사실만으로 '불교가 이미 티베트에 전파됐다'고 주장하기는 - 당연한 말이지만 - 어렵다. 전파된 종교나 사상이 현지現地 사람들에게 긍정적이든 부정적이든 영향을 어느 정도 끼칠 때 비로소 '공공 기관의 문서'에 기록되고, 후세의 역사가들은 역사서 같은 공식 문서에 기록된 것을 '공인公認'이라 부른다.

특히 '불교의 전래'가 인정되려면 '불佛'을 상징하는 불상, '법法'을 표상하는 경전, 본토 출신 '출가자[僧]' 혹은 이국異國의 출가자 등

라싸쭉라캉[조캉 사원, 대소사]의 전각들.

대소사 앞 광장. 오른쪽에 포탈라궁이 보인다.

최소한 세 가지는 완비完備되어야 한다. 불교의 세 가지 보배인 불佛·법法·승僧이 구비돼야 한다는 것이다. 우리나라에 불교가 들어왔을 때도 그랬다. 『삼국사기』 권제18에 관련 기록이 있다.

> [3] "(고구려) 소수림왕 2년[372] 전진의 부견 왕이 사신과 순도 스님을 파견해 불상과 경문을 보내왔다. 소수림왕이 사신을 보내 답례하고 토산물을 바쳤다. … 4년 아도 스님이 왔다. 5년 봄 2월 처음으로 초문사를 세우고 순도 스님을 모셨다. 또 이불란사를 창건하고 아도 스님을 모셨다. 이것이 해동 불법의 시작이다."[13)]

불상과 경문 그리고 사찰을 세웠던 때를 불법의 시작이라고 표현했다. 물론 여기서 시작은 공인公認을 말한다. 자세한 기록은 없지만 소수림왕 당시 공인되기 이전, 요동 등 고구려 지역엔 불교가 많이 알려지거나 전파되어 있었을 것이다.

그렇다면 불교는 언제쯤 티베트에 전래됐을까? 불·법·승이 구비具備된 시기는 어느 때일까? 네팔 출신의 치쭌 공주ལྷ་གཅིག་ཁྲི་བཙུན།가 쩬뽀 송짼감뽀와 결혼하기 위해 라싸에 도착한 639년으로 보는 것이

13) "小獸林王二年, 秦王苻堅, 遣使及浮屠順道, 送佛像經文. 王遣使廻謝, 以貢方物. … 四年, 僧阿道來. 五年春二月, 始創肖門寺, 以置順道. 又創伊弗蘭寺, 以置阿道. 此海東佛法之始." 정구복 등 勘校, 『역주 삼국사기1-감교원문편』, 성남: 한국학중앙연구원출판부, 2011, p.288.

합리적이다. 그녀는 석가모니 8세 등신부동금강상等身不動金剛像, 미륵법륜彌勒法輪 등을 모시고 라싸에 도착했다.[14] 짼뽀 송짼깜뽀와 치쭌 공주는 641년 라싸쭉라깡, 즉 조캉 사원[대소사大昭寺]을 세웠다.[15]

불교가 티베트에 전래된 것과 관련해 중요한 또 하나의 문제가 있다. 639년 당시 불교는 이미 중앙아시아와 동아시아 대부분의 국가에 전파된 상태였다. 아프가니스탄, 중국은 물론 한국, 일본 등지에도 뿌리를 내린 채 발전하고 있었다. 그런데 불교발생지인 인도를 바로 옆에 두고 있는 티베트에 7세기 중반 즈음 비로소 불교가 전래됐다는 점은 언뜻 봐도 이상하다.

험준한 히말라야 산맥 때문이었을까? 9세기 이후 인도 출신의 적지 않은 고승들이 티베트에 온다는 점을 고려하면 산맥의 존재가 불교 전파의 장애는 아니었을 것이다. 문제는 본교བོན་པོ་ཆོས་ལུགས།였다. 고래로 티베트의 모든 지역과 분야에 대단한 세력을 형성하고 있던 본교의 조직적인 저항 때문에 불교 전래가 늦어졌다.

전통종교인 본교와 대립하고 갈등하는 등 여러 파란과 곡절을 겪으며 토번의 불교는 서서히 발전의 토대를 마련해 나갔다. 불교의 전래를 방해했던 본교는 계속해 앞길을 막았다. 몇 차례의 법난法難도 발생했다. 본교와 불교의 대립은 마지막 짼뽀 치달마우둠짼

14) ཕུན་ཚོགས་ཚེ་རིང་གིས་བརྩམས། 《དེབ་ཐེར་ཀུན་གསལ་མེ་ལོང་》 ལྷ་ས། བོད་ལྗོངས་མི་དམངས་དཔེ་སྐྲུན་ཁང་། ༢༠༠༩ ལོ། ཤོག་ངོས་༥༢།

15) ཕུན་ཚོགས་ཚེ་རིང་གིས་བརྩམས། 《དེབ་ཐེར་ཀུན་གསལ་མེ་ལོང་》 ལྷ་ས། བོད་ལྗོངས་མི་དམངས་དཔེ་སྐྲུན་ཁང་། ༢༠༠༩ ལོ། ཤོག་ངོས་༥༩།

(ཁྲི་དར་མ་ཨུ་དུམ་བཙན། 랑달마གླང་དར་མ། 803-841-846) 때까지 이어진다. 짼뽀 치달마우둠짼이 불교를 탄압한 것도, 짼뽀 치달마우둠짼 자신이 살해된 것도 이 갈등과 깊은 관련이 있다.

보다 정확히 말하면 650년 짼뽀 송짼감뽀가 붕어하고 짼뽀 치송데짼이 779년 삼예사를 건립할 때까지 - 사료史料 부족으로 불교 상황을 정확하게 알 수는 없지만 - 불교에 크나큰 발전은 없었던 것으로 보인다. 티베트불교 사서에 드물지 않게 등장하는 '조손삼법왕祖孫三法王མེས་དབོན་རྣམ་གསུམ།'[16] 이라는 말이 이를 상징적으로 보여준다. 송짼감뽀(སྲོང་བཙན་སྒམ་པོ། 617-629-650), 치송데짼(ཁྲི་སྲོང་ལྡེ་བཙན། 742-755-797), 치쭉데짼(ཁྲི་གཙུག་ལྡེ་བཙན། 랄빠짼རལ་པ་ཅན། 806-817-841) 등 3명의 짼뽀 재위 당시 불교가 발전했기에 붙여진 명칭이 바로 '이 단어[조손삼법왕]' 이다.

1백여 년 정도의 시간이 짼뽀 송짼감뽀와 짼뽀 치송데짼 사이에 존재하며 이 기간 동안 불교가 어떤 모습이었는지에 대한 기록이 매우 드물다. 후대의 티베트 사람들이 '조손삼법왕' 이라며 두 짼뽀를 직접 연결한 점으로 보아서는 1백여 년 동안 티베트불교에 주목할만한 발전은 없었다고 판단해도 큰 무리는 아닐 것으로 생각된다.

---

16) '조손삼법왕' 과 함께 '사군삼존師君三尊' 을 기억할 필요가 있다. 짼뽀 치송데짼ཆོས་རྒྱལ།, 적호[寂護, 샨타락시타, བོ་དྷི་ས་ཏྭ། ཞི་བ་འཚོ། མཁན་ཆེན།] 스님, 연화생[蓮花生, 파드마삼바바, པད་མ་འབྱུང་གནས། པད་མ་ས་མྦྷ་བ། སློབ་དཔོན།] 스님 등 3인을 티베트 사람들은 '사군삼존མཁན་སློབ་ཆོས་གསུམ།' 이라 부른다.

새로운 전기는 짼뽀 치송데짼 시대인 8세기 중후반 적호[샨타락쉬타, བོ་དྷི་ས་ཏྭ།] 스님[17], 연화생[파드마삼바바, པད་མ་ས་བྷ་བ། པད་མ་ས་〈སཾ་〉བྷ་བ།] 스님[18], 연화계[까말라씰라, ཀ་མ་ལ་ཤི་ལ། ཀ་མ་ལ་ཤཱི་ལ།] 스님[19] 등이 잇따라 티베트에 들어오며 마련된다. 삼예사 건립과 792-794년경에 있었던 삼예종론宗論[점문파와 돈문파 사이의 논쟁]을 거치며 불교는 완전히 정착된다. 그러다 마지막 짼뽀 치달마우둠짼 시기 폐불廢佛을 겪는다. 폐불 진행 과정에 짼뽀 치달마우둠짼은 살해되고 토번은 멸망된다. '토번' 이라는 이름은 역사의 장막 뒤로 영원히 사라지고 사람들의 기억과 책 속에만 남게 된다.[20]

---

17) 적호寂護, 즉 샨타락시타 스님을 가리킨다. 그의 티베트식 이름은 ཞི་བ་འཚོ།이다. 생졸년은 대략 725-783년. 763년과 771년에 초청을 받고 토번에 들어가 불교를 전파했다. 유식사상과 중관사상을 결합한 유가행중관자립논증파의 창시자이다. 三枝充悳編, 『インド仏教人名辭典』, 京都: 法藏館, 1987, pp.117-118.

18) 파드마삼바바, 즉 연화생蓮花生 스님을 가리킨다. 오장나[烏仗那. Udyāna. 지금의 파키스탄 북부 지역]에서 태어난 스님은 771년경 티베트에 들어가 전통종교인 본교 세력의 반대를 제압하고 삼예사를 건립하는 데 기여했으며 티베트에 밀교를 전파하는 데 큰 역할을 했다. 지금도 티베트 구밀舊密의 대조사大祖師로 추앙받고 있다.

19) 까말라씰라, 즉 연화계蓮花戒 스님은 적호[샨타락시타] 스님의 제자이다. 스승과 마찬가지로 유식사상과 중관사상을 결합한 유가행중관자립논증파에 속한다. 저서로 『(중관)수습차제삼편』, 『중관광명론』 등이 유명하다.

20) 왕조와 통치자統治者의 견지에서 본 티베트의 역사는 대략 다음과 같

군소 지방정권의 난립이라는 혼란이 뒤를 이었으며 불교는 130여 년간 침체에 빠진다. 산의 정상에 올라 높이를 더 보태던 등봉조극登峰造極의 경지境地에서 곧바로 바닥으로 직하直下한 것이다. 아이러니하게도 융성의 극을 달리던 중국불교를 쇠퇴의 길로 내몬 당나라 무종武宗의 회창폐불(會昌廢佛, 844-846)[21]도 비슷한 시기에 있었다. 우연이라면 기막힌 우연이 아닐 수 없다. 폐불을 거치며 토번은 불교중심국가로 거듭난 반면 중국에서는 불교를 대체할 신유학이 점차 싹트기 시작했다는 점이 다르다.[22]

다. 12부락시대ཚོ་ཁག་བཅུ་གཉིས་ཀྱི་དུས་སྐབས། → 12소국시대རྒྱལ་ཕྲན་སིལ་མ་བཅུ་གཉིས་ཀྱི་དུས་སྐདས། → 토번왕조시대བོད་རྒྱལ་རབས་ཀྱི་དུས་སྐབས།[BCE 129-CE 846] → 분열 · 지방정권시대རྒྱལ་ཕྲན་སིལ་མའི་དུས་སྐབས།[847-1252] → 사꺄파집정시대ས་སྐྱ་པའི་དུས་སྐབས།[1253-1353] → 파무추빠 · 린뿡빠 · 짱빠개뽀시대ཕག་མོ་གྲུ་པ་དང་རིན་སྤུངས་པ་དང་གཙང་པ་རྒྱལ་པོའི་དུས་སྐབས།[1354-1642] → 달라이 라마 통치시대ཏཱ་ལའི་བླ་མས་དབང་སྒྱུར་ཀྱི་དུས་སྐབས།[1642-1958] → 망명정부시대ཡུལ་འཁྱམ་ཀྱི་དུས་སྐབས།[1959-현재].

21) 당나라 무종 이염(李炎, 814-840-846)의 재위기간인 회창연간(841-846)에 벌어졌던 폐불廢佛을 말한다. 칙령勅令이 반포된 845년 폐불정책은 절정에 이른다.

22) 『달라이 라마가 들려주는 티베트 이야기』의 저자 토머스 레어드는 이 문제에 대해 다음과 같이 지적했다. "유사한 불교탄압이 몇 년 뒤의 중국에서도 일어났다. 공식적으로는 845년 시작됐다. 당나라의 통치자, 즉 황제는 불교가 너무 강력하게 성장해 제국의 권위에 대한 경제적 정치적인 도전세력이 됐다고 느꼈다. 아마 랑달마[치달마우둠짼] 또한 티베트에서 성장하는 출가자들의 힘에서 유사한 압력을 느꼈는지 모른다, 달라이 라마가 나[토머스 레어드]에게 암시한 것처럼. 9-10세기에 이르

결국 토번시기(BCE 129-CE 846)의 불교는 무불기(無佛期. BCE 126-CE 332)[23], 전파기(傳播期. 333-638)[24], 공인기(公認期. 639-650)[25], 탐색기(探索期. 651-763)[26], 발전기(發展期. 764-840)[27], 쇠퇴기(衰退期. 841-846)[28] 등 6기로 나눌 수 있다. 이 가운데 공인기 · 탐색기 · 발전기, 즉 짼뽀 송짼깜뽀 시대부터 짼뽀 치달마우둠짼이 폐불廢佛을 단행하기 이전까지의 불교를 통틀어 '전홍기前興期불교(639-840, བསྟན་པ་སྔ་དར།)'라 부른다.[29] 당시 불교계의 주류 사상은 무엇일까? 이 물음에 해답을 줄 기록이 『바세』에 있다.

러 중국불교는 서서히 회복되지만 탄압[당나라 무종의 폐불] 이후 황제의 통치에서 벗어나지는 못했다. 국가권력이 전복된 이후 불교는 티베트에서 주도적인 세력으로 등장했다. 티베트와 중국이 처음 만났을 때인 6세기 당시 둘은 서로의 힘[제국의 힘]을 경쟁했지만 다시 만났을 때인 10세기 당시 두 국가의 영혼은 근본적으로 다른 방식들로 갈라진 상태였다." THOMAS LAIRD, ***THE STORY OF TIBET Conversations with the Dalai Lama***, New York: Grove Press, 2006, p.69. 이 책은 우리말로도 번역됐다. 『달라이 라마가 들려주는 티베트 이야기』, 토마스 레어드 지음 · 황정연 옮김, 서울: 웅진 지식하우스, 2008.

23) 제1대 짼뽀 냐치짼뽀གཉའ་ཁྲི་བཙན་པོ།부터 제28대 짼뽀 하토토리낸짼 재위까지.

24) 제28대 짼뽀 하토토리낸짼 재위부터 제33대 짼뽀 송짼깜뽀 재위까지.

25) 제33대 짼뽀 송짼깜뽀 재위 시기.

26) 제34대 짼뽀 궁리궁짼གུང་རི་གུང་བཙན།부터 제38대 짼뽀 치송데짼 재위까지.

27) 제38대 짼뽀 치송데짼부터 제41대 짼뽀 치쭉데짼 붕어崩御까지.

28) 제42대 짼뽀 치달마우둠짼[랑달마]의 등극부터 토번의 멸망까지.

29) ཀྲང་དབྱི་སུན་གྱིས་གཙོ་འགན་བཞེས་ནས་རྩོམ་སྒྲིག་བྱས་པ། 《བོད་རྒྱ་ཚིག་མཛོད་ཆེན་མོ》 པེ་ཅིན། མི་རིགས་དཔེ་

[4] "돈문파頓門派가 점문파漸門派의 이런 말에 대답[ཤགས།] 하지 못했기에 꽃을 바치고 패배를 인정했다. 그리하여 쩬뽀가 '돈문파의 "일시一時에 갑자기 들어가는 법[ཅིག་ཅར་འཇུག]"을 수행하면 십법행[十法行, ཆོས་སྤྱོད་རྣམ་པ་བཅུ།]에 어긋나므로 행하지 마십시오. 게다가 나와 다른 사람의 배움과 수행의 문을 막게 되며, 마음이 가라앉아 흐리멍덩하게 되며[བྱིང་།] 부처님 가르침[ཆོས།] 역시 쇠퇴해집니다. 따라서 불교를 보는 관점[ལྟ་བ།][30] 은 나가르주나[ནཱ་གཱ་རྫུ་ན།][31] 논사의 그것을 따르고 수행은 세 가지 지혜[三慧]에 의지해 지止와 관觀을 닦도록 하십시오!' 라는 칙령을 내렸다."[32]

སྐྲུན་ཁང་། ༡༩༩༣ལོ། ཤོག་ངོས་༡༡༣།

30) 여기서 말하는 관점은 불교의 기본삼위[基本三位, གཞི་ལམ་འབྲས་གསུམ། ལྟ་སྒོམ་འབྲས་གསུམ།]인 견見ལྟ། · 수修སྒོམ། · 과果འབྲས། 가운데의 견見을 말한다. 견은 정견正見을 결택抉擇하는 것, 수는 수행법, 과는 깨달음을 뜻한다. 이 세 가지로 불교의 모든 것을 포괄한다.

31) 인도불교 중관파의 개조 용수(대략 150-250) 논사를 가리킨다.

32) "སྟོན་མིན་གྱིས་ཙེན་མིན་ལ་ཤགས་མ་ཐུབ་སྟེ་མེ་ཏོག་དོར་ནས་འཕམ་〈ཕམ་〉བླངས་སོ།། དེ་ནས་ལྷ་སྲས་ཀྱི་ཞལ་ནས་སྟོན་མུན་༡ཅར་འཇུག་ཅེས་མཆི་བ་ཞན་དུ་ཆོས་སྤྱོད་རྣམ་བཅུ་(ལ་) སྒྲོན་སྐྱལ་〈བཀལ་〉། དེ་མི་བགྱིད་ཅིང་བདག་དང་གཞན་གྱི་ (སློབ་སྦྱོང་གི་) སྒོ་བཀག་ན་སེམས་བྱིང་ཞིང་ཆོས་ནུབ་པར་འགྱུར་བས་ལྟ་བ་ནི་ནཱ་གཱ་རྫུ་ནའི་ལྟ་བ་ལ་ལྟོས་ཤིག སྒོམ་པ་ནི་ཤེས་རབ་རྣམ་༣་ལ་བརྟེན་ཏེ་ཞི་གནས་དང་ལྷག་མཐོང་ལ་སྒོམས་ཤིག་ཅེས་བཀའ་སྩལ་〈བསྩལ་〉ནས།" 《དབའ་བཞེད་བཞུགས་སོ》 ལྟ་ས། བོད་ལྗོངས་བོད་ཡིག་རྙིང་དཔེ་སྐྲུན་ཁང་། ༢༠༡༠ལོ། ཤོག་ངོས་༤༥།

전홍기의 티베트불교계는 나가르주나 논사의 사상, 즉 중관사상中觀思想을 중심으로 삼았음을 알 수 있다. 중관사상 가운데서도 적호 스님과 연화계蓮花戒 스님의 사상, 바로 유가행중관자립파의 사상이 널리 유행했을 것이다. 적호 스님이 삼예사བསམ་ཡས་གཙུག་ལག་ཁང་། 건립을 주도했고 티베트불교 역사상 최초로 7명སད་མི་མི་བདུན་ནམ་སད་མི་བདུན།[33] 에게 계를 주어 출가出家시켰다는 점과 삼예논쟁의 승리자인 연화계 스님이 쨴뽀 치송데쨴의 요청에 따라 『수습차제삼편སྒོམ་རིམ་རྣམ་གསུམ།』을 지었다는 점 등을 고려하면 이는 매우 합리적인 추론일 것이다.

게다가 쨴뽀 치송데쨴 시기 편찬된 『댄까르마목록ལྡན་དཀར་མ་དཀར་ཆག』에 용수 논사의 논저들 그리고 지장[智藏, ཡེ་ཤེས་སྙིང་པོ། 즈나냐가르바, 적호 스님의 스승] 스님, 적호 스님, 연화계 스님[34] 등의 주석서들이 들어 있다는 점도 이를 방증傍證한다. 『중관이제론དབུ་མ་བདེན་གཉིས།』, 『중관장엄론དབུ་མ་རྒྱན།』, 『중관광명론དབུ་མ་སྣང་བ།』 본송本頌과 주석서들

---

33) 적호 스님이 쨴뽀 치송데쨴의 요청에 따라 설일체유부의 계율에 입각해 티베트불교 역사상 최초로 계戒를 주어 출가出家시켰던 일곱 사람을 말한다. 바새낭སྦ་གསལ་སྣང་། 바치세སྦ་ཁྲི་བཞེར། 비로짜나བཻ་རོ་ཙ་ན། 개와촉양རྒྱལ་བ་མཆོག་དབྱངས། 꼰뤼왕뽀འཁོན་ཀླུའི་དབང་པོ། 마린첸촉རྨ་རིན་ཆེན་མཆོག 짱렉춥གཙང་ལེགས་གྲུབ། 등 7인 그들이다. 티베트불교 역사서에 나오는 7인의 이름이 같지 않은 경우가 많다. ཀྲང་དབྱི་སུན་གྱིས་གཙོ་འགན་བཞེས་ནས་རྩོམ་སྒྲིག་བྱས་པ།《བོད་རྒྱ་ཚིག་མཛོད་ཆེན་མོ(སྟོད་ཆ།)》པེ་ཅིན། མི་རིགས་དཔེ་སྐྲུན་ཁང་། ༡༩༩༣ལོ། ཤོག་གྲངས་༢༩༡༧ཡ།

34) 지장 스님, 적호 스님, 연화계 스님 등 세 사람을 '(유가행)중관자립파의 동방 삼사東方三師དབུ་མ་ཤར་པ་གསུམ།' 라 부른다.

도 당시 이미 번역돼 있었다. 청변[바바비베카, ལེགས་ལྡན་འབྱེད།, བྷ་བྱ།] 스님의 『반야등론般若燈論ཤེས་རབ་སྒྲོན་མ།』, 관음(금)계[觀音(禁)戒, 아왈로끼따 브라 따, སྤྱན་རས་གཟིགས་བརྟུལ་ཞུགས།] 스님의 『반야등론주ཤེས་རབ་སྒྲོན་མ་རྒྱ་ཆེར་འགྲེལ་པ།』, 불호[붓다빨리타, བུདྡྷ་པཱ་ལི། སངས་རྒྱས་བསྐྱངས།] 스님이 『근본중송[중론]དབུ་མ་རྩ་བ།』을 주석한 『불호주དབུ་མ་རྩ་བའི་འགྲེལ་པ་བུདྡྷ་པཱ་ལི་ཏ།』, 적천[샨티데바 ཤཱནྟི་དེ་ཝ། ཞི་བ་ལྷ།] 스님이 저술한 『입보리행론བྱང་ཆུབ་སེམས་དཔའི་སྤྱོད་པ་ལ་འཇུག་པ།』과 『대승집보살학론བྱང་ཆུབ་སེམས་དཔའི་བསླབ་བཏུས།』 등도 『댄까르마목록』에 기재되어 있다.[35)]중관사상 연구에 필요한 전적들이 당시 이미 모두 티베트말로 옮겨져 있었지만 적호 스님과 연화계 스님 사제師弟의 저서가 주로 주목을 받았다.

> [5] "8세기경 요가행과 중관을 융합한 적호 스님의 중관사상이 티베트에 처음 소개된 이래 그의 중관사상은 이후 약 400년 동안 흔들림 없이 꽃을 피웠다. 그의 중관전통은 진나[디그나가] 스님과 법칭[다르마끼르띠] 스님의 논리 · 인식론적 전통을 고도로 수용한 것이었다."[36)]

---

35) 《བསྟན་འགྱུར་དཔེ་བསྡུར་མ་དེབ་བརྒྱ་དང་བཅུ་དྲུག་པ》 པེ་ཅིན། ཀྲུང་གོའི་བོད་རིག་པ་དཔེ་སྐྲུན་ཁང་། ༢༠༠༥ལོ། ཤོག་གྲངས་༤༡༨ནས་༤༢༡།

36) 미팜린포체 지음 · 빠드마까라 번역그룹 영역英譯 · 최로덴 한역韓譯, 『께따카, 정화의 보석』, 서울: 담앤북스, 2020, p.110.

한편, 마지막 짼뽀 치달마우둠짼의 폐불 이후 티베트 중앙지역, 즉 라싸를 중심으로 한 위དབུས། 지방과 제2의 도시 시가체를 중심으로 한 짱གཙང་། 지방에는 승가 조직이 사라졌다. 폐불의 여파로 사찰과 출가자들을 보기가 힘들어 진 것이다. 재가자들은 신앙을 숨겨야 했다. 846년에 있었던 토번의 멸망과 동시에 침체된 불교는 978년 이후 비로소 서서히 회복된다. 이 때부터 1951년 이전 까지의 불교를 '후홍기後興期 불교བསྟན་པ་ཕྱི་དར།' 라 부르기도 한다.

'후홍기 불교의 시작을 언제로 보느냐?' 에 대해서는 네 가지 주장이 있다. 첫 번째는 티베트 암도ཨ་མདོ། 지방[청해성 · 감숙성 일대]에 머물던 라첸공빠랍샐(བླ་ཆེན་དགོངས་པ་རབ་གསལ། 952-1035) 스님이 위짱དབུས་གཙང་། 지역에서 이 지방[암도]으로 피난 온 스님들로부터 구족계를 받은 973년부터라는 것으로 이는 『부똔불교사』의 저자 부똔(1290-1364) 스님이 제기했다. 두 번째는 암도 지방의 댄틱사원(དན་ཏིག་དགོན་པ། 중국 청해성青海省 화룽현化隆縣에 위치)에 머물고 있던 라첸공빠랍샐 스님이 위짱 지역에서 온 제자 루메출침쎄랍ཀླུ་མེས་ཚུལ་ཁྲིམས་ཤེས་རབ། 등 10명에게 구족계를 준 978년부터라는 것으로 이는 아띠쌰(ཨ་ཏི་ཤ 982-1054) 스님의 제자인 좀돈빠(འབྲོམ་སྟོན་པ་རྒྱལ་བའི་འབྱུང་གནས། 1005-1064) 스님이 거론한 것이다. 세 번째는 대역경사 린첸상뽀(རིན་ཆེན་བཟང་པོ། 958-1055)[37] 스님이 밀교와 관

37) རིན་ཆེན་བཟང་པོ། 17살 때 인도로 유학 가 10년 동안 머물며 광범위하게 공부했다. 티베트로 돌아온 후 현종 관련 경전 17부, 논서 33부, 밀종 관련 전

련된 전적들을 번역하던 시기부터라는 주장이다. 네 번째는 마지막 짼뽀 치달마우둠짼[랑달마]의 5세손으로 구게གུ་གེ 왕국རྒྱལ་ཁབ།의 국왕이었다가 후일 출가한 예세외(ལྷ་བླ་མ་ཡེ་ཤེས་འོད། 965-1036)[38]가 10세기말-11세기초 무렵 인도의 법호法護དྷརྨ་པཱ་ལ། 스님과 그의 제자인 '3명의 인도 스님[པཱ་ལ་རྣམ་གསུམ།]'[39]을 초청해 계맥戒脈을 이은 시기부터라는 설명이다.[40] 네 가지 주장[41] 가운데 978년 라첸공빠랍샐 스님이 루메출침쎄랍 스님에게 구족계를 준 이후를 후홍기後興期 불교의 시작으로 보는 것이 통설이다.[42] 동쪽의 암도 지방에서 위짱 지역으로 계

적 108부 등을 번역했다. 티베트불교에서 린첸상뽀 스님 이전에 번역된 밀종 관련 전적들을 구밀舊密, 이후를 신밀新密이라 부른다.

38) 출가 전의 이름은 '송게སྲོང་ངེ།' 출가 후의 법명은 '하라마예세외ལྷ་བླ་མ་ཡེ་ཤེས་འོད།'이며 1016년 출가했다. 아티샤 스님을 티베트로 초청하는 준비를 하다 캐쉬미르ཁ་ཆེ་ཡུལ།의 돌궐족གར་ལོག 왕에게 죽음을 당했다. '하라마ལྷ་བླ་མ།'는 국왕이나 왕족의 후예가 출가한 경우에 붙이는 명칭이다.

39) '삼호론사三護論師པཱ་ལ་རྣམ་གསུམ།'라고 부른다. 고대 인도의 불교학자 다르마팔라དྷརྨ་པཱ་ལ།法護 스님의 제자인 사두팔라སཱ་དྷུ་པཱ་ལ།, 구나팔라གུ་ཎ་པཱ་ལ།, 즈냐나팔라ཛྙཱ་ན་པཱ་ལ། 등 3명의 스님을 말한다. 이들은 10세기말 11세기초 구게 왕국의 국왕 예세외가 다르마팔라 스님을 초청했을 때 함께 티베트에 들어와 티베트불교를 진흥振興시키는 데 큰 역할을 했다.

40) ཀྲང་དབྱི་སུན་གྱིས་གཙོ་འགན་བཞེས་ནས་རྩོམ་སྒྲིག་བྱས་པ། 《བོད་རྒྱ་ཚིག་མཛོད་ཆེན་མོ》 པེ་ཅིན། མི་རིགས་དཔེ་སྐྲུན་ཁང་། ༡༩༩༣ལོ། ཤོག་གྲངས་༡༡༢༧།

41) 후홍기 불교의 시작에 대해서는 네 가지 주장 이외에도 다양한 학설이 있다. 이에 대해서는 다음의 책을 참조하라. བསོད་ནམས་རྒྱལ་མཚན་གྱིས་བརྩམས། 《བོད་ཀྱི་སངས་རྒྱས་ཆོས་ལུགས་ཀྱི་བྱུང་འཕེལ་ལོ་རྒྱུས》 པེ་ཅིན། མི་རིགས་དཔེ་སྐྲུན་ཁང་། ༢༠༡༥ལོ། ཤོག་གྲངས་༡༨༧ནས་༢༠༣།

율이 전파된 두 번째를 '하부율전下部律傳 · 東律' 이라는 의미의 '둘와맷룩འདུལ་བ་སྨད་ལུགས།' 혹은 '맷둘སྨད་འདུལ།' 로, 북쪽의 가리མངའ་རིས། 지방에서 위짱 지역으로 계맥이 전승된 네 번째를 '상부율전上部律傳 · 西律' 이라는 의미의 '둘와돗룩འདུལ་བ་སྟོད་ལུགས།' 혹은 '돗둘སྟོད་འདུལ།' 이라 한다.

후홍기 불교의 성장은 역경사들의 노력에 힘입은 바 크다. 대표적 인물이 역경사譯經師 곡로얍세[43]རྔོག་ལོ་ཡབ་སྲས།, 즉 곡렉빼세랍རྔོག་ལེགས་པའི་ཤེས་རབ། 스님과 곡로댄세랍(རྔོག་བློ་ལྡན་ཤེས་རབ། 1059-1109) 스님이다. 전자는 숙부, 후자는 전자의 조카이자 제자이다. 곡렉빼세랍 스님은 린첸상뽀 스님과 함께 역경을 했고 1040년 티베트에 온 아띠쌰(ཨ་ཏི་ཤ 982-1054) 스님을 따라 배웠다. 역경사 낙초출침갤와(ནག་ཚོ་ཚུལ་ཁྲིམས་རྒྱལ་བ། 1011-?) 스님과 더불어 아띠쌰 스님의 주요한 제자 가운데 한 명으로 인정받는 그는 중관사상에 특히 관심이 많았다. 그래서 아띠쌰 스님에게 청변 스님의 『중관심론中觀心論དབུ་མ་སྙིང་པོ།』과 그 주석서인 『사택염思擇焰དབུ་མ་སྙིང་པོའི་འགྲེལ་པ་རྟོག་གེ་འབར་བ།』을 티베트어로 번역해 줄 것을 요청했고 본인도 참여했다. 아띠쌰 스님이 입적한 지 20여 년이 지난 1073년 그는 11-12세기 티베트불교 연구의 중심지 역할을 한 상푸네우톡 사원གསང་ཕུ་ནེའུ་ཐོག་དགོན་པ།을 건립했으며

42) བསོད་ནམས་རྒྱལ་མཚན་གྱིས་བརྩམས། 《བོད་ཀྱི་སངས་རྒྱས་ཆོས་ལུགས་ཀྱི་བྱུང་འཕེལ་ལོ་རྒྱུས》 པེ་ཅིན། མི་རིགས་དཔེ་སྐྲུན་ཁང་། ༢༠༡༥ལོ། ཤོག་ངོས་༡༧༨ནས་༡༨༧།

43) '얍세ཡབ་སྲས།' 에는 두 가지 의미가 있다. ①아버지와 아들, ②스승과 제자. 여기서는 ②번의 의미이다.

삼예사 부근을 흐르는 야루짱뽀 강 전경.

야루짱뽀 강을 건너는 티베트 사람들.

1076년 조카에게 비구계와 곡로댄세랍이라는 법명도 주었다.

곡로댄세랍 스님은 삼촌의 기대에 부응했다. 곡로댄세랍 스님은 인도로 유학 가 17년 동안(1076-1090) 캐쉬미르에 머물며 산스크리트어, 현종, 밀종 등을 세밀하고 광범위하게 배우고 연구했다. 귀국한 그는 『정량론定量論[양결정론量決定論]ཚད་མ་རྣམ་ངེས།』[44], 『보성론寶性論རྒྱུད་བླ་མའི་བསྟན་བཅོས།』, 『법법성론法法性論ཆོས་དང་ཆོས་ཉིད་རྣམ་པར་འབྱེད་པ།』, 『중변분별론中邊分別論དབུས་དང་མཐའ་རྣམ་པར་འབྱེད་པ།』, 『현관장엄론現觀莊嚴論མངོན་རྟོགས་རྒྱན།』, 『장엄경론莊嚴經論མདོ་སྡེ་རྒྱན།』 등을 티베트어로 옮겼다. 이들 사제師弟는 인명因明ཚད་མ།을 중시한 것이 특징이다. 유가행중관자립파རྣམ་འབྱོར་སྤྱོད་པའི་དབུ་མ་རང་རྒྱུད་པ།에 속하는 적호 스님과 연화계 스님의 사상에 상대적으로 관심이 많았다. 물론 『중관심론』과 주석서인 『사택염』을 번역해 달라고 요청한 것에서도 알 수 있듯 경부행중관

---

44) 법칭(法稱, 다르마끼르띠, ཆོས་ཀྱི་གྲགས་པ།, 대략 600-660) 스님의 저서. 법칭 스님의 '인명7론因明七論ཚད་མ་སྡེ་བདུན།'의 하나이다. 『석량론釋量論ཚད་མ་རྣམ་འགྲེལ།』, 『정량론定量論ཚད་མ་རྣམ་ངེས།』, 『이적론理滴論ཚད་མ་རིགས་ཐིགས།』, 『인적론因滴論གཏན་ཚིགས་ཐིགས་པ།』, 『관계론關係論འབྲེལ་བ་བརྟག་པ།』, 『오타론悟他論རྒྱུད་གཞན་གྲུབ་པ།』, 『쟁리론諍理論རྩོད་པའི་རིགས་པ།』 등 7권이 인명7론이다. 앞의 3권을 '인명본체因明本體' 뒤의 4권을 '인명사지因明四支'라 각각 부른다. 법칭 스님의 인명7론은 진나(陳那, 디그나가, ཕྱོགས་ཀྱི་གླང་པོ། 대략 480-540) 스님의 저서인 『집량론集量論ཚད་མ་ཀུན་བཏུས།』을 해설한 책들이라 할 수 있다. 진나 스님의 인명학은 그의 제자 이스와라세나自在軍 스님을 통해 법칭 스님에게 전해졌다.

자립파མདོ་སྡེ་སྤྱོད་པའི་དབུ་མ་རང་རྒྱུད་པ།[45]에 속하는 청변 스님의 사상에도 흥미를 느끼고 있었다. 결국 중관귀류파 보다는 중관자립파 연구에 보다 집중했다. 티베트불교 전홍기에 유행했던 유가행중관자립파 체계를 잊지 않고 있었는지도 모른다.

곡로댄세랍 스님이 캐쉬미르에서 공부하던 3년차인 1079년 무렵 티베트에서 새로운 유학생 한 명이 캐쉬미르로 왔다. 빠찹니마착(པ་ཚབ་ཉི་མ་གྲགས། 1055-?) 스님이다. 둘은 캐쉬미르에서 같이 공부했다. 서로 알았는지는 분명하지 않지만 곡로댄세랍 스님이 인명因明과 유가행중관자립파에 관심이 많았다면 빠찹니마착 스님은 월칭[月稱, 찬드라끼르띠, ཟླ་བ་གྲགས་པ།] 스님의 사상에 흥미를 보였다. 1100년경 티베트로 돌아온 빠찹니마착 스님은 『입중론入中論དབུ་མ་ལ་འཇུག་པ།』(월칭 스님의 저서), 『명구론明句論དབུ་མ་རྩ་བའི་འགྲེལ་པ་ཚིག་གསལ།』(『근본중송[중론]དབུ་མ་རྩ་བ།』에 대해 월칭 스님이 주석한 책), 『사백론四百論བསྟན་བཅོས་བཞི་བརྒྱ་པ།』(제바འཕགས་པ་ལྷ། 논사의 저서), 『사백론주四百論注བཞི་བརྒྱ་པའི་རྒྱ་ཆེར་འགྲེལ་པ།』(『사백론』에 대해 월칭 스님이 주석한 책) 등을 번역하고 수정했다. 동시에 짼뽀 치송데짼 시기 번역된 용수 논사의 저서들을 새롭게 보완하거나 수정했다. 그는 특히 논리학적 인식론으로 중관中觀의 근본요지를 설명하려는 시도 보다는 귀류적歸謬的인 방식으로 공성을 논증하는 것이 옳다고 생각했다. 그의 문하에서 중관귀류파는 새롭게 꽃을 피울

45) 개략적으로 설명하면 세속제에서는 인식[識]을 승인하고 않고 외경이 자상自相으로 존재한다고 인정하며 승의제에서는 자상조차 인정하지 않는 중관 사상을 가리킨다.

준비를 하고 있었다. 장꺄롤빠도제(ལྕང་སྐྱ་རོལ་པའི་རྡོ་རྗེ། 1717-1786) 스님도 자신이 지은 『장꺄교의론教義論』에서 이 점을 지적한 바 있다.

> [6] "한편 앞 시대의 대역경사 빠찹니마착빠 스님 역시 캐쉬미르에서 23년간 공부한 뒤 '세르끼고차[까나까와르만]'라고 불리는 대학자를 초청했다. (파찹 스님은 세르끼고차와 함께) 중관 논서를 많이 번역했으며, (제자들을) 가르치고 (제자들은 가르침을) 들었다. 빠찹 스님의 4대 제자[46] 등 유명한 제자들이 많이 나타났다. 티베트에서 월칭 스님 계통의 중관 해석은 이로부터 더욱 발전했다."[47]

중관귀류파에 대한 관심이 점증하던 이 시기 어느 때 중관자립

46) 짱빠살뵈གཙང་པ་སར་སྦོས། 스님, 마차장춥에세རྨ་བྱ་བྱང་ཆུབ་ཡེ་ཤེས། 스님, 달욘땐착དར་ཡོན་ཏན་གྲགས། 스님, 샹탕색빠예세중내ཞང་ཐང་སག་པ་ཡེ་ཤེས་འབྱུང་གནས། 스님 등 4인을 말한다. ཀོ་ཞུལ་གྲགས་པ་འབྱུང་གནས་དང་རྒྱལ་བ་བློ་བཟང་མཁས་གྲུབ་ཀྱིས་བརྩམས། 《གངས་ཅན་མཁས་གྲུབ་རིམ་བྱོན་མིང་མཛོད》 ལན་གྲུའུ། ཀན་སུའུ་མི་རིགས་དཔེ་སྐྲུན་ཁང་། ༡༩༩༢ལོ། ཤོག་གྲངས་༩༥༤ནས་༩༥༩།

47) "གཞན་ཡང་སྔོན་གྱི་དུས་སུ་ལོ་ཙཱ་བ་ཆེན་པོ་པ་ཚབ་ཉི་མ་གྲགས་ཀྱིས་ཁ་ཆེའི་ཡུལ་དུ་ལོ་ཉི་ཤུ་གསུམ་སྦྱངས་ཏེ་པཎྜི་ཏ་གསེར་གྱི་གོ་ཆ་ཞེས་བྱ་བ་སྤྱན་དྲངས། དབུ་མ་བསྟན་བཅོས་མང་དུ་བསྒྱུར་ཅིང་འཆད་ཉན་མཛད། པ་ཚབ་བུ་བཞི་ར་གྲགས་པ་སོགས་སློབ་མ་མང་དུ་བྱོན། བོད་དུ་སློབ་དཔོན་ཟླ་བ་གྲགས་པའི་ལུགས་ཀྱི་དབུ་མའི་བཤད་པ་ནི་འདི་ལས་མང་དུ་འཕེལ་སྣང་ངོ་།།" ལྕང་སྐྱ་རོལ་པའི་རྡོ་རྗེས་བརྩམས། 《གྲུབ་མཐའ་ཐུབ་བསྟན་ལྷུན་པོའི་མཛེས་རྒྱན》 པེ་ཅིན། ཀྲུང་གོའི་བོད་ཀྱི་ཤེས་རིག་དཔེ་སྐྲུན་ཁང་། ༡༩༨༩ལོ། ཤོག་གྲངས་༢༠༢།

삼예사 대전.

파 · 스와딴뜨리까དབུ་མ་རང་རྒྱུད་པ།와 중관귀류파 · 쁘라상기까དབུ་མ་ཐལ་འགྱུར་པ།를 가리키는 티베트어 '우마랑귀빠'와 '우마탈규르와'라는 용어도 창안되어 정착됐다. 빠찹 스님의 제자들이 활동하기 시작하며 유가행중관자립파의 지위도 점차 흔들리기 시작했다. 중관자립파가 세속제와 승의제를 구분하고 세속제 분상分上에서 인식(認識, 유가행파)과 외경(外境, 경부행파)의 존재를 인정하고 승의제 분상分上에서 부정하는 방식은 에둘러 본질을 설명하는 방식에 가깝다. 조금씩 이해해 정상에 올라가는 방식이다. 그래서 일반인들은 상대적으로 이해하기 쉽다. 400년 동안 티베트에서 환영을 받은 원인 가운데 하나가 이것일 수 있다.

반면 중관귀류파의 방식은 빙빙 둘러 설명하는 요로설선繞路說禪 방식을 비판하고 곧바로 본질에 들어가는 것에 가깝다. 개념화된 지식과 언어가 오히려 사람들을 호도할 수 있다며 곧장 본성本性을 철견徹見해 진제眞諦를 체득하도록 하는 이 방식도 가유假有는 인정한다. 주의할 것은 중관자립파 역시 중관中觀의 견해와 입장을 공유했다는 점이다. 그들은 (『근본중송[중론]』을) 어떻게 해석하는 것이 좋은가 하는 해석상의 문제, 나아가 용수 논사의 문헌을 어떻게 설명하고 교육할 것인가에 대한 절차상의 문제 등에 대해 귀류파와 다른 입장을 가졌을 수 있다.[48]

---

48) 미팜린포체 지음 · 빠드마까라 번역그룹 영역英譯 · 최로덴 한역韓譯, 『께따카, 정화의 보석』, 서울: 담앤북스, 2020, p.95.

그러나 티베트불교 겔룩파དགེ་ལུགས་པ།의 창시자 쫑카빠 로상착빠(ཙོང་ཁ་པ་བློ་བཟང་གྲགས་པ། 1357-1419) 스님은 다르게 보았다. “청변 스님의 자립논증 방식을 월칭 스님이 비판한 것은 현상의 본질에 대한 이해에 있어 근본적인 차이를 나타낸 것”[49]이며, 그래서 “『반야경』이 설한 공성空性에 대해 믿을 만한 견해를 드러낸 용수 논사의 핵심적인 가르침을 꿰뚫고 있는 것은 귀류파들 뿐이며 자립논증파는 미세하게 실유론實有論을 주장하고 있다. 자립논증파의 견해로는 윤회를 벗어나 해탈하는 것조차 확신할 수 없다.”[50]라고 쫑카빠 스님은 지적했다. 지장 스님, 적호 스님, 연화계 스님, 청변 스님 등은 자기도 모르게 ‘실유론자實有論者’가 되어 버렸다. 그들은 과연 실유론자인가? 귀류파의 방식으로 중관을 해석하는 쫑카빠 스님의 관점은 과연 절대적으로 옳은 것인가? 어쨌든, 현재 티베트불교의 핵심사상은 중관中觀이기에 중관사상을 제대로 이해하지 못하면 티베트불교를 정확하게 파악하기 힘들다.

중관사상, 즉 ‘용수 논사의 견해’가 티베트불교의 주요한 관점으로 채택된 것을 기록한 최초의 문헌이 - 앞의 인용문 [4]에서 보듯 - 바로 『바세』이다. 『바세』가 어떻게 중요하지 않을 수 있겠는가! 연화계 스님과 마하야나མ་ཧཱ་ཡ་ན། 화상이 벌인 대론對論의 결과로 채택된 용수 논사의 ‘관점’과 연화계 스님이 『바세』와 『수습차제삼편』에서

49) 『께따카, 정화의 보석』, p.90.
50) 『께따카, 정화의 보석』, p.91.

제시한 '수행법'은 티베트불교의 가장 주요한 '관점ལྟ།'과 '수행법སྒོམ།'이 되었다. '관점[見, ལྟ།]'에 입각해 '수행[修, སྒོམ།]'하고 수행을 통해 '결과[果, འབྲས།]'가 나타나므로 "티베트불교의 기본삼위[基本三位, གཞི་ལམ་འབྲས་གསུམ། ལྟ་སྒོམ་འབྲས་གསུམ།]는 『바세』에 기록된 내용이 논의되던 시대에 결정됐다."라고 말해도 크게 틀리지는 않다.

무엇보다 신라인 무상([金]無相, 김 하샹ཀྱིམ་ཧྭ་ཤང་། 김 화상金和尙) 스님에 관한 기록이 『바세』에 있다는 점을 기억할 필요가 있다. 『바세』의 기술記述을 보자.

> [7] "김 하샹ཀྱིམ་ཧྭ་ཤང་།이 상씨의 발을 만지며 예를 표했다. 상씨 역시 김 하샹의 발을 잡고 답례했다. 김 하샹이 상씨에게 '당신은 마명རྟ་སྒོ་ད།[51] 보살བྱང་ཆུབ་སེམས་དཔའ།의 화신化身으로 티베트 땅에 대승의 가르침을 널리 펴고 그곳에 불교의 교의敎義를 확립할 것이기에 당신에게 존경을 표했습니다'라고 예언했다. 상씨가 예를 표하고 다시 말했다. '티베트 땅에 불교의 가르침이 퍼지도록 신의 아들[짼뽀]에게 말씀을 드릴 생각입니다. 장안ཀེང་ཤི[52]에 있

51) 중인도 마가다국 출신으로 불멸 후 6백 년경에 태어난 대승의 논사. 본래 외도外道였으나 협존자協尊者가 그를 설복해 불교로 개종시켰다고 한다. 대월지국의 카니쉬카왕이 중인도를 정복하고 당시 대월지국의 수도였던 푸루샤푸르[지금의 파키스탄 페샤와르]로 그를 데려갔다. 『불소행찬』 등을 지었다.

는 당나라 황제에게 상주上奏 해 (당나라 황제가) 대승 경전 1천 권 정도를 주시면 그 전적들을 토번에 갖고 갈 생각입니다. (그러나) 지금 짼뽀는 나이가 어려 불교의 가르침을 퍼트려야 한다는 말씀을 드릴 때가 아닙니다. 성인이 된 후 교의를 펴시라고 주청奏請을 드린다면 (그 때) 저는 살아있겠습니까? 죽은 뒤입니까?' 이에 대해 김 하상이 '당신의 짼뽀는 토번에 정법正法을 펼 보살입니다. 지금부터 몇 년 후 짼뽀가 성인이 되면 외도의 가르침을 논파論破할 것입니다. 그때 당신은 (정법을 위한) 변론을 펼칠 것입니다' 라고 말하는 등 많은 예언을 상씨에게 했다. 또한 '나남냐상སྣ་ནམ་ཉ་བཟང་།과 침메렙མཆིམས་མེས་སླེབས། 그리고 셍고하룽시སེང་མགོ་ལྷ་ལུང་གཟིགས། 등 세 사람은 그 때 궁궐 내부의 관리가 될 것입니다. 이들 세 사람은 (당신과) 전생에 인연이 있기 때문에 먼저 이들에게 불교 교리를 가르치십시오. 세 사람이 믿음을 내면 당신을 포함한 네 사람이 연합해 짼뽀가 성인이 되어 외도의 종교를 논파論破할 때 과보果報를 얻을 것입니다. 그러므로 (짼뽀에게) 먼저 『불설업보차별경佛說業報差別經

52) 티베트어 ཀེང་ཤི는 중국어 '京師[jing1shi1]' 를 음역音譯한 것이다. 수도首都를 '경사京師' 라고 한다. '경사京師' 의 '사師' 는 '중衆' 자와 같은 뜻으로 여러 사람이 산다는 의미이다. 당나라 수도는 장안[長安, 지금의 서안西安]이었기에 장안으로 옮겼다.

ལས་རྣམ་པར་འབྱེད་པ།』을, 다음으로 『불설도간경佛說稻竿經 ས་ལུ་ལྗང་པ།』을, 마지막으로 『금강경རྡོ་རྗེ་གཅོད་པ།』을 강설講說 하십시오. 쨴뽀가 믿음을 내면 정법을 펼칠 때 즐거움이 많을 것입니다. 즐거움이 많아지자마자 네팔에 머무르고 있는 사호르ཟ་ཧོར།[53] 출신의 친교사 보디사따[샨타락시타] 스님을 토번의 선지식善知識[54]으로 초청하십시오. 토번의 중생을 교화敎化시킬 사람은 그 분입니다'라며 김 하샹은 미래에 일어날 일들을 알려 주었다."[55]

---

53) 지금의 방글라데시에 있었던 고대 국가 이름. 보디사따[적호寂護] 스님은 이 나라의 왕족 출신이다.

54) '선지식善知識'에는 여러 의미가 있다. ①좋은 친구, ②높은 덕행을 갖춘 사람, ③(사람들에게) 교리를 설명하고 불교에 들어가게 하는 사람 등이 그것이다. 여기서는 ②와 ③의 의미로 쓰였다.

55) "ཕྱི་རོལ་དུ་བྱུང་བ་དང་། ཁྲིམ་ཧྭ་ཤང་དང་མཇལ་ཏེ། ཁྲིམ་ཧྭ་ཤང་གིས་སང་ཤིའི་རྐང་པ་ལ་བཟུང་ནས་ཕྱག་བཞེས། སང་ཤིས་ཀྱང་ཧྭ་ཤང་གི་ཞབས་ལ་བཟུང་སྟེ་ཕྱག་འཚལ་བ་དང་། ཧྭ་ཤང་གིས་སང་ཤི་ལ་ལུང་བསྟ་ན་པ། ཁྱོད་ནི་ཏཀོད་ (སྐད་ཟེར་) ཅེས་བྱ་བའི་བྱང་ཆུབ་སེམས་དཔའི་ (སྤྲུལ་པ་) ཡིན་ཏེ། ཁྱོད་ཀྱིས་བོད་ཁཾསུ་ཐེག་པ་ཆེན་པོའི་ཆོས་རྒྱས་པར་བྱེད་དེ་བྱང་ཆུབ་སེཾས་དཔའ་ཁྱོད་ཀྱིས་ (དམ་པའི་ཆོས་) ཚུགས་པའི་ཕྱིར་ཁྱོད་ལ་ཕྱག་འཚལ་ལོ་ཞེས་ལུང་བསྟན་པ་དང་། སང་ཤིས་ཀྱང་ཧྭ་ཤང་ལ་ཕྱག་འཚལ་ཏེ་སྙར་གསོལ་པ། བོད་ཁམས་སུ་དམ་པའི་ལྷ་ཆོས་མཛད་པར་ལྷ་སྲས་ཀྱི་སྐན་དུ་ཞུ་བར་བདག་གི་བློ་བ་ལ་དགོངས་ཏེ། གང་ཤིར་རྒྱ་རྗེའི་སྣན་དུ་གསོལ་ནས་ཐེག་པ་ཆེན་པོའི་ཆོས་མདོ་སྡེ་པཾ་པོ་སྟོང་ཙམ་ཞིག་ཀྱང་མནོས་ནས་བོད་ཡུལ་ཕྱུང་ནས་མཆིས་ན། ད་ལྟ་ཁ་ན་བཙན་པོའང་སྐུ་གཞོན་པས་གསོལ་དུའང་མི་རུང་། སྐུ་ནར་སོན་ནས་ལྷ་ཆོས་མཛད་པར་མཆིད་གྲོས་གསོལ་ན་བདག་སྟབས་ལས་འགྱུམ་མི་འགྱུ་ཞེས་ཞུས་པ་ལས་ཧྭ་ཤིང་གིས་ལུང་བསྟན་པ། ཁྱེད་ཀྱི་བཙན་པོ་ནི་བོད་ཡུལ་དུ་དམ་པའི་ཆོས་འབྱིན་པའི་བྱང་ཆུབ་སེཾས་དཔའ་ཡིན་ཏེ། ད་ཕྱིན་ཆད་ལོ་གྲངས་འདི་ཙམ་ཞིག་ན་བཙན་པོའི་ 〈པོ་〉 སྐུ་ནར་སོན་པ་ན་མུ་སྟེགས་ཀྱི་ཆོས་ཤིག་བ་གས་རྨེད་པར་འགྱུར་གྱིས། དེ་ལ་ཁྱོད་ཀྱིས་ཤགས་འདི་སྐད་ཐོབ་ཤིག 〈ཅིག་〉 པའི་ལུང་མང་པོ་ཞིག་སང་ཤིས་ཐོབ་པོ་ 〈བོ〉|| སྟ་ནམ་ ཉ་བཟང་དང་། མཆིམས་མེས་སླེབས་དང་། སེང་མགོ་ལྷ་ལུང་གཟིགས་དང་ ༤ དེའི་ཚེ་གནང་

『바세』의 이 기록과 관련해 티베트 출신으로 일본에서 활약하고 있는 티베트학[藏學] 전문가 캉까르출침깨상(ཁང་དཀར་ཚུལ་ཁྲིམས་སྐལ་བཟང་། 1942-)[56] 은 「한국의 김 하샹[金和尙]과 티베트불교의 관계」라는 논문에서 이렇게 말했다.

[8] "불교가 처음 일본에 전파될 때 한국 스님들이 돕고 보호해 일본불교가 성장한 것은 말할 필요도 없다. 티베트불교의 발전을 위해 신라 왕자 김 하샹[김 화상]이 인도해 준 은혜 역시 티베트 사람들이 잊어서는 안 된다."[57]

ཆེན་དུ་འགྱུར་ལ། མི་འདི་ཉ་ཀ་ལ་ཆེ་སྦྲ་མའི་ལས་འགྲོ་ཡོད་པས། ཁྱོད་ཀྱིས་མི་དེ་ཉ་ (ལ་) སྦྲ་ནས་ཆོས་ཤོད་ལ། དེ་ཉ་དད་པ་སྐྱེས་པ་དང་ཁྱེད་༤་སྟོངས་ལ་བཙན་པོ་སྐྱུ་ནར་སོན་པ་དང་། མུ་སྟེགས་ཀྱི་ཆོས་བཀས་རྨེད་པའི་ཚེ་དེའི་ལ ན་ཕོབ་ལ། དེ་ནས་ཕོག་མར་ལས་རྣམ་པར་འབྱེད་པ། བར་དུ་ས་ལུ་ལྗང་པ། ཐ་མ་རྡོ་རྗེ་གཅོད་པ་སྟོན་དུ་གསོལ་ཅིག འོན་ཀྱང་ཐུགས་དད་ནས་ལྷ་ཆོས་མཛད་པ་ལ་དགོས་པར་འགྱུར་རོ།། དགོས་པར་གྱུར་མ་དག་ 〈ཐག་〉 ཏུ་ཟ་ཧོར་ཀྱི་མཁན་པོ་བོ་དྷི་ས་ཏྭ་ཞེས་བྱ་བ་བལ་ཡུལ་ན་རྟག་ཏུ་བཞུགས་ཀྱིས། དེ་བོད་ཀྱི་དགེ་བའི་ བཤེས་གཉེན་དུ་སྤྱན་དྲངས་ཤིག བོད་ཀྱི་འདུལ་སྐལ་མཁན་པོ་དེ་ཡིན་ནོ་ཞེས་ལུང་ཐོབ་གོ།།" 《དབའ་བཞེད་བཞུགས་སོ》 ལྷ་ས། བོད་ལྗོངས་བོད་ཡིག་རྙིང་དཔེ་སྐྲུན་ཁང་། ༢༠༡༠ལོ། ཤོག་ངོས་༡༤ནས་༡༥།

56) 1942년 서西티베트의 세칼에서 태어난 그는 1974년 일본으로 건너가 활동하다 1984년 귀화했다. 일본 이름은 카이운 시라다테白館戒雲. 현재 오타니大谷 대학의 명예교수이며 티베트불교 연구자로 주목할만한 업적을 많이 남겼다.

57) "ཉི་ཧོང་ལ་ནང་ཆོས་དང་པོར་དར་སྐབས་ཀོ་རི་ཡའི་ (korea) བཙུན་པས་རོགས་མགོན་གནང་ཡོད་པ་ནི་དཤད་མི་དགོས་པར་མ་ཟད་རང་རེའི་བོད་དུ་ནང་ཆོས་དར་རྒྱས་ཡོང་ཕྱིར་ཀོ་རི་ཡའི་རྒྱལ་སྲས་ཀིམ་ཧྭ་ཤང་ (新羅の金和尙) གིས་སློབ་སྟོན་གནང་བའི་བཀའ་དྲིན་འདི་ཡང་བོད་པས་བརྗེད་མི་རུང་ཞིག་རེད།" ཁང་དཀར་ཚུལ་ཁྲིམས་སྐལ་བཟང་གིས་བརྩམས། 《ཁང་དཀར་ཚུལ་ཁྲིམས་སྐལ་བཟང་མཆོག་གི་གསུང་འབུམ་པོད་བཅུ་པ》 〈ཀོ་རི་ཡ

그런데 『바세』에 기재된 모든 기록이 100% 정확한 것이라고 보기는 어렵다. 티베트인들도 이 점을 우회적으로 인정한다. 티베트불교 사캬파를 대표하는 학자 가운데 한 명인 사뺀꾼가갤챈(ས་པཎ་ཀུན་དགའ་རྒྱལ་མཚན། 1182-1251) 스님은 『현명불타밀의顯明佛陀密意ཐུབ་པའི་དགོངས་པ་རབ་གསལ།』에서 다음과 같이 말했다.

[9] "… 여기서는 글자가 많아지므로 기록하지 않는다. 『개세རྒྱལ་བཞེད།』, 『바세དབའ་བཞེད།』, 『바세འབའ་བཞེད།』 등에서 보도록 하라."58)

암도 지방[청해성 · 감숙성 일대]의 유명한 수행자이자 학자인 숨빠캔첸예세뺄졸(སུམ་པ་མཁན་ཆེན་ཡེ་ཤེས་དཔལ་འབྱོར། 1704-1788) 스님 역시 1748년 출간한 『팍샘존씽དཔག་བསམ་ལྗོན་ཤིང་།』에 중요한 기록을 남겼다.

[10] "이런 사정이 나타난 주된 근본 이유는 바샐낭과 바상씨 등이 『바세』라는 삼예사의 역사를 (책으로) 편찬해 승가, 왕, 대신의 처소에 각각 두었는데 여기에 (내용이)

འི་ཀིམ་ཧྭ་ཤང་དང་བོད་ཀྱི་ནང་ཆོས་འབྲེལ་བ〉 ཁྲིན་ཏུའུ། སི་ཁྲོན་མི་རིགས་དཔེ་སྐྲུན་ཁང་། ༢༠༡༣ལོ། ཤོག་ངོས་༥༤༧།

58) "… འདིར་ཡི་གེ་མངས་པས་མ་བྲིས་ཏེ། རྒྱལ་བཞེད་དབའ་བཞེད་འབའ་བཞེད་རྣམས་སུ་བལྟ་བར་བྱའོ།" ས་པཎ་ཀུན་དགའ་རྒྱལ་མཚན་གྱིས་བརྩམས། 《ཐུབ་པའི་དགོངས་པ་རབ་གསལ》 པེ་ཅིན། མི་རིགས་དཔེ་སྐྲུན་ཁང་། ༢༠༠༥ལོ། ཤོག་ངོས་༨༢།

조금씩 보태져 『라세』, 『개세』, 『바세』 등으로 불리는 세 종류의 책이 나타났기 때문이다. 후일 글자들이 길어지고 짧아진 것들이 몇 종류 더 출현했다. 혼잡물이 없던 『바세』는 정확했으나 티베트 지역은 이것만이 아니라 부처님의 말씀에도 이것저것을 섞는다."[59]

사뺀꾼가갤챈 스님의 발언과 숨빠캔첸예세뺄졸 스님의 기록을 종합해 분석하면 『바세』의 내용이 다양하게 수정되었음을 어렵지 않게 짐작할 수 있다. 보태고 빼는 등의 과정에 『바세』의 내용이 바뀌었을 가능성도 있다. 그렇다고 『바세』의 가치가 낮아지는 것은 결코 아니다. 8세기 중 · 후반의 티베트불교를 『바세』 만큼 자세하고 생동감 있게 설명하고 있는 문헌이 매우 드물기 때문이다.

『부뙨불교사』, 『붉은 역사དེབ་ཐེར་དམར་པོ།』[60], 『왕조명경王朝明鏡』, 『두견가음杜鵑歌音དཔྱིད་ཀྱི་རྒྱལ་མོའི་གླུ་དབྱངས།』[61], 『현자들의 즐거운 잔치ཆོས་འབྱུ

---

59) "དེ་ཕལ་ཆེར་གྱི་རྒྱ་བ་ནི་སྦ་བཞེད་ཅེས་སྦ་གསལ་སྣང་དང་སྦ་སང་ཤི་སོགས་ཀྱིས་བསམ་ཡས་ཀྱི་ལོ་རྒྱུས་བསྒྲིགས་ཏེ་དགེ་འདུན་རྒྱལ་བློན་གསུམ་གྱི་སར་རེ་རེ་བཞག་པ་ལ་ཕྱི་སྟོན་ཅུང་ཟད་རེ་བྱས་པས་བླ་བཞེད་རྒྱལ་བཞེད་སྦ་བཞེད་ཅེས་པ་གསུམ་བྱུང་ཞིང་ཕྱིས་སུ་ཚིག་སྣ་རིང་ཐུང་དུ་མ་ཟད་རྒྱལ་བའི་བཀའ་ལའང་བསྲེས་བསླད་དང་།" སུམ་པ་ཡེ་ཤེས་དཔལ་འབྱོར་གྱིས་བརྩམས། 《སུམ་པ་པཎྜི་ཏ་ཡེ་ཤེས་དཔལ་འབྱོར་གྱི་གསུང་འབུམ་པོད་གཉིས་པ། དཔག་བསམ་ལྗོན་ཤིང་》 ཟི་ལིང་། མཚོ་སྔོན་མི་རིགས་དཔེ་སྐྲུན་ཁང་། ༢༠༡༥ལོ། ཤོག་གྲངས་༣༠༥།

60) 차빠꾼가도제(ཚལ་པ་ཀུན་དགའ་རྡོ་རྗེ། 1309-1364) 스님이 1346년에 펴낸 역사서. 서하, 몽고, 토번 등의 역사가 기록되어 있다.

61) 제5세 달라이 라마 가왕로상갸초(ངག་དབང་བློ་བཟང་རྒྱ་མཚོ། 1617-1642-1682)가 1643년에 지은 책. 고대 토번의 역사를 기록해 놓았다. 중국 학자들은

ང་མཁས་པའི་དགའ་སྟོན།』[62] 등 후대의 많은 티베트 역사책에도 『바세』의 내용이 인용되어 있다. 『부뙨불교사』에 다음과 같은 문장이 있다.

> [11] "(짼뽀 치송데짼이) 어린 시절 (부왕 치데쭉땐은) 법[불교]을 구하러 상씨 등 네 사람을 중국[당나라]에 파견했다. 그때 예지력 있는 화상和尙[63]이 '토번의 사자는 보살의 화신입니다. 그 모습은 이와 같습니다'라며 그 얼굴을 (그려) 냈다."[64]

이처럼 『바세』의 사료적 가치는 여전히 크다. 토번吐蕃 제37대 짼뽀 치데쭉땐(ཁྲི་ལྡེ་གཙུག་བརྟན། 대략 680-704-754)과 제38대 짼뽀 치송데짼 부자 통치 시기, 즉 8세기 중・후반 당시 불교가 토번에 확산되는 과정을 체계적으로 정리한 오래된 문헌의 하나인 『바세』에 외래종교인 불교와 자생종교인 본교의 대립, 적호 스님과 연화생 스님의 역

주로 『서장왕신기西藏王臣記』로 번역한다.

62) 빠오쭈락쳉와(དཔའ་བོ་གཙུག་ལག་ཕྲེང་བ། 1504-1566) 스님이 1544년에 쓰기 시작해 1564년에 완성한 방대한 역사서. 티베트 역사에 관한 기록은 제3장에 있다. 이 책을 중국학자들은 『현자희연賢者喜宴』으로 일본학자들은 『학자의 연宴』으로 번역한다. 필자는 제목의 의미를 살려 『현자들의 즐거운 잔치』로 옮겼다.

63) 김 하샹[김 화상]을 가리킨다.

64) "དེ་ཆུང་བའི་དུས་སུ་རྒྱའི་ཡུལ་དུ་སང་ཤི་ལ་སོགས་པ་མི་བཞི་ཆོས་འཚོལ་དུ་བཏང་ངོ་།། དེའི་དུས་སུ་ཧྭ་ཤང་མངོན་ཤེས་ཅན་གྱིས་བོད་ཀྱི་ཕོ་ཉ་བ་འཕགས་པ་བྱང་སེམས་ཀྱི་སྤྲུལ་པ་ཞིག་འོང་སྐྱེ་འདི་འདྲའོ་ཞེས་འབག་བྱས་སོ།།"

할, 삼예사 건립, 삼예논쟁의 전개와 결말 등이 상세하게 기재되어 있다는 점은 특히 중요하다.

『바세』에 중요한 불교적 의미와 역사적 가치가 내포되어 있지만 누가, 언제, 왜 썼는지 등에 대한 정확한 내력은 아직도 미궁迷宮에 빠져 있다. 모본母本은 대략 8세기 말 완성된 것으로 추정된다. 10세기 이후 모본을 토대로 필사筆寫하는 과정에 일부 내용은 빠지고, 일부 내용은 더해지는 등의 수정이 있었을 것이다. སྦ་བཞེད། སྦ་བཞེད་ཞབས་བཏགས་མ། རྦ་བཞེད། འབའ་བཞེད། དབའ་བཞེད། 등 다양한 제목의 필사본이 현존하는 것에서 이를 유추할 수 있다. 책의 내용과 어학적인 견지에서 보면 이들은 대략 8세기-11세기 사이에 편찬된 책으로 추정된다.

이런 가운데 모본母本에 보다 가까운 것에서 필사된 것으로 추정되는 『바세』가 1995년 발견됐다. '라싸시 정치협상회의政治協商會議 문사자료위원회文史資料委員會'는 1980년대 초반 재붕사원འབྲས་སྤུངས་དགོན་པ།의 제5대 달라이라마 서재에 있던 문헌들을 빌려 보관하고 있었는데 티베트학자 빠찹빠상왕뒤པ་ཚབ་པ་སངས་དབང་འདུས།가 그 문헌들 속에서 "원본에 비교적 가까운 것에서 필사한 『바세དབའ་བཞེད།』"[65]를 찾아낸 것이다.[66] 이 발견으로 『바세』에 관한 몇몇 의문이 해소됐지만

《བུ་སྟོན་ཆོས་འབྱུང་》པེ་ཅིན། ཀྲུང་གོའི་བོད་རིག་དཔེ་སྐྲུན་ཁང་། ༡༩༨༨ལོ། ཤོག་གྲངས་༡༩༥།

65) 巴察・巴桑旺堆譯, 『《韋協》譯注』, 拉薩: 西藏人民出版社, 2011, p.6(前言).

66) 본서에 수록된 티베트어 원문이 바로 이 책이며 본서의 역주본 역시 이 책을 저본底本으로 번역한 것이다. 1996년 오스트리아 과학원 티베트

분명하게 밝혀지지 않은 '서지적書誌的 사항'도 적지 않다. 여전히, 『바세』에 대한 보다 심층적인 연구가 필요하다고 하겠다. 물론 인도의 연화계 스님과 중국의 마하야나 화상이 792-794년 경 삼예사에서 벌인 대론對論, 즉 삼예종론宗論의 배경 · 전개 · 결과 등을 체계적으로 정리한 거의 최초의 문헌이 『바세』라는 점도 기억할 필요가 있다.

한편, 『바세』에 등장하는 신라인 무상無相 스님에 대한 기록은 『역대법보기歷代法寶記』, 『송고승전宋高僧傳』 권제19 「당성도정중사무상전唐成都淨衆寺無相傳」, 『원각경대소석의초圓覺經大疏釋義鈔』 권제3(하下) 등에 있다. 『역대법보기』(『대정신수대장경』 제51책, p.184c)에 다음과 같은 내용이 있다.

> [12] "검각[劍閣, 지금의 사천성 광원시廣元市]의 남쪽 사천성 성도부의 정천사 소속인 무상 스님의 속성은 김 씨이며 신라 왕족으로 집안은 대대로 해동에 살았다. 옛날 신라에 있을 때 (무상 스님의) 제일 막내 여동생은 (어떤 남자가) 예물을 갖추고 찾아와 결혼하자고 제의하는 말을 듣자마자 곧바로 칼을 받아 얼굴에 상처를 내며 진리에 귀의하겠다는 맹세를 밝혔다. 이를 본 무상 선사는 탄식

불학연구소에 방문학자로 가게 된 빠잡빠상왕뒤는 2000년 오스트리아 학자 힐데가르드 디엠베르거Hildegard Diemberger와 함께 영역英譯해 ***dba' bzhed***를 펴냈다. 그는 2011년엔 중국어로 번역해 『웨이시에역주《韋協》譯注』(서장인민출판사西藏人民出版社)라는 제목으로 출판했다.

하며 '부드럽고 연약한 여자조차 맑은 절조를 말하는데 강건한 장부인 내가 어찌 마음이 없으리요?' 라고 말했다. 마침내 머리를 깎고 친척들과 결별하고 서해를 건너 당나라에 도착했다. 스승을 찾고 진리를 갈구하며 물을 건너고 산을 넘으며 이곳저곳을 다니다 지금의 사천성 자양시資陽市에 있는 덕순사에 도착해 당 화상[처적 스님]에게 인사를 드렸다. 당 화상은 몸이 좋지 않아 밖으로 나오지 못했다. 무상 스님이 곧바로 한 손가락을 태워 등불로 삼아 당 화상을 공손하게 모셨다. 당 화상은 무상 스님이 보통 사람이 아님을 알고 주변에 2년 동안 머무르게 했다. 무상 스님은 뒤에 천곡산에 거주하다 다시 덕순사로 돌아왔다. 당 화상은 집안 사람 왕굉을 보내 믿음의 증표로 가사를 (무상 스님에게) 비밀히 전했다. 이 옷은 달마 대사가 전해준 가사로 바로 측천무후가 지선 스님에게 준 것이었다. 지선 스님이 당 화상에게 가사를 주었고 지금 당 화상은 무상 스님에게 가르침을 잘 펴라고 부촉하며 준 것이다. 무상 스님은 당 화상의 법法을 얻고 신표로 옷을 받은 뒤 마침내 천곡산 암석 밑에 은거했다. 풀로 만든 옷을 입고 음식을 줄였으며, 음식이 떨어지면 나무 뿌리의 껍질[土]을 먹었는데 감복한 맹수들이 주변을 지켰다. 그 뒤 (익주益州 장사長史인) 대부大夫 장구겸경章仇兼瓊이 선법禪法을 가르쳐 줄 것을 요청해 정천사에 주석했다. 20여 년 동안 가르침을 폈다. 뒤에 보응 원년

[762] … 5월 19일이 되자 제자에게 '깨끗한 새 옷을 나에게 가져오너라. 목욕을 하고 싶다' 라고 말했다. 밤 12시경 단정하게 앉아 입적했다. 그때 해와 달은 빛을 잃었고, 하늘과 땅은 하얗게 변했으며, 진리의 깃발은 꺾이고 부러졌으며, 선의 강물은 말랐고, 중생은 희망을 잃었으며, 진리를 배우는 사람들은 의지처를 잃었다. 대사의 나이 79세였다."[67]

이 기록에 따르면 무상 스님은 684년에 태어나 762년에 입적했다. 『송고승전』「무상전」(『대정신수대장경』 제50책, p.832b)에는 약간 다르게 기재되어 있다.

[13] "무상 스님은 본래 신라인이다. 신라 왕의 세 번째

67) "釰南城都府淨泉寺無相禪師, 俗姓金, 新羅王之族, 家代海東. 昔在本國, 有季妹, 初下聞禮娉, 授刀割面, 誓言志歸真. 和上見而歎曰: '女子柔弱, 猶聞雅操; 丈夫剛強, 我豈無心?' 遂削髮辭親, 浮海西渡, 乃至唐國. 尋師訪道, 周遊涉歷, 乃到資州德純寺, 禮唐和上. 和上有疾, 遂不出見. 便然一指為燈, 供養唐和上. 唐和上知其非常人, 便留左右二年. 後居天谷山, 却至德純寺. 唐和上遣家人王鍠, 密付袈裟信衣. 此衣是達摩祖師傳衣, 則天賜與詵和上. 詵和上與吾, 吾今付囑汝. 金和上得付法及信衣, 遂居谷山石巖下. 草衣節食, 食盡喰土, 感猛獸衛護. 後章仇大夫請開禪法, 居淨泉寺. 化道眾生, 經二十餘年. 後至寶應元年 … 至五月十九日, 命弟子: '與吾取新淨衣, 吾欲沐浴.' 至夜半子時, 儼然坐化. 是時日月無光, 天地變白, 法幢摧折, 禪河枯涸, 眾生失望, 學道者無依, 大師時年七十九."

아들로 '왕이 바뀌던 해[正朔年]'의 달에 태어났다. 군남사에서 머리를 깎고 계를 받았으며 개원 16년[728] 바다를 건너 당나라 수도 장안에 도착했다. 뒤에 (지금의) 사천성 자양시[蜀資中]에 들어가 지선 스님을 뵈었다. 처적 스님이 있었는데 보통 사람과 달랐다. … 처적 스님이 (그에게) 이름을 무상이라 지어 주며 깊은 밤에 마납의를 전해주었다. … 지덕 원년[756] 음력 12월[建午月] 19일 병 없이 입적하니 나이는 77세였다."[68]

『송고승전』의 기록에 의하면 무상 스님은 680년에 태어나 756년에 입적했다. 『역대법보기』의 기록과 차이가 있다. 『원각경대소석의초』 권제3하(『대장신찬만속장경大藏新撰卍續藏經』 제9책, p.533c)에는 무상 스님의 법맥法脈이 자세하게 기록되어 있다.

[14] "본래 오조五祖 문하에서 나뉘어 나왔고 이름은 지선이며 바로 (홍인 스님의) 십대제자 가운데 한 명이다. 사천성 자주資州 사람으로 뒤에 본주의 덕순사로 돌아와 가르쳤다. 속성俗姓이 당唐 씨인 제자 처적處寂 스님이 계승

68) "釋無相, 本新羅國人也. 是彼土王第三子, 於本國正朔年月生. 於群南寺落髮登戒, 以開元十六年泛東溟至于中國到京, 後入蜀資中謁智詵禪師. 有處寂者, 異人也. … 寂公與號曰無相, 中夜授與摩納衣, … 至德元年建午月十九日, 無疾示滅, 春秋七十七."

했으며 처적 선사는 네 명의 제자를 두었다. 성도부成都府 정중사 김 화상金和尙은 법명이 무상으로 (네 명의 제자 가운데) 한 명이다."[69]

『역대법보기』, 『송고승전』, 『원각경대소석의초』 등의 기록을 종합하면 무상 스님의 법맥은 [15]와 같다.

[15]

- 신수
- 혜능

달마—혜가—승찬—도신—홍인—덕순사 지선—처적[唐和上]—**무상**[金和尙 · 金和上]

- 혜안

그러면 무상 스님은 어떤 선사상을 펼쳤을까? 『역대법보기』에 관련 기록이 있다.

[16] "김 화상金和上은 매년 12월에서 정월까지 사부대중 백천만 사람에게 계를 주었다. 엄숙하게 장엄한 도량의

69) "根元是五祖下分出, 名為智詵, 即十人中之一也. 本是資州人, 後却歸本州德純寺開化. 弟子處寂俗姓唐承, 後唐生四子. 成都府淨眾寺金和尚, 法名無相, 是其一也."

높은 자리[高座]에 올라 가르침을 폈다. 먼저 소리 내어 염불을 해[引聲念佛] 숨이 다하도록 하며, 생각이 끊어지고 소리가 멈춰 생각이 사라질 때 '기억은 (본래) 없고[無憶], 생각은 (본래) 없으며[無念], 망령됨은 (본래) 없다[莫妄]. 무억無憶이 계율이고 무념無念이 선정이며 막망莫妄이 지혜이다. 이 세 마디 말[三句語]이 바로 진리 · 삼매에 부합되는 방식[總持門]이다' 라고 말씀하셨다. 또 '(그릇된) 생각이 일어나지 않은 것은 마치 거울의 앞면이 만물을 비추는 것과 같고 (그릇된) 생각이 일어난 것은 마치 거울의 뒷면이 (만물을) 비추지 못하는 것과 같다' 라고 말씀하셨다."[70)]

[17] "또 '모름지기 생각이 일어나고[起] 생각이 사라지는[滅] 것을 분명하게 알아야 한다. 이를 분명하게 아는 것이 바로 깨달음[佛]이다. 예를 들어 두 사람이 함께 다른 나라에 갔는데 아버지가 편지로 가르침을 주셨다. 편지를 받아 읽은 한 아들은 아버지 가르침대로 그릇된 행동을 하지 않았고, 편지를 받아 읽은 다른 아들은 아버지의

---

70) "金和上每年十二月正月, 與四眾百千萬人受緣. 嚴設道場處, 高座說法. 先教引聲念佛盡一氣, 念絕聲停念訖云: '**無憶、無念、莫妄, 無憶是戒, 無念是定, 莫妄是惠. 此三句語即是總持門**.' 又云: '**念不起**猶如鏡面, 能照萬像. 念起猶如鏡背, 即不能照見.'"

가르침을 따르지 않고 모든 악행을 마음대로 저질렀다. 무념에 의지해 행동하는 모든 중생은 효성이 지극한 자식이고 문자에 집착하는 자식은 효성이 지극하지 않은 자식이다' 라고 말씀하셨다. … 또 '『대승기신론』에 심진여문과 심생멸문이 나오는데 무념이 바로 진여문이고 유념이 바로 생멸문이다' 라고 말씀하셨다. … '이 세 마디 말[三句語]이 바로 진리 · 삼매에 부합되는 방식[總持門]이다. (그릇된) 생각이 일어나지 않은 것이 계율에 들어가는 것이며, (그릇된) 생각이 일어나지 않은 것이 선정에 들어가는 것이며, (그릇된) 생각이 일어나지 않은 것이 지혜에 들어가는 것이다. 무념無念이 바로 계정혜를 모두 갖추는 것이며 과거 현재 미래의 모든 부처님은 계 · 정 · 혜를 통해 깨달음을 증득하셨다. 이것 이외 깨달음을 증득하는 다른 것은 없다' 라고 말씀하셨다."[71]

---

71) "又云: '須分明知起知滅, 此不間斷, 即是見佛. 譬如二人同行俱至他國, 其父將書教誨. 一人得書尋讀已畢, 順其父教不行非法. 一人得書尋讀已畢, 不依教示熾行諸惡. 一切眾生依無念者, 是孝順之子, 著文字者, 是不孝之子.' … 又《起信論》云: '心真如門心生滅門, 無念即是真如門, 有念即生滅門.' … '**此三句語是總持門. 念不起是戒門, 念不起是定門, 念不起惠門. 無念**即**是戒定惠具足, 過去未來現在恒沙諸佛皆從此門入. 若更有別門, 無有是處.**'"

인용문 [16]와 [17]에서 핵심은 ①"無憶、無念、莫妄, 無憶是戒, 無念是定, 莫妄是惠. 此三句語即是總持門."과 ②"此三句語是總持門. 念不起是戒門, 念不起是定門, 念不起惠門. 無念即是戒定惠具足, 過去未來現在恒沙諸佛皆從此門入. 若更有別門, 無有是處."라는 구절이다. 관건은 ①에 나오는 "無憶、無念、莫妄"을 어떻게 해석할 것인가이다. '무無' 자를 타동사로 보면 "기억을 없애다, 생각을 없애다, 망령됨[망상]을 없애다."로 해석된다. '무無' 자를 자동사로 보면 "기억은 (본래) 없다, 생각은 (본래) 없다, 망령됨[망상]은 (본래) 없다."로 옮길 수 있다.

역주자는 후자의 해석이 적합하다고 생각한다. 앞뒤 문맥상 '인위적으로 무엇을 없애는 것' 으로 해석하기에는 다소 무리라는 판단에서이다. "기억을 없앤 것이 계율이고, 생각을 없앤 것이 선정이며, 망령됨을 없앤 것이 지혜이다."라는 해석보다 "(그릇된) 기억이 없는 것이 계율이고, (그릇된) 생각이 없는 것이 선정이며, 망령됨이 없는 것이 지혜이다."라는 번역이 더 적절해 보인다. 특히 인용문 [16] · [17]의 원문에 '염불기念不起' 로 기록되어 있다. '생각이 일어나지 않은 것[念不起]' 이 바로 '(그릇된) 생각이 없는 것' 이다. 만약 "생각이 일어나지 않도록 하라."고 말하려 했다면 '물념勿念' 으로 표현했을 것이다. 따라서 무상 스님 사상의 핵심은 삼무三無, 즉 무억無憶 · 무념無念 · 막망莫妄이라 할 수 있다. '막莫' 자는 '무無' 자와, '혜惠' 자는 '혜慧' 자와 각각 통용된다. '인위적으로 (무엇을) 없애는 것' 이 아니고 '그릇된 기억', '그릇된 생각', '망령됨' 이 없는 자연스러운 상태를 최상의 경지로 여겼다는 것이다.

이처럼 티베트불교 문헌인 『바세』는 '김 하샹' 을 통해 우리나라와 연결된다. 『바세』에 무상 스님의 사상이 기록되어 있지 않은 점이 안타까울 따름이다.

** 「『바세』와 티베트불교」는 성철사상연구원이 발행하는 월간 『고경』 제85[2020년 5월호]에 수록됐던 '티베트불교는 왜 중관을 중시하나' 라는 제목의 글을 대폭 수정보완한 것이다.

『바세』 5종 필사본에 보이는 '김 하샹 기록' 비교 연구

Ⅰ. 들어가는 말

Ⅱ. 본 론

1. 필사본 『바세』와 저자
2. 『바세』 연구 현황
3. 필사본 『바세』 내용 분석

Ⅲ. 나오는 말

Ⅰ. 들어가는 말

『바세』는 토번吐蕃[1] 제37대 짼뽀[2] 치데쭉땐(khri lde gtsug brtan, 대략 680-704-754)과 제38대 짼뽀 치송데짼(khri srong lde btsan, 742-755-797)[3] 부자 통치 시기의 역사를 주요하게 기록한 책이다. 8세기 당시 토번에 불교가 확산되는 과정을 체계적으로 정리한 오래된 문헌의 하나이다. 외래종교인 불교와 토번 자생종교인 본교의 대립, 샨타락시타 스님과 파드마삼바바 스님이 토번에 들어오는 과정, 삼예사 건립, 삼예논쟁의 전개와 결말 등이 내용의 대부분을 차지한

---

1) 본고에서는 편의상 티베트 역사서 『푸른 역사***deb ther sngon po***』에 치짼뽀외데khri btsan po 'od lde로 나오는 전설적인 제1대 짼뽀 냐치짼뽀 gnya' khri btsan po가 기원전 126년(혹은 기원전 414년) 등극한 것에서 토번의 역사가 시작된 것으로 본다. 이렇게 시작된 토번왕조는 제42대 짼뽀 치달마khri dar ma가 846년 사망하며 역사의 무대에서 사라졌다. 그 후는 분열시대가 계속된다. 물론 bod라고 부르는 것이 보다 정확한 표현이나 중국 역사서에 나오는 기록과 비교하기 위해 '토번'으로 부르기로 한다. 본고에 사용한 티베트 연도는 다음 책을 따른다. phun tshogs tshe ring(2004); glang ru nor bu tshering(2015); krang dbyi sun(1993). 연도를 인용한다고 이 책들의 모든 내용에 동의하는 것은 아니며 이 글에 인용된 다른 책들도 마찬가지이다. 한편 이 논문에 나오는 밑줄과 티베트 원문 번역은 별도의 표기가 없는 한 전부 필자가 한 것이다.

2) 왕의 티베트식 칭호.

3) 『티베트 불교철학』(불교시대사, 2008) 등 국내의 저서들은 khri를 '티'로 표기하고 있지만 필자는 '치'가 보다 원음에 가깝다고 판단해 '치'로 쓴다.

다. 『부뙨불교사』[4], 『붉은 역사[뎁테르말뽀]』[5], 『왕조명경王朝明鏡』[6], 『두견가음杜鵑歌音』[7], 『현자들의 즐거운 잔치[캐배가뙨]』[8] 등 후대의 많은 티베트 역사서歷史書가 인용할 정도로 유명하다.

『바세』는 또 다른 이유로 주목받는다. 김 하샹[9][김 화상金和尙]이라는 한 수행자가 등장해 그렇다. 김 하샹이 언급한 토번불교의 흥륭興

---

4) ***bu ston chos 'byung***. 부뙨(1290-1364) 스님이 1322년에 펴낸 저서. 티베트불교에 관한 기록이 적지 않다.

5) ***deb ther dmar po***. 차빠꾼가도제(tshal pa kun dga' rdo rje, 1309-1364) 스님이 1346년에 펴낸 역사서. 서하, 몽고, 토번 등의 역사가 기록되어 있다.

6) ***rgyal rabs gsal ba'i me long***. 사꺄소남갤챈(sa skya bsod nams rgyal mtshan, 1312-1375) 스님이 지었으며 그의 입적 후 보완되어 1388년 완성된 역사서. 기세간器世間의 형성, 인도의 역대 왕조, 석가모니 부처님의 출생, 불교의 흥기, 티베트 고대 역사와 불교의 티베트 전파 등에 관한 역사가 차례로 기술되어 있다. 중국 학자들은 주로 『서장왕통기西藏王統記』로 번역한다.

7) ***dpyid kyi rgyal mo'i glu dbyangs***. 제5대 달라이 라마 가왕로상갸초(ngag dbang blo bzang rgya mtsho, 1617-1642-1682)가 1643년에 지은 책. 고대 토번의 역사를 기록해 놓았다. 중국 학자들은 주로 『서장왕신기西藏王臣記』로 번역한다.

8) ***mkhas pa'i dga' ston***. 이 책을 중국학자들은 『현자희연賢者喜宴』으로, 일본학자들은 『학자의 연宴』으로 번역한다. 필자는 『현자들의 즐거운 잔치』로 옮겼다. 빠오쭈락쳉와(dpa' bo gtsug lag phreng ba, 1504-1566) 스님이 1544년에 쓰기 시작해 1564년에 완성한 방대한 역사서. 티베트 역사에 관한 기록은 제3장에 있다.

9) 티베트어 발음대로 표기했다. 의미는 '김 화상'과 같다. 이하 동일.

隆에 대한 예언이 『바세』에 남아있다. 김 하샹은 누구인가? 그가 왜 『바세』에 등장할까? 이런 의문에 대해 도쿄대학 야마구찌 즈이호山口瑞鳳 교수는 1973년 발표한 「티베트불교와 신라 김 화상」[10]에서 김 화상[김 하샹]이 바로 신라인 김무상(金無相, 684-762)[11] 스님임을 최초로 확인하고 의미를 조명했다. 이에 대해 티베트 출신으로 일본에서 활약하고 있는 캉까르출침깨상은 "불교가 처음 일본에 전파될 때 한국 스님들이 돕고 보호해 일본불교가 성장한 것은 말할 필요도 없다. 티베트불교의 발전을 위해 신라 왕자 김 하샹이 인도해 준 은혜 역시 티베트 사람들이 잊어서는 안 된다."[12]라고 지적했다.

미국학자 캡스타인Kapstein은 2000년 출판한 『불교의 티베트 전파』 제5장[13]에서 1980년 중국에서 출판된 『바세』에 근거해 그간의 연구 성과를 종합하고 내용을 분석했다. 그러나 캡스타인은 '김 하샹 자체' 에 대한 보다 진전된 성과를 보여주지는 못했다. 여러 종류의 필사본 『바세』나 『역대법보기』 등 고전 한문 자료를 세밀하게 대조·분석하지도 못한 것으로 평가된다. 국내에서의 연구 상황도 비슷해

---

10) 채인환 외 편(1973), pp.3-36.

11) 김무상 스님의 생졸년은 『송고승전』 권제19 「당성도정중사무상전唐成都淨衆寺無相傳」에 나오는 "至德元年建午月十九日, 無疾示滅, 春秋七十七."이라는 기록에 의하면 680-756년이 된다. 반면 『역대법보기歷代法寶記』에 보이는 "寶應元年 … 五月十九日, … 大師時七十九."(T51, p.185a)에 의하면 684-762년이 된다. 본고는 『역대법보기』를 따랐다.

12) khang dkar tshul khrims skal bzang(2013), p.487.

13) Matthew T. Kapstein(2000), pp.69-84.

그간 '김무상과 토번불교'를 보다 깊이 천착한 연구가 거의 이뤄지지 않았다. 반면 국외에서는 "여러 종류의 필사본 가운데 가장 오래된 것으로 추정"[14]되는 『바세』가 1995년 라싸에서 발견되는 등 적지 않은 연구가 진행됐다. 본고는 티베트어로 된 『바세』의 여러 필사본들을 비교해 '김 하샹과 그 주변'을 분석했다.

Ⅱ. 본론

1. 필사본 『바세』와 저자

언제, 누가 『바세』[15]를 썼는지 등에 대한 정확한 기록은 현재까지 발견되지 않았다. 모본母本은 대략 8세기 말 완성된 것으로 추정된다.[16] 10세기 이후 모본을 토대로 필사하는 과정에 책의 일부 내용이 바뀌고, 새로운 내용들이 보태지고, 어떤 부분은 삭제됐다. 그래서 ***sba bzhed; sba bzhed zhabs btags ma; rba bzhed; 'ba' bzhed; dba'***

---

14) ***rba bzhed phyogs bsgrigs***, p.3(해제); ***dba' bzhed bzhugs so***, p.5(해제). bzhugs so는 "존재한다."라는 의미. 책 등의 제목을 표기할 때 상용常用하는 단어로 쓰지 않아도 되지만 여기서는 ***rba bzhed phyogs bsgrigs*** 과 구별하기 위해 사용한다. 이하 동일.

15) 삼예사 건립 과정을 기록했다고 『삼예사지***bsam yas dkar chag***』라고 부르기도 한다.

16) 巴擦・巴桑旺堆譯(2011), p.1.

bzhed 등 다양한 필사본들이 나타났다.[17] 책의 내용과 어학적인 견지에서 보면 이들은 대략 8세기-11세기 사이에 편찬된 책으로 추정되지만[18] 5-6종의 이본異本들이 현존한다. 사빤꾼가갤챈(sa paN kun dga' rgyal mtshan, 1182-1251) 스님은 『현명불타밀의顯明佛陀密意』[19]에서 "… 여기서는 글자가 많아지므로 기록하지 않는다. 『개세』, 『바세***dba' bzhed***』, 『바세***'ba' bzhed***』 등에서 보도록 하라."[20]고 말했다. 부뙨(1290-1364) 스님 역시 『불교사』(1322년)에 『바세』의 기록을 적지 않게 인용했다.

> "(짼뽀 치송데짼이)[21] 어린 시절 (부왕 치데쭉땐은) 법[불교]을 구하러 상씨 등 네 사람을 중국[당나라]에 파견했다. 그때 예지력 있는 화상和尙이 '토번의 사자는 보살의 화신입니다. 그 모습은 이와 같습니다'라며 그 얼굴을 (그려) 냈다."[22]

17) 巴擦・巴桑旺堆譯(2011), p.2.

18) 恰白・次旦平措 等 主編(1985), p.85; 巴擦・巴桑旺堆譯(2011), p.6.

19) ***thub pa'i dgongs pa rab gsal.***

20) "… 'dir yi ge mangs pas ma bris te/ rgyal bzhed dba' bzhed 'ba' bzhed rnams su blta bar bya' o/" sa skya bandi ta(2005), p.92.

21) ( )는 이해를 돕기 위해 필자가 넣은 것이다. 이하 동일.

22) "de chung ba' i dus su rgya' i yul du sang shi la sogs pa mi bzhi chos 'tshol du btang ngo / de' i dus su hwa shang mngon shes can gyis bod kyi pho nya ba 'phags pa byang sems kyi sprul pa zhig 'ong ste 'di 'dra' o zhes 'bag byas so//" ***bu ston chos 'brung***(1988), p.184

이는 독일에서 태어나 프랑스에서 연구에 매진했던 동양학자東洋學者 롤프 알프레드 슈타인(R.A.Stein, 1911-1999)이 정리해 1961년 파리에서 출판한 ***sba bzhed zhabs btags ma***에 있는 구절과 거의 일치한다.[23] 따라서 아주 늦게 잡아도 13세기 초중반 이전에는 여러 종류의 『바세』가 이미 유통되고 있었다고 할 수 있다.

그러면 다양한 필사본이 생긴 이유는 무엇일까? 원본을 옮기는 과정에 필사자의 재량이 개입할 여지가 상대적으로 많았던 것이 원인 가운데 하나일 것이다. 티베트 암도 지방을 대표하는 유명한 수행자이자 학자 가운데 한 명인 숨빠예세뺄졸(sum pa ye shes dpal 'byor, 1704-1788) 스님이 1748년 펴낸 『팍삼존씽』[24]에 정황을 알려주는 기록이 남아 있다.

> "이런 사정이 나타난 주된 근본 이유는 바샐낭과 바상씨 등이 『바세』라는 삼예사의 역사를 (책으로) 편찬해 승가·왕·대신의 처소에 각각 두었는데, 여기에 (내용이) 조금씩 보태져 『라세』·『개세』·『바세』 등으로 불리는 세 종류의 책이 나타났기 때문이다. 후일 글자들이 길어지고 짧아진 것들이 몇 종류 더 출현했다. 혼잡물이 없던 『바세』는 정확했으나 티베트 지역은 이것만이 아니라 부처님의 말씀에도 이것저것을 섞는다."[25]

---

23) ***rba bzhed phyogs bsgrigs***, p.5.

24) ***pag bsam ljon shing***.

숨빠예세뺄졸 스님의 기록과 앞에서 인용한 사뺀꾼가갤챈 스님의 발언을 종합 · 검토해 보면 다양한 필사본 『바세』가 등장한 원인을 어렵지 않게 짐작할 수 있다. 그러나 필사본들의 모본母本을 누가 지었는지를 확정하기는 쉽지 않다. "『바세』라고 불리는 것 가운데 바샐낭의 견해"[26]라는 제목의 필사본 한 권이 존재한다. 그래서 대략적으로 바샐낭sba gsal snang이 저자일 것으로 추정한다. 문제는 다른 필사본에는 이런 제목이 붙어 있지 않다는 점이다. 게다가 "바샐낭과 바상씨 등이 편찬해"라는 숨빠예세뺄졸 스님의 기록을 보면 "저자는 바샐낭"이라고 쉽게 단정하기도 어렵다. 현대 최고의 티베트학 학자 가운데 한 명으로 평가되는 둥까르 로상친래(dung dkar blo bzang 'phrin las, 1927-1997)는 『둥까르(티베트학)대사전』[27]에서 이 문제를 언급했다.

"뛰어난 학자 겐둔최펠 등 티베트의 역사에 정통한 많은

25) "de phal cher gyi rtsa ba ni sba bzhed ces sba gsal snang dang sba sang shi sogs kyis bsam yas kyi lo rgyus bsgrigs te dge 'dun rgyal blon gsum gyi sar re re bzhag pa la phri snon cung zad re byas pas bla bzhed rgyal bzhed sba bzhed ces pa sum byung zhing phyis su tshig sna ring thung du ma zad rgyal ba'i bka' la'ang bsres bslad dang" ***dpag bsam ljon shing***(2015), p.305,

26) "sba bzhed ces bya ba las/ sba gsal snang gi bzhed pa bzhugs" ***rba bzhed phyogs bsgrigs***, p.80.

27) ***dung dkar tshig mdzod chen mo***.

사람은 『바세』의 앞부분은 쩬뽀 치송데짼 당시의 정치와 종교 방면의 역사임이 분명하나 그 안에서 종교 방면의 업적만을 중심으로 말한 것이며, 이 책은 바샐낭 혼자 지은 것이 아니라 쩬뽀 치송데짼과 함께 저술한 다음 확정한 것으로 보인다고 주장했다."[28]

이상을 종합하면 보다 확실한 자료가 나타나야만 '저자 문제'도 해결될 것으로 보인다. 결국 현존하는 여러 필사본은 원시 모본母本의 구조를 기초로 한 다음 내용을 보태고, 빼고, 개작한 것이지 한 사람이 한 시기에 모두 편찬한 것이 아님을 알 수 있다.[29] 따라서 특정인을 필자로 내세우기 어렵다고 할 수 있겠다.

한편, 슈타인이 1961년 파리에서 한 필사본을 정리 · 출판하고 (***sba bzhed zhabs btags ma***, 이하 『S1본』으로 약칭)[30], 북경에 있는

28) "mkhas dbang dge 'dun chos 'phel sogs bod kyi lo rgyus mkhas can mang po zhig gis rba bzhed kyi stod cha rnams ni rgyal po khri srong lde btsan skabs kyi chos srid gnyis ka'i lo rgyus gsal zhing de'i nang nas chos phyogs kyi mdzad pa kho na gtsor 'don byas te bshad pa dang / 'di nyid mdzad pa po yang rba gsal snang gcig pus mdzad pa ma yin par rgyal po khri srong lde btsan nyid dang thun mong du mdzad nas gtan 'bebs gnang ba zhig yin par bzhed/" dung dkar blo bzang 'phrin las(2002), p.1574.

29) 巴擦 · 巴桑旺堆譯(2011), p.5.

30) ***sba bzhed zhabs btags ma***.

민족출판사가 중국에 있던 필사본들을 교감해 1980년 펴내며 『바세』의 필사筆寫 시대는 공식적으로 마무리된다.[31] 특히 『바세』의 여러 필사본을 한 곳에 모은 『〈巴協〉匯編』(북경: 민족출판사民族出版社, 2009)[32]과 『韋協』(라싸: 서장장문고적출판사西藏藏文古籍出版社, 2010)[33]이 출간되며 『바세』는 쉽게 접할 수 있게 됐다. 현존하는 이들 필사본은 세부적인 내용에서 조금씩 차이가 있지만 쩬뽀 치송데짼 시기의 불교 전래 과정을 기록한 대강大綱은 거의 같다.

2. 『바세』 연구 현황

도교대학 야마구찌 교수는 1973년 「티베트불교와 신라 김 화상」이라는 제목의 논문에서 『S1본』, 『현자들의 즐거운 잔치』, 『역대법보기』, 『원각경대소석의초』 권제3하, 『송고승전』 권제19 「당성도정중사무상전唐成都淨衆寺無相傳」 등의 자료들을 대조 · 연구해 김 화상[김 하샹]이 김무상임을 논증하고 그의 행적을 조명했다.[34] 선구적인 연구라는 점에서 적지 않은 의미가 있다.[35] 그러나 야마구찌가 사용한 『S1본』은

31) 佟錦華 外 譯注(1990), p.1(譯序).

32) *rba bzhed phyogs bsgyigs*.

33) *dba' bzhed bzhugs so*.

34) 채인환 외(1973), pp.3-36.

35) 김무상 스님에 관한 중국어로 된 주요한 연구는 다음과 같다. 閔泳奎

여러 이본異本들 가운데 비교적 후대에 필사된 책으로 추정되며[36], 그래서 그는 1564년에 완성된 『현자들의 즐거운 잔치』에 기재된 내용도 함께 활용했다. 반면 미국학자 캡스타인Kapstein이 사용한 것은 1980년 북경 민족출판사에서 출판된 필사본이다. 이 역시 내용상 모본에 가까운 저본을 토대로 필사한 자료는 아닌 것으로 추정된다.

이런 문헌 기록상의 문제를 해결해 줄 필사본이 1995년 발견됐다. '라싸시 정치협상회의政治協商會議 문사자료위원회文史資料委員會'가 1980년대 초반 재붕사원' bras spungs dgon pa의 제5대 달라이라마 서재에 있던 문헌들을 빌려 보관하고 있었다.

티베트학자 빠찹빠상왕뒤pa tshab pa sangs dbang 'dus가 그 속에서 "원본에 가까운 것에서 필사한 『바세』"[37], 즉 ***dba' bzhed bzhugs so***[38](이하 『D본』으로 약칭)를 찾아냈다. 1996년 마침 오스트리아 과

(1993a); 閔泳奎(1993b); 杜斗城(1993); 劉素琴(1995); 劉聲芳(1995); 張子介(1999); 張子介(2000); 徐文明(2000); 王玲 · 王大偉(2013).

36) 『S1본』을 중국어로 번역한 책이 1990년 사천인민출판사四川人民出版社에서 나왔다. 이 책은 '중앙민족학원 소수민족어언문학계 장어문교연실藏語文敎硏室[중앙민족대학 티베트학연구원의 전신]' 이 펴낸 『S1본』을 저본으로 퉁진화佟錦華 교수가 1978년 중국어로 초역初譯했고, 1985년 북경도서관에 있던 『S1본』과 교감하고, 1987년 북경 중앙민족대학의 퉁진화(佟錦華, 1928-1989) 교수와 황부판(黃布凡, 1933-2021) 교수가 공동으로 수정한 뒤 1990년 함께 출판한 것이다.

37) 巴擦 · 巴桑旺堆譯(2011), p.6.

38) bzhugs so는 "존재한다."라는 의미. 책 등의 제목을 표기할 때 상용하는 단어로 쓰지 않아도 되지만 편의상 사용했다.

학원 티베트불학연구소에 방문학자로 가게 된 그는 오스트리아 학자 힐데가르드 디엠베르거Hildegard Diemberger와 함께 이것을 영어로 번역해 2000년 출판했다.[39] 빠잡빠상왕뒤는 『D본』을 중국어로 번역한 『〈韋協〉譯注』(2011, 西藏人民出版社)도 펴냈다. 『D본』은 영역본과 중역본 부록에 첨부됐고, 『〈巴協〉匯編』과 『韋協』에도 『D본』이 들어 있다.

이에 앞선 2008년 영국국가도서관 동방·인도사무국 도서부 티베트 문헌 책임자인 샘반샤익Sam van Schaik이 돈황 문헌을 정리하다 왼쪽 아랫부분이 찢어진 필사본 『바세』 한 페이지를 발견했다. 판독할 수 있는 티베트 글자는 약 97자였다.[40] 이 문서를 통해 토번 시기 『바세』의 원시본이 존재했다는 점, 토번이 돈황을 지배할 당시 『바세』 필사본이 돈황에 전해졌다는 점 등이 확인됐다.[41]

---

39) *dba' bzhed*(2000).

40) 이 문서는 2008년 1월24일 발견됐고 샘반샤익은 이를 정리해 ***Journal of the American Oriental Society*** 3월호(2008)에 발표했다. 티베트 학자 도제돈춥rdo rje don grub이 이를 티베트어로 번역해 『서장대학학보西藏大學學報』 2012년 제12기에 소개했다.

41) 巴擦·巴桑旺堆譯(2011), p.5(前言); rdo rje don grub(2012), pp.37-48.

3. 필사본 『바세』 내용 분석

현존하는 바세 필사본은 '대략' 6종류이다. ①***dba' bzhed bzhugs so***(혹은 ***rba bazhed bzhugs so***)(『D본』), ②***sba bzhed zhabs btags ma***[42](『S1본』), ③***yi ge zhib mo la zhabs btags pa***[43](이하 『S2본』으로 약칭), ④***sba bzhed; sba bzhed ces bya ba las/ sba gsal snang gi bzhed pa bzhugs***(이하 『S3본』으로 약칭), ⑤***rba bzhed bzhugs so***(이하 『R본』[44]으로 약칭), ⑥***chos 'byung gi yi ge zhib mo***(이하 『CH본』으로 약칭) 등이다. ②와 ③은 S본에 속하지만 글자가 조금 달라 구분했다. 『D본』·『S3본』은 『〈巴協〉匯編』과 『韋協』에 모두 실려 있다. 『S2본』·『R본』은 『韋協』에, 『S1본』·『CH본』은 『〈巴協〉匯編』에만 들어 있다. 편의상 『D본』·『S1본』·『S2본』 등으로 구분했지만 사실 글자 하나하나를 세밀하게 분석하면 완전히 같은 필사본은 없다고 해도 지나치지 않다. 필사본의 문자가 미세하지만 조금씩 차이가 있기 때문이다.

그렇게 보면 필사본은 모두 8종이나 된다. 그래서 '거의' 일치하는 것을 하나로 묶어 6종으로 구분했다. 6종 가운데 "『D본』의 모본母本은 비교적 원시본에 가까운 필사본"[45]이라는 지적에 학자들은

---

42) ***rba bzhed phyogs bsgrigs***, pp.1-79.

43) ***dba' bzhed bzhugs so***, pp.158-258.

44) 이 책의 내용은 『현자들의 즐거운 잔치』에 인용된 것과 비슷하다.

45) 巴擦·巴桑旺堆譯(2011), p.6.

대체로 동의한다.[46] 따라서 『D본』에 나오는 '김 하샹 부분'을 먼저 세밀하게 분석하고 『D본』과 다른 필사본들을 비교할 필요가 있다. 김 하샹 기록이 없는 『R본』은 제외했다. 『D본』의 '김 하샹 관련 부분'은 상당히 길지만 전부 인용했다(괄호 안은 필자 보충).

> **[1. D본]** "(보디사따 스님을 배웅하고) 다시 토번으로 돌아온 새낭gsas snang[47]에게 쩬뽀[치송데쩬]는 (토번에) 불법佛法을 펴기 위해 사자使者가 되어 당나라에 다녀오라는 지시를 내렸다. '쩬뽀가 마음속에 생각하는 대로 이루면 "많은 은[혹은 훈장]"을 내리겠다'라는 조서도 공식적으로 반포했다. 쩬뽀는 대신인 샹론들과 함께 부처님 가르침을 펴기 위한 방법을 부드럽게 논의했다. 쟝짱세를 사자들의 캐뽄(관직 이름)에, 바상씨를 옥뽄(관직 이

46) "(『D본』) 『바세』를 내용과 티베트 문자의 풍격으로 보면 11세기에 속하는 필사본이다. 다만 지금 현존하는 다른 필사본들과 비교했을 때 『D본』은 많은 원시 필사본의 특징을 보존하고 있다. 즉 토번식 티베트 역사서 글자의 특징과 서술 풍격, 기술한 사건이 토번시대의 금석문 등과 많이 일치하고 비교적 원본에 충실하다. 기술하고 있는 내용이 역사적 사실에 매우 가까워 사료적 가치가 더욱 크다. 여러 종류의 『바세』 필사본 가운데 홍미 위주의 황당한 전설 같은 이야기가 『D본』에는 현저하게 적다. 『D본』의 모본母本은 비교적 원시본에 가까운 필사본임에 틀림없다." 巴擦 · 巴桑旺堆譯(2011), p.6.

47) 바샐낭을 말한다.

름)에, 바새낭dba' gsas snang[48]을 잰왕(관직 이름)에 각각 임명하는 등 대표와 수행원 30명으로 이뤄진 사자단使者團을 구성했다. 토번 땅에서 (당나라로) 갈 준비를 하고 출발하려는 그때 당나라 땅에 김 하상gyim hashang이라는 스님이 있었다. '자기 종파'의 7대 전승인 그는 엑추eg chu에 머무르고 있었다. 김 하샹이 '4개월 뒤 엑추의 왕뽀가 있는 곳에 토번의 사자가 도착할 것입니다. 사자들 가운데 보살의 화신이 두 분 있습니다. 그들의 복장양식과 신체형상은 이럴 것입니다'라고 말하고는, 상씨와 샐낭의 모습을 그려 그곳에 놓아두었다. 부상 지역의 왕뽀 측근 가운데 경전에 따라 점을 치는 점술占術에 능한 사람이 한 명 있었다. 그는 매일 경전에 의거해 점을 치는데 (어느 날) 왕뽀에게 '서쪽에서 한 무리의 사자들이 지금 오고 있습니다. 모월某月 모일某日 부상 지역에 도착할 것입니다. 사자들 가운데 보살의 화신인 두 분 있는데 복장과 신체는 이와 같습니다'라며 그림을 그렸다. 부상 지역의 왕뽀는 당나라 황제에게 사람을 파견해 점술사가 말한 토번의 사자가 오고 있다는 것을 보고했다. 황제가 '그림과 같은 2명의 토번 사자가 오면 성대하게 잘 모셔라'라는 명령을 내렸다. 토번의 사자들이 당나라 지역

48) 바샐낭을 가리킨다.

에 도착하자, (당나라 관원들이) 김 하샹gyim hwa shang과 점술사가 그린 그림과 토번 사자들의 얼굴을 대조했다. 바상씨와 바새낭dba' gsas snang 두 사람의 복장과 신체가 그림 속의 인물과 일치하자 둘을 크게 예우했다. 비단으로 만든 내실이 있는 마차에 (둘을) 모셨다. 캐뽄과 다른 사자들은 말을 타고 엑추eg chu로 갔다. 엑추eg chu의 왕뽀와 인사를 나눴다. (그리고는) 밖으로 나와 김 하샹gyim hwa shang과 만났다.

김 하샹gyim hwa shang이 상씨의 발을 만지며 예를 표했다. 상씨 역시 하샹hwa shang의 발을 잡고 답례했다. 하샹hwa shang이 상씨에게 '당신은 마명 보살의 화신인데, 티베트 땅에 대승의 가르침을 널리 펴고, 그곳에 불교 교의를 확립할 것이기 때문에 당신에게 존경을 표시 했습니다' 라고 말했다. 상씨가 예를 드리고 말했다. '티베트 땅에 불교의 가르침이 퍼지도록 신의 아들[짼뽀]에게 말씀을 드릴 생각입니다. 장안에 있는 당나라 황제에게 상주해, (당나라 왕이) 대승 경전 1천 권 정도 주시면 그 전적을 토번에 갖고 갈 생각입니다. (그러나) 지금 짼뽀는 나이가 어려 불교의 가르침을 퍼트려야 한다는 말씀을 드릴 때가 아닙니다. 성인이 된 후 교의를 펴시라고 주청奏請을 드린다면 (그 때) 저는 살아 있습니까? 죽은 뒤입니까?' (이에 대해 김 하샹이) '당신의 짼뽀는 토번에 정법을 펼 보살입니다. 지금부터 몇 년 후 짼뽀가 성인이 되면 외도의 가르침을 논파해 버릴 것입니다. 그때 당신은 (정법을 위한) 변론을 펼칠 것입니다' 라고 말하는 등 많은 예언을 상씨에게 했다. 또한 '나남냐상과 침메렙 그리고 생고하룽시 등 세 사람은 그때 궁궐 내부의 관리가 될 것입니다. 이들 세 사람은 (당신과) 전생에 인연이 있기에 먼저 이들에게 불교 교리를 가르치십시오. 세 사람이 믿음을 내면 당신을 포함한 네 사람이 연합해 쨴뽀가 성인이 되어 외도의 종교를 논파할 때 과보를 얻을 것입니다. 그러므로 (쨴뽀에게) 먼저 『불설업보차별경佛說業報差別經』을, 다음으로 『불설도간경佛說稻竿經』을, 마지막으로 『금강경』을 강설하십시오. 쨴뽀가 믿음을 내면 정법을 펼칠 때 즐거움이 많을 것입니다. 즐거움이 많아지자마자 네팔에 머무르고 있는 사호르[지금의 방글라데시] 출신의 친교사 보디사따[샨타락시타]라는 분을 토번의 선지식善知識으로 초청하십시오. 토번의 중생들을 교화시킬 사람은 그 분입니다' 라며 (김 하상은) 미래에 일어날 일들을 알려주었다. … … 그때 당나라 황제는 모든 벽과 기둥 그리고 지붕을 비단으로 장식하고 그들을 맞이했고, 냄새 좋은 향香 연기와 음악으로 공양하며 아주 기쁘고 즐거운 표정으로 (사자들을) 대했다. 당나라 황제가 '당신 두 사람은 보살의 화신임이 분명하다. 께리하천에 가도 께리의 해를 입지 않고 존경을 받을 것이다. 부상의 점성술사가 이때쯤 도착한다고 예언한 보살이

> 바로 당신 두 사람이며, 김 하샹gyim hwa shang 역시 두 사람을 맞아 공경을 표했다. 부처님은 최후의 5백 년이 가까운 시기 얼굴 붉은 사람들이 있는 지역에 정법을 펼칠 선지식이 나타난다고 예언했는데, 행동거지를 보면 당신들이 바로 그 보살임이 틀림없다'라고 말했다. (이에 대해) 상씨가 '폐하를 친히 뵈오니 기쁘기 그지 없습니다. 듣기 좋은 말씀도 해주시니 이보다 더 좋은 선물은 없을 것입니다. 다른 것을 요청하고 싶지는 않고, 오직 경전에 따라 수행을 지도해 줄 화상 한 분을 소개해 주시기를 앙망합니다'라고 답변했다. (황제가) 즉시 어마御馬를 탄 사자를 파견해 엑추eg chu에 있는 김 하샹gyim hwa shang을 장안으로 불러, 수행법 · 경전 · 비결 등을 상씨 등에게 전하도록 했다. … … (당나라 황제가 티베트 짼뽀에게 말한) 답변을 받은 사자들은 토번으로 돌아갔다."[49]

[D본]에서 주의할 점은 ①짼뽀 치송데짼 재위 당시 30명의 사자가 당나라로 가는 길에 김 하샹을 만났다; ②김 하샹은 예지력叡智力이 뛰어나 토번의 사자들이 올 것을 미리 알고 그 가운데 바새낭[바샐

49) ***rba bzhed phyogs bsgrigs***, pp.248-252; ***dba' bzhed bzhugs so***, pp.16-20.

낭]과 상씨는 보살의 화신이라고 예언한다; ③김 하샹이 상씨를 만났을 때 짼뽀 치데쭉땐에 대해서는 논의하지 않고 짼뽀 치송데짼에 대해서만 이야기한다; ④김 하샹은 상씨에게 토번불교의 앞날에 대해 마치 본 일을 이야기하듯 정확하게 설명한다; ⑤본교와의 논쟁에 대비할 필요가 있고 『불설업보차별경』, 『불설도간경』, 『금강경』 등을 순서대로 짼뽀에게 강설하라고 알려준다; ⑥보디사따[샨타락시타] 스님을 초청하라고 언질을 준다; ⑦당나라 황제가 김 하샹을 장안으로 불렀다는 것 등이다. 다른 필사본들은 어떨까?

> [2. S1본] "5인의 사자들이 다시 토번으로 돌아가는 길에 거대한 바위가 놓여 있어 누구도 감히 지나가지 못했다. 바위를 보는 사람은 누구라도 퉁퉁 부으며 죽었다. 그 엑쭈eg cu 마을의 니마 하샹nyi ma ha shang은 - 친교사로 임명됐는데 - 호랑이 가슴과 어깨에 교차 되도록 묶은 줄을 걸고 (호랑이 힘을 이용해) 엑쭈의 큰 바위를 부수고 그곳에 사찰을 지었다. (토번의) 사자使者들은 (그로부터) 수행과 경전에 대한 가르침을 받았다. 그리곤 '우리들은 부친과 만날 수 있습니까? 토번에 결국은 불교가 정착[안착]됩니까? 만약 토번에 부처님 가르침이 널리 전파되면 귀신과 마귀들이 목숨을 해치지 않습니까? 짼뽀 부자는 평안합니까?' 등을 질문했다. 예지력 있는 화상이 신통력으로 관찰하니 짼뽀[치데쭉땐]는 이미 붕어했다. 그 아들은 아직 어리고, 검은 대신[불교를 싫어하는 대신]들이

(본교를) 좋아해 '부충bu chung' 법률을 제정해 불교를 파괴하고 있었다. (특히) 자마 챈상의 본존상을 무지막지하게 부숴버렸다. '(그대들이 토번으로 돌아가면) 어린 짼뽀를 잘 모십시오. 후일 왕자가 성장하면 외도들의 법과 논할 시기가 올 것입니다. 그때 이것을[짼뽀에게 이 경전의 내용을] 말씀하십시오. 그러면 어린 짼뽀의 믿음이 더욱 왕성해질 것입니다. 그 후 이것을[다시 이 경전의 내용을] 설명해 드리십시오. 그러면 왕자가 불교의 가르침을 펼 것입니다'라고 예언하며 경전 3권을 주었다. 그가 다시 '토번은 불교와 인연이 있습니다. 결국에는 불교가 훙륭興隆할 것입니다. 선지식으로 사호르 왕의 아들인 샨타락시타라고 하는 분이 오셔서 (토번을) 교화시킬 것입니다'라고 말했다.[50] … … 짼뽀[치송데짼]는 바샐낭sba gsal snang을 종교[법法, chos kyi sa]를 관리하는 자리에 임명했다. 법法을 위해 당나라에 사자로 가도록 명령했다. 일을 잘 이루면 많은 은을 상금으로 특별히 내리겠다고 말했다. 장개라렉시를 캐뽄(관직이름)에, 상씨를 옥뽄(관직 이름)에 임명하고 30명으로 사자단使者團을 꾸려 파견했다. 짼뽀는 백성들과 상의해 불교를 믿지 않으면 안 된다고 결정했다. 그때 당나라 황제의 대신인 부상

50) ***rba bzhed phyogs bsgrigs***, pp.6-7.

의 부하 가운데 점술占術에 정통한 사람이 '지금부터 6개월 6일이 지난 뒤 서쪽에서 보살의 화신인 사자 2명이 임금에게 옵니다'라고 부상에게 말했다. '어떻게 아느냐?' '저의 점술에 그렇게 나타났습니다. 몸의 표시와 신체 형태는 이와 같은 것입니다'라며 얼굴을 그렸다. 부상은 그 이야기를 황제에게 상주上奏했다. …… 당나라 황제가 '그대보다 더 내 마음을 흡족하게 사람은 없다. …… 그대가 원하는 것은 무엇이든지 내리겠다'라고 말했다. 샐낭gsal snang이 '폐하를 친견하오니 마음이 매우 기쁩니다. …… 다른 것은 필요 없고 수행과 경전을 가르쳐 줄 화상 한 분을 소개해 주십시오'라고 아뢰었다. 황제가 곧 허락하고 샐낭gsal snang 등 어마御馬를 탄 몇몇 기수騎手를 파견해 엑쭈eg cu의 김 하샹kim hwa shang을 불렀다."[51]

『S1본』에는 ①짼뽀 치데쭉땐이 경전을 구하러 상씨 등 5인을 당나라로 파견했다; ②토번으로 돌아가는 길에 김 하샹이 아닌 니마 하샹을 만난다; ③짼뽀 치데쭉땐은 이미 붕어했고 어린 왕자인 치송데짼이 짼뽀가 되었다고 말한다; ④본교 세력들이 불교를 훼손하고 있다; ④짼뽀 치송데짼을 잘 모시면 외도들과 논쟁할 때가 온다; ⑤짼

51) ***rba bzhed phyogs bsgrigs***, pp.16-17.

뽀 치송데짼에게 경전을 차례로 강설하면 불교에 대한 믿음이 깊어진다(경전 이름은 나오지 않는다); ⑥샨타락시타 스님을 초청하라고 말한다; ⑦짼뽀 치송데짼 시대 30명의 사자들이 다시 당나라로 간다; ⑧당나라 황제가 김 하샹을 장안으로 부른다는 등의 내용이 기록되어 있다. 『D본』과 스토리 전개가 적지 않게 다르다. 앞에는 니마 하샹이, 뒤에는 김 하샹이 언급됐다는 점도 특이하다. (경전을) 두 번만 설명하라는 부분도 주목할 필요가 있다.

[3. S2본] "5인의 사자들이 다시 토번으로 돌아가는 길에 거대한 바위가 놓여 있어 누구도 감히 지나가지 못했다. 바위를 보는 사람은 누구라도 퉁퉁 부으며 죽었다. 그 엑쭈eg cu 마을의 니마 하샹nyi ma hwa shang은 - 친교사로 임명됐는데 - 호랑이 가슴과 어깨에 교차 되도록 묶은 줄을 걸고 (호랑이 힘을 이용해) 엑쭈eg cu의 큰 바위를 부수고 그곳에 사찰을 지었다. (토번의) 사자使者들은 (그로부터) 수행과 경전에 대한 가르침을 받았다. 그리곤 '우리들은 부친과 만날 수 있습니까? 토번에 결국은 불교가 정착[안착]됩니까? 만약 토번에 부처님의 가르침이 널리 전파되면 귀신과 마귀들이 목숨을 해치지 않습니까? 짼뽀 부자는 평안합니까?' 등을 질문했다. 예지력 있는 화상이 신통력으로 관찰하니 짼뽀[치데쭉땐]는 이미 붕어했다. 그 아들은 아직 어리고, 검은 대신[불교를 싫어하는 대신]들이 (본교를) 좋아해 '부충bu chung' 법률을 제

정해 불교를 파괴하고 있었다. (특히) 자마 챈상의 본존상을 무지막지하게 부숴버렸다. '(그대들이 토번으로 돌아가면) 어린 짼뽀를 잘 모십시오. 후일 왕자가 성장하면 외도들과 법을 논할 시기가 올 것입니다. 그 때 이것을 말씀하십시오. 그러면 어린 짼뽀가 믿을 낼 것입니다. 그 후 이것을 설명해 드리세요. 짼뽀의 믿음이 더욱 왕성해질 것입니다. 그 후 이것을 강설하십시오. 그러면 왕자가 불교의 가르침을 펼 것입니다' 라고 예언하며 경전 3권을 주었다. 그가 다시 '토번은 불교와 인연이 있습니다. 결국에는 불교가 흥륭할 것입니다. 선지식으로 사호르 왕의 아들인 샨타락시타라고 하는 분이 오셔서 (토번을) 교화시킬 것입니다' 라고 말했다.[52] …… 짼뽀[치송데짼]는 바샐낭sba gsal snang을 종교[법法, chos]를 관리하는 잰사spyan sa에 임명했다. 법을 위해 당나라에 사자로 가도록 명령했다. 일을 잘 이루면 많은 은을 상금으로 특별히 내리겠다고 말했다. 장개라렉시를 캐뾘(관직이름)에, 상씨를 옥뾘(관직 이름)에 임명하고 30명으로 사자단使者團을 꾸려 파견했다. 짼뽀는 백성들과 상의해 불교를 믿지 않으면 안 된다고 결정했다. 그때 당나라 황제의 대신인 부상의 부하 가운데 점술占術에 정통한 사람이

52) ***dba' bzhed bzhugs so***, pp.165-166.

'지금부터 6개월 6일이 지난 뒤 서쪽에서 보살의 화신인 사자 2명이 황제에게 옵니다'라고 부상에게 말했다. '어떻게 아느냐?' '저의 점술에 그렇게 나타났습니다. 몸의 표시와 신체 형태는 이와 같은 것입니다'라며 얼굴을 그렸다. 부상을 그 이야기를 황제에게 상주上奏했다. … 당나라 황제가 '그대보다 더 내 마음을 흡족하게 사람은 없다. … 그대가 원하는 것은 무엇이든지 내리겠다'라고 말했다. 샐낭gsal snang이 '폐하를 친견하오니 마음이 매우 기쁩니다. … 다른 것은 필요 없고 수행과 경전을 가르쳐 줄 하샹 한 분을 소개해 주십시오'라고 아뢰었다. 임금이 곧 허락하고 샐낭gSal snang 등 어마御馬를 탄 몇몇 기수騎手를 파견해 엑쭈eg bcu의 니마 하샹nyi ma hwa shang을 불렀다."[53]

『S2본』은 『S1본』과 내용이 비슷하다. 김 하샹은 전혀 언급되지 않고 니마 하샹이 등장한다는 점에 주의할 필요가 있다. 세 번을 설명하라는 부분은 『S1본』과 다르다. 경전 이름도 나오지 않는다.

[4. S3본] "5인의 사자들이 다시 토번으로 돌아가는 길에 거대한 바위가 놓여 있어 누구도 감히 지나가지 못했다.

53) ***dba' bzhed bzhugs so***, pp.179-180.

바위를 보는 사람은 누구라도 퉁퉁 부으며 죽어 갔다. 그 엑추eg chu 마을의 능력 있는 김 하샹kim hwa shang이 호랑이의 가슴과 어깨에 교차 되도록 묶은 줄을 걸었다. 예지력이 있는 그는 자신의 친교사의 가르침을 받고 3일 동안 수행한 후, (호랑이 힘을 이용해) 큰 바위를 부수고 그곳에 사찰을 지었다. 정토를 경작하는 경전과 출가자를 찾아 엑추eg chu에 온 토번의 사자들은 수행과 경전의 가르침을 받았다. 모든 번역된 경전을 구하는 사자가 '토번 땅에 불교의 가르침이 안착합니까? 토번에 부처님의 경전[말씀]이 널리 퍼지면 귀신과 마녀들이 목숨을 해치지 않습니까? 짼뽀 부자는 평안합니까?' 등을 (김 하샹에게) 물었다. (김) 하샹이 신통력으로 살펴보고서 '짼뽀[치데쭉땐]는 붕어하셨습니다. 어린 왕자는 아직 성인이 되지 않았고, 검은 대신들이 (본교를) 좋아해 법률을 만들어 불교를 박해하고 있습니다. '자마 친상' 으로 불리는 본존상이 파손되어 완전히 넘어졌습니다. 불교를 흥륭興隆 시키려면 그대들은 짼뽀를 잘 보호해야 합니다. 후일 어린 짼뽀가 성인이 되면 그는 외도들과 경전의 가르침에 대해 말할 때가 올 것입니다. 그 때 이것을 설명하십시오. 그러면 짼뽀가 믿음을 낼 것입니다. 다음에 이것을 말씀 드리십시오. 짼뽀는 불교를 실행하게 됩니다' 라고 말하며 세 권의 경전을 주었다. (계속해서) '토번은 불교와 인연이 있습니다. 결국에는 불교가 널리 퍼질 것입니다. 선지식은 사호르 왕의 아들인 샨타락시타라고 하는 분이 (토번을) 교화할 인연이 있습니다' 라고 덧붙였다.[54) … … 쩬뽀[치송데쩬]는 바샐낭sba gsal snang을 종교[법法, chos]를 관리하는 잰빠spyan pa에 임명했다. 법을 위해 당나라에 사자로 가도록 명령했다. 마음에 생각한 대로 일을 이루면 많은 은을 상금으로 특별히 내리겠다고 결정했다. … … 장샹세를 카뽄(관직이름)에, 바상씨를 옥뽄(관직 이름)에, 불교의 쩬빠(spyan pa, 관직 이름)에 바샐낭sba gsal snang 임명하는 등 대신과 수행원 30명으로 사자단使者團을 꾸렸다. 그때 당나라 사신使臣인 부상왕뽀의 부하 가운데 점술占術에 정통한 사람이 어느 날처럼 경전을 쌓은 뒤 왕뽀에게 '서쪽에서 사자들이 오늘내일 길을 출발해 6개월 6일 뒤에 부상에 옵니다. 사신 가운데 보살이 두 분 있습니다' 라고 아뢰었다. '어떻게 아느냐?' '저의 점술에 그렇게 나타났습니다. 몸의 표시와 신체 형태는 이와 같습니다' 라며 얼굴을 그렸다. 왕뽀는 사자를 보내 황제에게 파견했다. … 당나라 황제가 '그대보다 더 내 마음을 흡족하게 사람은 없다. … … 그대가 원하는 것은 무엇이든지 내리겠다' 라고 말했다. 샐낭gsal snang이 '폐하를 친견하오니 마음이 매우 기쁩니

54) ***rba bzhed phyogs bsgrigs***, pp.86-87; ***dba' bzhed bzhugs so***, pp.66-67.

다. … 다른 것은 필요 없고 수행과 경전에 대해 가르쳐 줄 하샹 한 분을 소개해 주십시오'라고 아뢰었다. 임금이 크게 허락하고 몇몇을 (불러)모아 어마御馬를 탄 기수騎手를 파견하도록 했다. 기사가 엑쭈eg cu에 가서 하샹 hwa shang을 불렀다."[55)]

『S3본』에는 ①짼뽀 치데쭉땐이 경전을 구하러 상씨 등 5인을 당나라로 파견한다; ②토번으로 돌아가는 길에 김 하샹을 만난다; ③짼뽀 치데쭉땐은 이미 서거했고 어린 왕자인 치송데짼이 짼뽀가 되었다; ④본교 세력들이 불교를 훼손하고 있다; ④짼뽀 치송데짼을 잘 모시면 외도들과 논쟁할 때가 온다; ⑤짼뽀 치송데짼에게 강설하면 불교에 대한 믿음이 깊어진다며 경전 세 권을 준다(경전 이름은 언급되지 않았다); ⑥샨타락시타 스님을 초청하라고 말한다; ⑦짼뽀 치송데짼 시대 30명의 사자들이 다시 당나라로 간다; ⑧당나라 황제가 엑쭈의 하샹 한 명을 장안으로 부른다는 사실 등이 들어 있다. 『S2본』과 달리 김 하샹이 등장해도 당나라 황제와는 관계가 없다. 『S1본』·『S2본』과 흡사하다. 내용상 『D본』과는 적지않은 차이가 있다. 『S1본』·『S2본』·『S3본』이 『D본』과 다른 가장 큰 특징은 짼뽀 치데쭉땐 시기 1번, 짼뽀 치송데짼 시기 1번 등 모두 2번 당나라로 사신이 가며, 첫 번째 시기의 사신들이 김 하샹이나 니마 하샹을 만나 예

55) ***rba bzhed phyogs bsgrigs***, pp.101-103; ***dba' bzhed bzhugs so***, pp.85-87.

언을 듣는다는 점이다. 『D본』은 짼뽀 치송데짼 시기 1번만 간다. 『S1본』·『S2본』·『S3본』의 스토리가 좀 더 복잡해진 셈이다.

[5. CH본] "5인의 사자들이 다시 토번으로 돌아가는 길에 거대한 바위가 놓여 있어 누구도 감히 지나가지 못했다. 바위를 보는 사람은 누구라도 퉁퉁 붓고 냄새나며 죽어 갔다. 그 엑추eg chu 마을의 김 하샹kim hwa shang이 호랑이의 가슴과 어깨에 교차 되도록 묶은 줄을 걸어 - 그는 친교사로 임명을 받고 엑추eg chu에 왔는데 - (호랑이 힘을 이용해) 큰 바위를 부수고 그곳에 사찰을 지었다. 토번의 사자들에게 수행과 경전의 가르침을 주었다. 사자들이 '우리들은 부모와 만날 수 있습니까? 우리들 토번 땅에 결국은 불교의 가르침이 안착합니까? 토번에 부처님의 경전[말씀]이 널리 퍼지면 귀신과 마녀들이 목숨을 해치지 않습니까? 짼뽀 부자는 평안합니까?' 등을 김 하샹에게 물었다. (김 하샹이) 예지叡智의 힘으로 살펴보고 '짼뽀[치데쭉땐]는 서거하셨습니다. 어린 왕자는 아직 성인이 되지 않았고, 검은 대신들이 (본교를) 좋아해 '부충' 법률을 제정해 불교를 박해하고 있습니다. '자마챈상'으로 불리는 본존상이 파손되어 완전히 넘어졌습니다. 그대들은 짼뽀를 잘 모셔야 합니다. 후일 어린 짼뽀가 성인이 되면 그는 외도들과 경전의 가르침에 대해 말할 때가 올 것입니다. 그 때 이것을 설명하십시오. 그

러면 짼뽀가 믿음을 낼 것입니다. 다음에 이것을 말씀 드리십시오. 짼뽀는 불교를 실행하게 됩니다' 라고 말하며 세 권의 경전을 주었다. (계속해서) '토번은 불교와 인연이 있어 결국에는 불교가 널리 퍼질 것입니다. 선지식은 사호르 왕의 아들인 샨타락시타라고 하는 분이 (토번을) 교화할 인연이 있습니다' 라고 덧붙였다.[56] …… 짼뽀[치송데짼]는 바새낭rba gsas snang을 종교[법法, chos]를 관리하는 잰사spyan sa에 임명했다. 법法을 위해 당나라에 사자로 가도록 명령했다. 마음에 생각한 대로 일을 이루면 많은 은을 상금으로 특별히 내리겠다고 결정했다. …… 장개라렉시를 캐뽄(관직이름)에, 바상씨를 옥뽄(관직 이름)에 임명하는 등 30명으로 사자단使者團을 꾸렸다. 짼뽀는 불교를 믿지 않으면 안 된다며 임금과 백성들이 모두 믿도록 결정했다. 그 때 당나라 사신使臣인 부상왕뽀의 부하 가운데 점술占術에 정통한 사람이 왕뽀에게 '지금부터 6개월 6일 뒤에 서쪽에서 왕에게 오는 사자들이 있습니다. 사신 가운데 보살이 두 분 있습니다' 라고 아뢰었다. '어떻게 아느냐?' '저의 점술에 그렇게 나타났습니다. 몸의 표시와 신체 형태는 이와 같습니다' 라며 얼굴을 그렸다. 왕뽀는 사자를 보내 황제에게 파견했

56) ***rba bzhed phyogs bsgrigs***, pp.164-165.

다. …… 당나라 황제가 '그대보다 더 내 마음을 흡족하게 사람은 없다. …… 그대가 원하는 것은 무엇이든지 내리겠다'라고 말했다. 새낭gsas snang이 '폐하를 친견하오니 마음이 매우 기쁩니다. …… 다른 것은 필요 없고 수행과 경전에 대해 가르쳐 줄 화상 한 분을 소개해 주십시오'라고 아뢰었다. 황제가 허락하고 낭뉸snang nyun에게 즉시 어마御馬를 탄 기수騎手를 파견하도록 했고, 엑추eg chu의 김 하샹kim hwa shang을 불렀다."[57]

『CH본』의 내용은 『S1본』·『S2본』·『S3본』과 큰 차이가 없다. 『D본』과는 구조상 다르다. 『CH본』도 쨴뽀 치데쭉땐 시기 1번, 쨴뽀 치송데짼 시기 1번 등 모두 2번 당나라로 사신이 갔다. 첫 번째 사신들이 귀국하다 김 하샹을 만나 예언을 듣는다. 두 번째 사신들이 당나라 황제에게 요청하자 김 하샹을 부르는 구조이다. 『CH본』에는 니마 하샹이 아닌 김 하샹이 등장한다는 점도 특색이다. 5종 필사본에 나오는 '김 하샹 부분'을 정리한 것이 오른쪽 페이지의 도표이다.

『D본』, 『S1본』, 『S2본』, 『S3본』, 『CH본』 등을 종합적으로 검토해 보면 몇 가지 의문이 든다. 첫째, 『S1본』·『S2본』·『S3본』·『CH본』의 체제와 내용은 『D본』과 다르다. 가장 원형에 가까운 모본母本에서 필사한 것으로 추정되는 『D본』에는 쨴뽀 치송데짼 시기 당나라

---

57) ***rba bzhed phyogs bsgrigs***, pp.174-175.

『바세』 5종 필사본의 '김 하샹 부분' 비교 도표

구분	김 하샹 등장 여부	구조	특징
D본	엑추eg chu의 **김 하샹** gyim ha shang	짼뽀 치송데짼 시기 30명의 사자들이 당나라로 가다 **김 하샹**을 만남	짼뽀 치송데짼 시기 30명의 사자들이 당나라로 가다 **김 하샹**을 만남
S1본	엑쭈eg cu의 **니마 하샹** nyi ma ha shang	짼뽀 치데쭉땐 시기 5인의 사자들이 토번으로 돌아가는 길에 **니마 하샹**을 만남	짼뽀 치송데짼 시기 당나라에 간 사신들에게 중국 황제가 엑쭈eg cu의 **김 하샹**kim hwa shang을 불러줌
S2본	엑쭈eg cu의 **니마 하샹** nyi ma hwa shang	짼뽀 치데쭉땐 시기 5인의 사자들이 토번으로 돌아가는 길에 **니마 하샹**을 만남	짼뽀 치송데짼 시기 당나라에 간 사신들에게 중국 황제가 엑쭈eg bcu의 **니마 하샹**nyi ma hwa shang을 불러줌
S3본	엑추eg chu의 **김 하샹** kim hwa shang	짼뽀 치데쭉땐 시기 5인의 사자들이 토번으로 돌아가는 길에 **김 하샹**을 만남	짼뽀 치송데짼 시기 당나라에 간 사신들에게 중국 황제가 엑쭈eg bcu의 **하샹** hwa shang을 불러줌
CH본	엑추eg chu의 **김 하샹** kim hwa shang	짼뽀 치데쭉땐 시기 5인의 사자들이 토번으로 돌아가는 길에 **김 하샹**을 만남	짼뽀 치송데짼 시기 당나라에 간 사신들에게 중국 황제가 엑쭈eg bcu의 **하샹** hwa shang을 불러줌

로 가다 김 하상을 만나는 것으로 나온다. 다른 필사본들은 쨴뽀 치데쭉땐 시대 말기 당나라에서 귀국하다 김 하상을 만나, 쨴뽀 치데쭉땐이 붕어하고 쨴뽀 치송데쨴이 등극했다는 소식을 듣는 구조이다. 필사되어 후대로 전승되다 내용이 분화되고 첨가된 것일까? 목판에 새겨 인쇄되어 전해진 것이 아니라 필사되어 전승되다 보니 정확한 과정을 유추하기가 힘들다. 다만 후대로 옮겨지는 과정에 '필사자의 시대에 필요한 부분'이 보충됐을 가능성은 얼마든지 있다. 쨴뽀 치송데쨴 시기 본교를 믿는 대신들을 설득하기 위해 선대 쨴뽀 치데쭉땐 당시 김 하상이 이미 이러저러한 예언을 했다는 사실을 부각한다든지, 불교가 정착된 후대의 어느 시기에 선조들이 불교를 퍼트리기 위해 적지 않은 노력을 기울였다는 사실을 강조하고자 서사 구조를 중층적으로 개편했을 수도 있다.

둘째, 『S2본』에는 김 하상에 관한 언급이 없고 니마 하상이 등장하며 김 하상에 대한 티베트어 표기가 다르다는 점이다. gyim ha shang (『D본』), nyi ma ha shang(『S1본』), nyi ma hwa shang(『S2본』), kim hwa shang(『S1본』·『S3본』), kim hwa shang(『CH본』) 등 약간씩 차이가 난다. 야마구치 교수는 이를 필사 과정에 생긴 오류라고 주장했다.[58] 과연 그럴까? 티베트 학자들이 주장하는 대로 『D본』이 만약 가장 오래된 필사본이라면, 표기는 대략 gyim → nyi ma[kim]/kim [nyi ma] → kim으로 바뀌었다고 추정된다. 티베트어를 필사해 본 사

58) 채인환 외(1973), p.28.

람은 알겠지만 [gyi], [nyi], [ki] 등의 글자는 확실히 구분된다. 오히려 한자漢字 '김金' 자가 티베트 사람들에겐 외국어이므로 읽는 방법이 여러 가지일 수 있다. 예를 들면 현대를 기준으로 볼 때 '김金'의 우리 말 발음은 [kim], 중국식 발음은 [jin]이다. 중국인 가운데도 어떤 사람은 [kim]으로 어떤 사람은 [jin]으로 발음했을 것이며, 이를 들은 티베트인은 자기가 들은 발음대로 필사했을 수 있다. 티베트인들이 들은 발음에 따라 다양하게 필사한 『바세』가 이미 존재했고[59], 앞선 시대의 서로 다른 필사본을 저본底本으로 삼아 뒤 시대의 사람들이 옮겼다면 [ki]로 기록된 저본을 본 사람은 [ki]로, [nyi]로 적힌 필사본을 본 사람은 [nyi]로, [gyi]로 된 것을 옮긴 사람은 [gyi]로 똑같이 따라 적었을 가능성이 높다. 그래서 다양한 표기가 생겼다고 파악하는 것이 보다 사실에 부합된다.

셋째, '경전으로 구하는 것이 주요 목적인 문화사절단 성격'의 사신들이 '정말 당시 당나라 황제를 만났을까' 하는 점이다. 쨴뽀 치송데짼이 등극한 755년부터 김 하샹이 입적한 762년까지 당나라는 안록산 · 사사명의 반란(755-763) 때문에 정치 · 군사적으로 매우 혼란스러운 상태였다. 이러한 때 당나라 황제가 반란을 평정하기 위한 군사적 목적의 사신도 아닌, 변방에서 경전을 구하러 온 사신을 만나 대화까지 했을까? 『구당서』「토번전」과 『신당서』「토번전」의 관련 기록을 보자.

59) 다양한 필사본이 존재했음은 본고의 앞부분에서 논의했다.

[구당서] "개원 29년[741] 봄에 금성 공주가 서거했다. 토번이 사신을 파견해 소식을 알렸다. 그리고는 화친을 요청했다. 황제는 답변하지 않았다. 토번의 사자가 도착한 몇 달 뒤 광순문 밖에서 공주의 서거를 애도하는 행사를 거행했다. 3일간 조회를 멈췄다. 같은 해 6월 토번의 40만 군사가 청해성 청해호 부근의 승풍보를 공격했다. … (같은 해) 12월 토번은 다시 석보성을 공습했다. … 천보(天寶, 742-756) 초기 황보유명과 왕충사를 농우절도사로 삼았지만 모두 토번을 물리치지 못했다. 천보 7년[748] 가서한을 농우절도사로 삼아 공격해 석보성을 되찾았다. … 천보 14년[755] 토번의 짼뽀 치데쭉땐이 서거하자 대신들이 그 아들인 치송데짼을 짼뽀로 옹립했다. 역시 짼뽀라 부른다. 현종은 경조소윤 최광원과 어사중승을 파견했다. 그들은 부절과 국가의 신표를 들고 가 책봉을 올리고 조문했다. 돌아오니 안록산이 이미 낙양을 사사로이 공략해 머무르고 있었다. 그래서 하서와 농서 지역의 병사를 모집해 가서한을 장군으로 삼고 동관에 주둔했다. … 동관이 함락되자 낙수 부근에서 반란군을 막았다. 따라서 하서 · 농서 · 북방의 장군과 병사를 모두 소집해 나라의 어려움을 평정토록 했다. 이를 행영行營이라 한다. … 건원(乾元, 758) 이후 토번군이 나라의 어려움을 틈타 공격해 날마다 변방 지역의 영토가 핍박당했다. 어떤 사람들은 포로가 되어 상처를 입거나 죽었

고 어떤 사람들은 개울과 계곡에서 살해됐다. … 숙종(재위 756-762) 원년[60] 건인월 갑진에 토번이 사자를 파견해 화친을 요청했다. 칙령을 받은 곽자의 · 소화 · 배준경 등이 중서성에서 연회를 베풀었다. … 보응 원년[762] 6월 토번의 사자 촉번망이 등 두 사람이 공물을 가지고 장안에 왔다. 황제가 연영전에서 그들을 접견했다."[61]

60) 숙종 원년은 지덕至德 원년인 756년이 아니고 보응寶應 원년인 762년을 말한다.

61) "二十九年春, 金城公主薨, 吐蕃遣使來告哀, 仍請和, 上不許之. 使到數月後, 始爲公主擧哀于光順門外, 輟朝三日. 六月, 吐蕃四十萬攻承風堡, … 十二月, 吐蕃又襲石堡城, … 天寶初, 令皇甫惟明王忠嗣爲隴右節度, 皆不能克. 七載, 以哥舒翰爲隴右節度使, 攻而拔之, … 天寶十四年, 贊普乞黎蘇籠臘贊死, 大臣立其子婆悉籠臘贊爲主, 復爲贊普. 玄宗遣京兆少尹崔光遠兼御史中丞, 持節齎國信册命弔祭之. 及還而安祿山已竊据洛陽, 以河隴兵募令哥舒翰爲將, 屯潼關. … 及潼關失守, 河洛阻兵, 于是盡徵河隴朔方之將鎭兵入靖國難, 謂之行營. … 乾元之後, 吐蕃乘我間隙, 日蹙邊城, 或爲虜掠傷殺, 或轉死溝壑. …肅宗元年建寅月甲辰, 吐蕃遣使來朝請和, 勅宰相郭子儀、蕭華、裵遵慶等于中書設宴, … 寶應元年六月, 吐蕃使燭番莽耳等二人貢方物入朝, 乃于延英殿引見." 『舊唐書』 권196상, 열전 제146상, 「吐蕃上」, pp.3562-3563. 간체자를 모두 번체자로 고쳤다.

[신당서] "(천보)10년[751], 안서절도사 고선지가 소발률 국왕과 토번의 추장 등을 포로로 잡아 (황제에게) 바쳤다. … 천보 14년[755] 이 해 쩬뽀 치데쭉땐이 서거하고 치송데쩬이 뒤를 이었다. (당나라가) 사자를 파견해 수교를 맺었다. 황제가 경조윤 최광원에게 부절을 지니고 책서를 들고 가 조문하라고 조서를 내렸다. 돌아오니 안록산이 난을 일으켰다. 가서한은 하서와 농서 지역의 모든 병력을 동원해 동관을 지켰다. 여러 장수들은 자기 진중의 병사를 동원해 난을 토벌했다. 처음으로 행영을 운영했다. 변방을 지키는 사람들이 없었다. 그래서 토번 병사들이 틈을 이용해 침입해 약탈했다. 지덕 초년[756] 토번 병사들이 사천 · 청해 · 감숙성의 변경 지역을 공격해 취하고는 청해성 석보성에 머물렀다. 다음 해 토번의 사자가 (안록산의) 도적을 토벌하고 싶다며 다시 수교를 맺자고 요청했다. 숙종이 급사중 남거천을 파견해 토번을 방문하게 했다. 그러나 토번은 매년 침입해 왔다. 청해 · 사천 · 감숙성의 변경 지역을 획득하고 청해성 동남에 위치한 하원군과 막문군을 장악했다. 토번이 여러 번 화친을 요청해 왔다. 숙종은 비록 그것이 거짓임을 알았지만 임시로 잠시 노력해 우환을 제거했다. 그래서 곽자의 · 소화 · 배준경 등에게 조서를 내려 토번과 동맹을 맺도록 했다. 보응 원년[762] 토번이 공격해 임조를 함락시켰다. 토번군은 감숙성의 천수 · 예현 · 농서 지역을

점령했다. 보응 2년[763] … 고휘가 토번병력을 안내해 장안에 들어왔다. … 토번군이 장안에 들어와 15일 정도 머물다 돌아갔다. 황제가 비로소 장안에 돌아왔다."[62]

『구당서』·『신당서』 기록에서 보듯 741-762년 당시 토번과 당나라는 거의 매년 군사적으로 충돌했다. 짼뽀 치데쭉땐 말년부터 김 하상이 입적하는 해까지 군사적 충돌이 없었던 적이 거의 없다. 물론 문화사절단이 역사서에 기록되지 않았을 가능성은 있다. 개인적으로 토번에 경전을 준 출가자가 있을 수도 있다. 그러나 적어도 토번과 당나라 정부 간의 관계에서는 당나라 황제가 토번의 사신을 만나 대화를 나눌 정도의 시대적 상황은 아닌 것 같다. 금성 공주의 서거를 알렸음에도 여러 달을 기다리게 할 정도였다. 화친을 요청하는 토번의 사신에 대해 '거짓임을 알았지만 임시로 노력해 우환을 없앴

62) "十載, 安西節度使高仙芝俘大酋以獻. … 後二年(天寶十四年), 是歲, 贊普乞黎蘇籠臘贊死, 子挲悉籠臘贊嗣, 遣使者修好, 詔京兆少尹崔光遠持節齎册吊祠. 還而安祿山亂, 哥舒翰悉河隴兵東守潼關, 而諸將各以所鎮兵討難讨, 始號行營, 邊候空虛, 故吐蕃得乘隙暴掠. 至德初, 取巂州及威武等諸城, 入屯石堡. 其明年, 使來請討賊且修好. 肅宗遣給事中南巨川報聘. 然歲內侵, 取廓霸岷等州及河源莫門軍. 數來請和, 帝雖審其譎, 姑務紓患, 乃詔宰相郭子儀蕭華裴遵慶等與盟. 寶應元年, 陷臨洮, 取秦成渭等州. 明年, … 高暉導虜入長安, … 吐蕃留京師十五日乃走, 天子還京." 『新唐書』 권216상, 열전 제141상, 「吐蕃上」, pp.4631-4632. 간체자를 모두 번체자로 고쳤다.

다' 라고 기록되어 있다. 게다가 토번군은 763년 장안을 2주일 정도 점령하기까지 했다. 물론 762년 6월에 토번 사신을 접견했다. 그때는 이미 김 하상이 입적한 뒤이다. 『역대법보기』에 따르면 김 하상은 보응 원년[762] 5월 19일에, 『송고승전』에 의하면 지덕 원년[756]에 입적했다. 토번으로 돌아가는 사신이 김 하샹을 만날 수 없는 상황이다. 물론 『D본』처럼 당나라로 올 때 만날 수 있다. 그런데 『D본』의 전후 맥락을 보면 토번의 사자들이 '입적할 즈음의 김 하샹' 을 만난 것 같지는 않다.

그러면 『바세』의 저자는 없었던 사실을 기록한 것일까? 아니면 역사서에 기록되지 않은 사신이 있었던 것일까? 지금으로서는 자세히 알기 어렵다. 한 가지 유추할 수 있는 상황은 당나라 변경을 공략하고 돌아가던 토번군의 장수나 병사가 김 하샹을 만나 가르침을 받았을 가능성은 있다. 그렇다 해도 당나라 황제를 만나 대화를 나눴다고 기록할 수는 없다. 이런저런 문제를 해결하기 위해 『D본』의 단순한 구조에서 『S1본』, 『S2본』, 『S3본』, 『CH본』 등의 중층적인 서사 구조로 변했을 가능성이 있다. 만약 그렇다면 쨴뽀 치데쭉땐 말기 당나라에 사신으로 갔다가 귀국하던 일행이 김 하샹을 만나 토번불교의 미래에 대한 예언을 듣는 것이 완전히 불가능하지만은 않다. 다만 쨴뽀 치송데짼 시기 당나라에 간 사신들이 당나라 황제를 접견하고 대화를 나눴다는 기록은 아무래도 신빙성이 떨어진다.[63] 『바세』

63) 『바세』 기록의 신빙성에 대해 회의적인 태도를 취하는 한족 출신의 중

의 여러 필사본을 자세히 비교해 읽어보면 적지 않은 의문이 드는 것도 사실이다. 토번의 사자들은 김 하상을 정말 만났을까? 그들이 김 하상을 알기나 했을까? 중국의 전등사서傳燈史書 등에 보이는 김 하상의 기록을 읽은 후대의 누군가가 『바세』에 넣은 것은 아닐까? 아무튼, 이런저런 문제들에 대한 보다 정확한 답변을 찾기 위해서는 티베트와 중국의 방대한 고문헌들을 정밀하게 판독할 필요가 있다는 점만은 분명하다.

Ⅲ. 나오는 말

현존하는 5종 『바세』에 기록된 김 하상 부분을 세밀하게 분석한 결과 사실과 의문점을 동시에 발견할 수 있었다. 필사본들의 서사敍事 구조가 다르다는 점이 먼저 눈에 띈다. 『D본』에는 짼뽀 치송데짼 시기 당나라로 가다 김 하상을 만나는 것으로, 다른 필사본들에는 짼뽀 치데쭉땐 시대 말기 당나라에 갔다가 토번으로 귀국하는 길에 김 하상을 만나는 것으로 나온다. 두 가지 서술 구조가 있는 셈이다. 김

국학자도 있다. "『바세』 필사본의 정황은 복잡하다. 문학성이 강하며 민간의 전설과 사실이 섞여 있다. 짼뽀 치송데짼이 태어난 해, 생모 등 역사적 사실의 기록이 정확하지 않다. 이는 이미 학계의 공인된 상식이다. 따라서 『바세』가 서술한 내용에 대한 반성적인 연구가 필요함은 말할 필요가 없다." 尹邦志(2014), p.15.

하샹에 대한 티베트어 표기가 일치하지 않는다는 점도 주목된다. gyim ha shang(『D본』), nyi ma ha shang(『S1본』), nyi ma hwa shang(『S2본』), kim hwa shang(『S1본』·『S3본』), kim hwa shang(『CH본』) 등 약간씩 차이가 난다. 외국어인 '金和尙'을 서로 다르게 들은 선대의 티베트인들이 각자 들은 대로 기록했고, 앞의 기록을 후대의 필사자들이 그대로 옮겼기에 나타난 현상이라고 필자는 파악했다. 상씨 등 토번의 사자들이 '당시 정말 당나라 황제를 만났을까' 라는 의문도 든다. 치송데짼이 짼뽀로 등극한 755년부터 김하샹이 입적한 762년까지 당나라는 안록산·사사명의 반란(755-763) 때문에 정치·군사적으로 매우 혼란한 상황이었다. 변란의 시기에 당나라 황제가 반란을 평정하기 위한 사신도 아닌, 변방에서 경전을 구하러 온 사신을 만났을까? 이 문제는 『바세』 기록의 신빙성과도 연결된다. 후대의 거의 모든 티베트 역사서가 『바세』의 기록을 인용해 논거論據로 삼는다는 점에서 이 의문은 특히 중대하게 다룰 필요가 있다. 티베트와 중국의 관련 고문헌들을 정밀하게 해독할 때 해결의 실마리를 찾을 수 있을 것으로 보인다.

참고문헌

* T : 大正新修大藏經.
* 『歷代法寶記』, T51.
* bde skyis(2009), ***rba bzhed phyogs bsgrigs***, be cin: mi rigs dbe skrun khang.
* 德吉編(2009), 『《巴協》汇編』, 北京: 民族出版社.
* dpe sgrig 'gan 'khur ba longs khang phun tshogs rdo rje(2010), ***dba' bzhed bzhugs so***, lha sa: bod ljongs bod yig dpe rnying dpe skrun khang.
* 龍康 · 平措多吉主編(2010), 『韋協』, 拉薩: 西藏藏文古籍出版社.
* sa paN kun dga' rgyal mtshan(2005), ***thub ba'i dgongs pa rab gsal***, be cin: mi rigs dbe skrun khang.
* bu ston(1988), ***bu ston chos 'byung***, be cin: krung go'i bod rig dbe skrun khang.
* sum pa ye shes dpal 'byor(2015), sum pa *paN+Di ta ye shes dpal 'byor gyi gsung 'bum(pod gnyis pa)_dPag bsam ljon shing*, zi ling: mtsho sngon mi rigs dpe skrun khang.
* dung dkar blo bzang 'phrin las(2002), ***dung dkar tshig mdzod chen mo***, be cin: krung go'i bod rig pa dpe skrun khang.
* phun tshogs tshe ring(2004), ***deb ther kun gsal me long***, lha sa: bod ljongs mi dmangs dpe skrun khang.
* dpa' bo gtsug lag phreng ba(2014), ***mkhas pa'i dga' ston***, lha sa: bod ljongs mi dmangs dpe skrun khang.
* rgya je bkra bho gtso sgrig pa(2008), ***bod kyi rtsom rig lo rgius skal mzang mig sgron****(stod cha)*, zi ling: mtsho sngon mi rigs dbe skrun khang.
* chab 'gag rdo rje tshe ring gtso sgrig pa(2009), ***bod kyi rtsom rig lo rgius****(po gnyis pa)*, lha sa: bod ljongs mi dmangs dpe skrun khang.
* khang dkar tshul khrims skal bzang(2013), ***khang dkar tshul khrims skal bzang mchog gi gsung 'bum pod bcu pa***, khrin tu'u: si khron mi riks dpe skrun khang.
* glang ru nor bu tshe ring(2015), ***bod sa gnas kyi rgyal rabs rim byung dang bod brgyud nang bstan skor gyi don chen lo tshigs***, lha sa: bod ljongs mi dmangs dpe skrun khang.
* sam l+wan se+e ka dang ka zu shi e bo ganyis kyis bris(2012), rdo rje don grub kyis bsgyur, *tun hong gter yig las sba bzhed kyi shog hrul yi ge'i skor*, bod ljongs slob grwa chen mo'i rig deb 2012lo'i zla12.

* [五代後晉]張昭遠 · 賈緯編纂(1999), 簡體字本二十四史 32『舊唐書』,「吐蕃上」, 北京: 中華書局.
* [北宋]歐陽修 · 宋祁編纂(1999), 簡體字本二十四史 37『新唐書』,「吐蕃上」, 北京: 中華書局.
* 佟錦華 · 黃布凡譯注(1990),『《拔協》增補本譯注』, 成都: 四川民族出版社.
* 巴擦 · 巴桑旺堆譯(2011),『《韋協》譯注』, 拉薩: 西藏人民出版社.
* 恰白 · 次旦平措等主編(1985),『藏族文學史』(上), 西寧: 青海民族出版社.
* [宋]贊寧撰(1987),『宋高僧傳』, 范祥雍點校, 北京: 中華書局.
* 張怡蓀主編(1993),『藏漢大辭典』, 北京: 民族出版社.
* 尹邦志著(2014),『宗統與說通: 吐蕃宗論的影響與漢藏佛教親緣關系』, 北京: 社會科學文獻出版社.
* 山口瑞鳳(1973),「チベット仏教と新羅金和尙」,『新羅佛教硏究』, 채인환 · 김지견 편, 東京: 山喜房佛書林.
* Matthew T. Kapstein(2000), ***The Tibetan Assimilation of Buddhism Conversion, Contestation, and Memory***, OXFORD university press.
* Pasang Wangdu · Hildegard Diemberger(2000), ***dba' bzhed***, Wien: Verlag der Österreichischen Akademie der Wissenschaften.
* 戴密微著(2013),『吐蕃僧諍記』, 耿昇譯, 拉薩: 西藏人民出版社.
* 閔泳珪, 1993.01,「無相的淨衆寺」,『宗教學硏究』1993年第1期, 成都: 四川大學道教與宗教文化硏究所.

  1993.03,「有關禪宗史的幾個問題」,『四川文物』1993年第3期, 成都: 四川文物局.
* 杜斗城(1993),「敦煌本《歷代法寶記》與蜀地禪宗」,『敦煌學集刊』1993年1期, 蘭州: 敦惶硏究所.
* 張子開(1999),「唐代成都府淨衆寺歷史沿革考」,『新國學』1999年第1期, 成都: 四川大學中國俗文化硏究所.
* 徐文明(2000),「智詵與淨衆禪系」,『敦煌學集刊』2000年第1期, 蘭州: 敦惶硏究所.
* 王玲 · 王大偉(2013),「無相禪師及其弟子的頭陀行」,『宗教學硏究』2013年第1기, 成都: 四川大學道教與宗教文化硏究所.

*** 이 논문은『인도철학』제57집(인도철학회, 2019년 12월)에 발표됐던 것을 수정보완한 것이다.

Ⅰ. 역주 편

바세

Ⅰ. 부처님 가르침이 어떻게 토번에
전파됐는지에 대해 손으로 쓴 문서

Ⅱ. 음식을 올리며 천도하는 의식의 역사

Ⅰ. 부처님 가르침이 어떻게 토번에 전파됐는지에 대해 손으로 쓴 문서

1. 부처님 가르침이 어떻게 토번吐蕃བོད།[1] 에 전파됐는지에 대해 손으로 쓴 문서. 토번에 불법佛法이 처음 나타난 것은 짼뽀བཙན་པོ།[2] 하토토 리 낸 짼 ལྷ་ཐོ་ཐོ་རི་སྙན་བཙན།[3] 시 대 이 며 , 짼 뽀 치 송 짼 (ཁྲི་སྲོང་བཙན། སྲོང་བཙན་སྒམ་པོ། 617-629-650)[4] 통치 시기에 (부처님 가르침의) 큰 일이

---

1) '고대 티베트'는 '토번吐蕃'으로 중국 측 자료에 기재되어 있다. 'བོད།'라는 글자를 발음대로 표기하면 '뵈'이지만 상대적으로 익숙한 '토번' 혹은 '티베트'로 표기했다.

2) 왕 혹은 황제의 고대 티베트식 명칭이다.

3) 토번의 제27대 짼뽀이다.

4) 짼뽀 송짼깜뽀སྲོང་བཙན་སྒམ་པོ།를 말한다. ***짼뽀의 경우**: '재위在位'란 표현이 없고 숫자가 세 개일 경우 제일 앞 숫자는 태어난 해, 가운데 숫자는 짼뽀로 등극한 해, 마지막 숫자는 붕어한 해를 각각 나타낸다. 숫자가 두 개일 경우 앞은 태어난 해 뒤는 타계한 해를 가리킨다. '재위'는 짼뽀로 재위한 기간을 말한다. ***일반인의 경우**: 앞의 숫자는 태어난 해 뒤의 숫자는 타계한 해를 의미한다. 이하 동일. 사람의 출생과 짼뽀의 재위 등 연도는 བོད་རྒྱ་ཚིག་མཛོད་ཆེན་མོ། ཀྲང་དབྱི་སུན་གྱིས་གཙོ་འགན་བཞེས་ནས་རྩོམ་སྒྲིག་བྱས་པ། པེ་ཅིན། མི་རིགས་དཔེ་སྐྲུན་ཁང་། ༡༩༩༣ ལོ།; 孫怡蓀主編, 『藏漢大辭典』, 北京: 民族出版社, 1993; དེབ་ཐེར་ཀུན་གསལ་མེ་ལོང་། ཕུན་ཚོགས་ཚེ་རིང་གིས་བརྩམས། ལྷ་ས། བོད་ལྗོངས་མི་དམངས་དཔེ་སྐྲུན་ཁང་། ༢༠༠༩ ལོ།; གངས་ཅན་མཁས་གྲུབ་རིམ་བྱོན་མིང་མཛོད། ཀོ་ཞུལ་གྲགས་པ་འབྱུང་གནས་དང་རྒྱལ་བ་བློ་བཟང་མཁས་གྲུབ་ཀྱིས་བརྩམས། ལན་ཀྲུའུ། ཀན་སུའུ་མི་རིགས་དཔེ་སྐྲུན་ཁང་། ༡༩༩༢ ལོ།; གངས་ཅན་མི་སྣ་གྲགས་ཅན་གྱི་འཁྲུངས་འདས་ལོ་ཚིགས་རེའུ་མིག ཁམས་སྤྲུལ་བསོད་ནམས་དོན་གྲུབ་ཀྱིས་བརྩམས། པེ་ཅིན། མི་རིག

시작됐으며, 짼뽀 치송데짼(ཁྲི་སྲོང་ལྡེ་བཙན། 742-755-797) 시대에 교의教義가 발전해 번창했다. 짼뽀 치쭉데짼(ཁྲི་གཙུག་ལྡེ་བཙན། 랄빠짼རལ་པ་ཅན། 806-817-841) 당시 (경문의 번역에 관한 용어와 규칙[སྐད་གསར་བཅད།] 등을) 혁신해 확정했다.

2. 짼뽀 하토토리낸짼 시대 처음 나타난 부처님 가르침과 관련해 (다음과 같은) 이야기가 전한다. 금니金泥로 쓰여진 범어梵語 육자진언[옴마니반메훔, ཡི་གེ་དྲུག་པ་མ་ཧི་པད་མེ།]이 들어있는 상자가 하늘에서 국왕 앞에 떨어졌다. (당시 누구도 그것이) 불교ཆོས།의 물건인지 본교བོན་པོ་ཆོས་ལུགས།[5]의 물건인지를 잘 몰라 상자 이름을 '신비하고 신령스러운 물건[낸뽀상와གཉན་པོ་གསང་བ།]' 이라 부르고는 '깨끗한 옥돌[གཡུ་མདོན།]' 과 '금빛 나는 음료[གསེར་སྐྱེམས།]' 등을 바쳤다. 그리곤 운부라강ཡུམ་བུ་བླ་སྒང་། 궁전의 창고에 비밀스레 모셨다. 짼뽀 자신이 때때로 그 상자를 열어 보았다. 그것에 공양을 올렸기에 80세 고령의 짼뽀의 얼굴이 16세 소년과 같은 얼굴로 변했다. 짼뽀는 임종을 맞아 "나의 자손들은 국운이 창성하든 쇠약하든 때때로 이 상자를 열어 보라!"라는 유언을 남겼다.

3. 짼뽀 자손 시대에 토번의 국운이 매우 융성해졌다. 당시 '신비

ས་དཔེ་སྐྲུན་ཁང་། ༢༠༠༥ལོ། 등을 따랐다. 생몰년을 인용한다고 이 책들의 모든 내용에 동의하는 것은 아니며 이 글에 인용된 다른 책들도 마찬가지이다.

5) 티베트의 자생종교. 지금도 본교 신자들이 적지 않다.

하고 신령스러운 물건[གཉན་པོ་གསང་བ།]' 을 열자 (상자 안에서) 『불설대승장엄보왕경佛說大乘莊嚴寶王經ཟ་མ་ཏོག་བཀོད་པ།』의 심주[心呪, 금니로 쓰여진 범어 육자진언] 1부와 무다라니 도장[མུ་དྲའི་ཕྱག་རྒྱ།]이 찍힌 『정계무구경頂髻無垢經གཙུག་ཏོར་དྲི་མེད།』 1부가 나왔다.

4. 그 후 짼뽀 치송짼[송짼깜뽀] 시대에 네팔 국왕의 딸 치준ཁྲི་བཙུན། 공주를 왕비로 맞이했고 라사뻬하링 사원ར་ས་པེ་ཧར་གླིང་།[6]과 토번의 4대 루རུ། 지역[7]에 (42좌座의) 사원을 세웠다. 차하བྲག་ལྷ། 사원도 건립했다. 천축의 불법佛法과 문자를 얻고 배우기 위해 톤미삼뽀라འཐོན་མི་གསམ་པོ་ར།[8]를 천축에 파견했다. 그는 리친ལི་བྱིན།이라는 천축 출

6) ར་ས་པེ་ཧར་གླིང་།에 나오는 ར་ས།의 문자적 의미는 산양山羊과 흙[土]이다. 산양들의 등에 흙을 싣고 와 호수를 메우고 대소사大昭寺를 건립했기에 '라사ར་ས།' 로 불렸다고 한다. 후에 ལྷ་ས།로 바뀌었다. ལྷ་ས།라는 단어는 823년에 세워진 '토번당회맹비吐蕃唐會盟碑' 에 최초로 나타난다. 이 비는 현재 라싸 대소사 정문 부근에 있다. པེ་ཧར།는 사찰을 의미하는 산스크리트어 Vihāra에서 파생된 음역어音譯語로 보인다. Vihāra를 티베트어로 의역意譯한 말이 གཙུག་ལག་ཁང་།이다. གླིང་། 역시 사찰이라는 뜻이다.

7) 4대 루རུ། 지역은 토번의 지리적 형세와 관련이 있다. 토번의 지세地勢가 마치 하늘을 보고 누워 있는 나찰을 닮았다는 풍수지리학적인 지적에 따라 나찰의 심장에 해당되는 곳에 대소사大昭寺를 짓기 전에 나찰의 오른쪽 어깨에 해당되는 부루དབུ་རུ། 지역에 꽈차བཀའ་ཚལ། 사원을, 왼쪽 어깨에 해당되는 요루གཡོ་རུ། 지역에 차주ཁྲ་འབྲུག 사원을, 나찰의 오른쪽 무릎에 해당되는 애루གཡས་རུ། 지역에 짱참གཙང་འགྲམ། 사원을, 나찰의 왼쪽 무릎에 해당되는 루라རུ་ལག 지역에 촘빠갱གྲོམ་པ་རྒྱང་། 사원을 각각 세운 것을 말한다.

8) 톤미삼보타ཐོན་མི་སཾ་བྷོ་ཊ།를 말한다.

신의 문학자와 함께 토번으로 돌아왔다. 『보운경寶雲經 མདོ་དཀོན་མཆོག་སྤྲིན།』, 『백련화보정경白蓮花寶頂經པད་མ་དཀར་པོ་རིན་པོ་ཆེ་ཏོག』, 『오부다라니경 五部陀羅尼經 གཟུངས་གྲྭ་ལྔ།』, 『십선법경 十善法經 དགེ་བཅུ་དང་དུ་བླང་བའི་མདོ།』 등의 경전도 가지고 왔다. 이 경전들을 번역할 사람이 없어 왕실의 도장을 찍은 후 칭빠ཕྱིང་བ། 궁전에 보관했다. 짼뽀가 "내 왕위를 이어 5대째 되는 왕[9)]이 등극하면 불법이 번창할 것이다. 그 때 이 상자를 열어라."라는 유언을 남겼다.

5. 문자는 리친과 삼뽀라[10)]가 산스크리트어를 티베트어로 번역했다. 궁궐의 내부에서 일하는 대신 4명에게 문자를 가르쳤다. 그 때 짼뽀는 궁궐 안에 머무르며 4년 동안 문門에도 가지 않고 칩거했다. "짼뽀는 궁궐의 문에도 가지 않는 등 일체 보이지 않고 현명한 대신이 나타났다[정무를 본다]고 백성들이 말한다."라는 소리를 짼뽀가 들었다. 그리고는 글을 배운 대신 4명을 불러 의견을 들었다. 짼뽀가 4개월 동안 노력해 십선법十善法དགེ་བ་བཅུ།을 모범으로 삼아 법령을 만들고 문자화 했다. (주요 내용은) 살인을 없애기 위해 목숨 값으로 황금 1천양 배상하기, 절도를 없애기 위해 물건으로 배상하기, 간음을 없애기 위해 코를 자르고 눈을 파내기, 거짓말을 없애기 위해 맹세하기 등이었다.

---

9) 제38대 짼뽀 치송데짼을 말한다.

10) 톤미삼보타ཐོན་མི་སཾ་བྷོ་ཊ།를 말한다.

6. 그리고 나서 어느 날 짼뽀가 모든 백성들을 모아 선포했다. "나는 궁궐에서 움직이지도 않고 한 자리에 머무르며 정무도 보지 않았다. 그래도 너희 백성들은 모두 여유가 있고 행복했다. 너희들은 '짼뽀께서 궁궐의 문에도 가지 않고 어디에도 없고 현명한 대신이 나타났다' 라는 말들을 했다. 현명한 대신을 내가 임명했나? 너희 백성들이 임명했나? 너희들이 이처럼 (내가 나라 다스리는 법을) 좋아하지 않기에 내가 4개월 동안 노력해 법령을 만들었다. 법령에 정해 놓은 대로 따르라. 만약 법령대로 하지 않으면 12개의 작은 나라가 망한 것처럼 우리 나라도 그렇게 될 것이다. 이들 12국에는 의지할 법령이 없어 (국정이) 혼란스러워져 그렇게 된 것이다. (법령대로 행하지 않으면) 장래에 병폐도 많아질 것이고, 나의 후손들 즉 짼뽀와 백성들의 나라마저 없어질 것이니 법령을 엄격하게 준수하도록 하라"라는 명령을 내렸다.

(이렇게 짼뽀는) 오전 시간 전부를 할애해 국가의 체계를 정비하는 법과 좋은 풍속 그리고 법령과 명령 등을 틀림없이 백성들에게 정중하게 선포했다. 그러자 모든 백성들이 짼뽀에게 감사를 드리며 "짼뽀시여! 어느 누구도 당신의 지혜로움을 따라갈 수 없습니다. 칭호도 치송짼깜뽀[11)]로 하십시오!"라며 새로운 칭호를 올렸다. 왕족과 대신들의 자손들은 모두 톤미삼뽀라와 인도에서 온 리친에게 문자를 배우라는 명령을 받았다. 그후 토번 땅에 문자의 시대가 시작됐다.

---

11) 짼뽀 송짼깜뽀를 말한다.

7. 후에 당나라 임금[딩가딩쭌དིང་ང་དིང་བཙུན།][12]의 딸[옹조]을 왕비로 맞이하는 회담을 위해 가똥짼유숭(འགར་སྟོང་བཙན་ཡུལ་ཟུངས། ?-667)을 지방군정장관에 해당되는 캐뽄ཁད་དཔོན།에, 니와냐도레낭짼སྙི་བ་སྙ་དོ་རེ་སྣང་བཙན།을 잰왕(궁중의 대신, སྤྱན་དཔང་།)에, 조데루궁돈འགྲོ་ལྡེ་ཟུ་ཀུང་སྟོན།을 옥뽄(궁중의 대신, འོག་དཔོན།)에 각각 임명해 시종 300명과 함께 파견했다. 사자들은 (혼인을 위한) 편지를 담은 상자 3개를 가지고 갔다. 장안ཀིང་ཤི[13]에 도착한 사자들은 당나라 태종에게 서신을 담은 상자 하나를 올렸다. 당 태종이 토번의 사자들에게 답신을 주며 "나의 편지를 토번으로 갖고 가 (짼뽀가) 어떤 대답을 했는지 말하라."라고 일렀다. 사자들은 "이 답신을 토번으로 가지고 갈 수 없습니다. 답신은 이것입니다."라며 두 번째 편지를 당나라 임금에게 올렸다. 그러자 당 태종은 다시 편지를 주며 "이것이 두 번째 편지에 대한 답신이다. 토번에 전달해라. 토번의 답신이 올 때까지 사자들은 모두 장안에서 기다려라."라고 말했다. 사자들은 이에 대해 "두 번째 답신을 토번으로 가지고 갈 수 없습니다. 두 번째 답신에 대한 대답이 이것입니다."라며 세 번째 편지를 당 태종에게 바쳤다. 이세민이 토번 왕의 세 번째 편지를 읽은 뒤 "매우 신기하다!"고 생각하고는 "나의 딸을 왕비로 보내겠다."라고 대답했다. 당 태종은 똥짼유숭에게 당나라 대신에 해당되는 직책을 내렸다.

12) 당 태종 이세민(李世民, 599-627-649)을 가리킨다.

13) ཀིང་ཤི는 수도를 의미하는 중국어 '京師[jing1shi1]'를 티베트어로 옮긴 것이다. 당나라 수도는 장안長安이기에 장안으로 옮겼다.

사자들은 2달 동안 출발을 기다렸다. 뭄샹옹조[문성 공주文成公主, སྨུང་ཤང་ཨོང་ཅོ།][14]와 수행원 300명을 토번으로 파견했다. 당 태종은 똥짼유숭에게 황실의 여인 30명을 부인으로 삼으라고 보냈다. 그리곤 "(나의 딸을) 토번의 짼뽀와 당나라 임금처럼 잘 모셔라."라고 말한 뒤 (똥짼유숭에게 잘 지키겠다는) 맹세를 하도록 했다. 그런 뒤 똥짼유숭은 토번으로 출발했다. 사자들과 공주는 토번에 도착했고, 토번왕은 뭄샹옹조를 왕비로 맞았다. 그 후 짼뽀는 핸까르따모라 ལྷན་ཀར་ཏ་མོ་ར། 궁전에 머물렀고, 옹조는 하사라모체ལྷ་ས་ར་མོ་ཆེ།[15] 궁에 입주했다. 옹조는 당나라에서 석가모니ལྷ་ཤཱཀྱ་མུ་ནེ། 금상 1위를 한 마부馬夫의 품 안에 넣어 모셔왔는데, 모체 궁전에 모셨다. 조상祖上인 짼뽀 송짼깜뽀가 부처님 가르침이 토번 땅에 퍼지도록 한 것이다.

8. 리 땅ལི་ཡུལ།[16]의 사람들은 전부 짼뽀 송짼깜뽀가 관세음보살 ཨ་རྱ་པ་ལོ།의 화신이라고 생각했다. 무엇 때문에 그렇게 됐을까? 부처님이 열반에 드신 후 백 년경 리 땅에 불교가 전파됐다. 그 때 리 출신 스님 2명이 관세음보살의 얼굴을 친견하고자 했다. 그래서 1년

---

14) སྨུམ་ཤང་འོང་ཅོ། སྨུན་ཤང་ཀོང་ཅོ། ཝུན་ཤིང་ཀོང་ཅོ། ཝུན་ཤིང་ཀོང་ཇོ། 등으로 표기된다. 정확히 말하면 당나라(唐, 618-907) 황실의 종실녀宗室女이다. 당 고조 이연(李淵, 566-635)의 당질堂姪인 이도종(李道宗, 600-653)의 딸로 추정된다. 문성 공주는 641년 라싸에 도착했으며 『신당서』 권216(상上)에 따르면 680년 세상을 떠났다.

15) 지금 라싸에 있는 소소사小昭寺가 그곳이다.

16) 지금의 중국 신강성 호탄 지역이다.

내내 공양을 올리고 경을 읽으며 주문을 외웠다. 문수 보살이 나타나 "선남자여! 무엇을 원하나?"라고 물었다. "저희들은 관세음보살님의 얼굴을 친견하고 싶습니다."라고 대답했다. 문수 보살이 "토번의 짼뽀가 관세음보살의 화신이니 토번으로 가면 얼굴을 볼 수 있을 것이다."라고 대답했다. 두 사람은 즉시 각각 석장錫杖을 들고 토번에 있는 짼뽀의 궁전으로 갔다. (그들은 마침) 짼뽀가 법령을 처음으로 제정했을 때 도착했다. 어떤 이들은 사형당하고, 어떤 이들은 추방되고, 어떤 이들은 가시로 짜여진 곳에 붙잡혀 들어가고, 어떤 이들은 코가 베어지고 눈알이 파여지고 있었다.

리에서 온 두 스님은 믿음이 흔들려 "이 사람은 결코 관세음보살님이 아니다. 돌아가자."라고 생각했다. 고향으로 돌아가려고 했다. 짼뽀가 이것을 알고 궁전의 네 문에 명령을 내렸다. (부하들이) 두 스님을 (문에서) 불러, 짼뽀의 명령대로 궁전 안 짼뽀 앞에 가도록 했다. 두 스님이 짼뽀에게 예배했다. "여기에 무엇 때문에 왔나?"라고 짼뽀가 물었다. 두 스님이 "우리들은 관세음보살님을 친견하고자 여기에 왔습니다."라고 대답했다. 짼뽀가 왕좌王座에서 일어나 두 스님을 데리고 조용한 평지에 가 관세음보살의 모습을 보여주었다. 두 스님을 기뻐하며 절을 올렸다. 관세음보살로 화현化現한 짼뽀가 "이제 너희들은 무엇을 원하나?"라고 물었다. 두 스님은 "저희들을 다시 고향으로 보내주십시오."라고 대답했다. 두 스님은 짼뽀의 발을 잡고 울었다. 잠시 후 두 스님은 궁전에서 잠이 들었다.

잠이 들었다가 따뜻한 양광陽光에 잠이 깨니 관세음보살은 보이지 않고 두 스님은 고향에 돌아와 있었다. 조금 전엔 "이 사람은 관세음보살님이 아니다. 그래서 고향에 돌아갈 생각만 하다 보니 아무 것도 이뤄지지 않았다. (그런데) 의심할 것 없이 짼뽀는 관세음보살님의 화신임이 틀림없다."라고 두 스님이 말했다. (이 사실은) 『우전대수기于闐大授記ལི་ཡུལ་ལུང་བསྟན་ཆེན་པོ།』[17] 라는 책에 잘 기록되어 있다.

9. 그 후 제36대 짼뽀 뒤송망뽀제룽남(འདུས་སྲོང་མང་པོ་རྗེ་རླུང་ནམ། 676-?-704) 시대에 캄[사천성 · 운남성의 티베트 지역] 지방의 링གླིང་།이라는 지역에 치쩨ཁྲི་རྩེ། 사원을 건립했다고 한다. 그 후 그의 아들 짼뽀 치데쭉땐(ཁྲི་ལྡེ་གཙུག་བརྟན། ཁྲི་ལྡེ་གཙུག་བཙན། 695-704-754) 시기 당나라의 김상옹조[금성 공주金城公主, ཀྱིམ་ཤང་ཨོང་ཅོ།][18]를 왕비로 맞았다. 칭부남라 지방, 작마의 까추 지방, 잰상 지방, 카작 지방, 메송 지방에 사찰을 건립했다고 한다. 김상공조는 하사라모체 사원에 봉안되어 있는 석가모니 부처님 상을 매년 돌며 예배했다. 고모인 뭄상옹조[문성 공주]를 신으로 공양했고, 석가모니상이 천 명의 신과 사람들에게 불법佛法을 설명하기를 기원했다. 토번 땅의 죽은 이들의 복덕을 위해 음식을 바쳤는데 이름을 '체ཚེས།' 라고 했다. 짼뽀 치데쭉땐 시대 불교는 이 정도 이뤄졌다. 짼뽀와 옹조[19]가 세상을 떠났다.

---

17) 런던 영국도서관 동방 · 인도사무부 도서관[IOL Tib J 597, IOL Tib J 598]과 파리국립도서관[P.T. 960]에 보관되어 있는 돈황 출토 티베트어 문헌에 이 책이 전한다.

18) ཀམ་ཤིང་ཀོང་ཇོ། 혹은 ཀམ་ཤིང་ཀོང་ཇོ།라고도 한다.

19) དོན་ཆེན་གནད་བསྡུས་ཀྱི་ལོ་ཚིགས།(P.T. 1288)에 따르면 금성 공주는 739년 타계했다.

10. 왕자 치송데짼(ཁྲི་སྲོང་ལྡེ་བཙན། 742-755-797)[20]이 13살의 나이로 짼뽀의 자리에 등극했다. 등극하자마자 나남마샹촘빠께སྣ་ནམ་མ་ཞང་ཁྲོམ་པ་སྐྱེས།, 치톡제탕라바ཁྲི་ཐོག་རྗེ་ཐང་ལ་འབབ།, 족로께상개공ཅོག་རོ་སྐྱེས་བཟང་རྒྱལ་གོང་། 등 세 사람은 나쁜 업력과 귀신에 홀렸다. 나남과 족로 두 사람이 모의해 먼저 나남마썅촘빠께가 탕라바를 살해했다. 두 사람은 토번 땅에 불길한 현상이 나타난 것은 석가모니의 가르침을 신봉한 때문이니 하사라모체ལྷ་ས་ར་མོ་ཆེ།에 있는 당나라에서 가져온 불상을 당나라로 돌려보내야 된다고 말했다. 그 불상은 처음엔 마부 한 사람이 가슴에 안은 채 들고 옮길 수 있었다. (그런데) 가죽끈으로 만든 거물에 (불상을) 넣고 3백 명이 옮겨 문 밖에 버린 후 1천 명의 사람들이 끌고 갔다. 불상이 카작མཁར་བྲག 지방의 평원에 도착했을 때 1천 명의 사람들이 들어도 들지 못해 그 자리의 땅을 파고 묻었다. 바씨氏의 노비들[འབལ་རྗེ་ཁོལ།]에게 관리를 맡겼다. 밤에 흙으로 덮어 놓았으나 다음 날 불상의 상반신 부분이 곧게 선 모습으로 땅 위로 드러났다.

중국에서 온 화상和尙 한 명이 - 그는 본래 옹조의 시종으로 토번에 왔다가 라모체 사원에 머물렀다 - 마침 당나라로 추방됐는데, 그가 토번과 당나라의 경계선에 도착했을 때 신발 한 짝을 어제 걷던 길에 두고 왔다. 화상은 "나의 신발 한 짝을 어제 걸었던 토번 땅에 두

20) 짼뽀 치송데짼ཆོས་རྒྱལ།, 적호[寂護, 샨타락시타, བོ་དྷི་ས་ཏྭ་འམ་ཞི་བ་འཚོ། མཁན་ཆེན།] 스님, 연화생[蓮花生, 파드마삼바바, པད་མ་འབྱུང་གནས་སམ་པད་མ་ས་མྦྷ་བ། སློབ་དཔོན།] 스님 등 3인을 티베트 사람들은 '사군삼존མཁན་སློབ་ཆོས་གསུམ།' 이라 부른다.

고 왔는데, 이는 토번 땅에 다시 부처님 가르침의 불꽃이 일어날 징조입니다."라고 말했다. 한편 라싸의 카작འཁར་བྲག 지역에 있던 사찰과 자마챈상བྲག་དམར་འགྲན་བཟང། 지역에 있던 사찰이 훼손됐다. 자마챈상에 있던 종鐘은 칭부의 바위산에 묻혔는데, 지금 삼예사의 종[21]이 이것이다.

샹마샹[ཞང་མ་ཞང། 마샹촘빠께]이 불법佛法을 박해할 때 라싸뻬하르 지역은 거대한 도살장으로 변했다. 살해한 양羊의 시체를 불상의 손 위에 놓았고, 양의 창자를 불상의 목에 휘감았다. 샹마샹은 모든 백성들에게 "지금 이후로 사람이 죽으면 '체ཚེས།'라는 불교 의식을 행하지 못한다. 만약 불법佛法을 믿는 사람이 있으면 단신으로 영원히 추방하겠다."라는 법령을 선포했다. 이처럼 부처님 가르침은 박해를 받았고 훼손됐다. 그로부터 오래지 않아 샹나남ཞང་སྣ་ནམ།과 치톡제탕라바ཁྲི་ཐོག་རྗེ་ཐང་ལ་འབར།는 탕하산ཐང་ལྷ། 밑에서 "까! 까!"라는 슬픈 소리를 지르며 죽었다. 족로께상개공ཅོག་རོ་སྐྱེས་བཟང་རྒྱལ་གོང།은 혀, 손, 발 등이 매 마르며 죽었다. 샹마샹에게 커다란 죽음의 나쁜 징조가 나타나자 (어떤 사람이 그 기회를 이용해) 돈을 주고 점쟁이를 회유해 "짼뽀의 운이 나쁘다. 몸으로 속죄하는 법식法式을 보여야 한다. (어떤 사람을) 구덩이에 넣어 생매장해야 한다."라는 말을 퍼트리게 했다. (그리하여 샹마샹촘빠께를) 구덩이에 넣고 묻어버렸다. (한편 당시) 짼뽀와 백성들의 점괘와 징조가 일치하는 것은 당나라에서 온 불상

21) 지금 삼예사 대전의 문에 걸려있는 종은 이 종이 아니다.

라모체 사원[소소사] 입구.

이 위협하고 해를 끼치기 때문이라는 말이 있었다. (당나라에서 온 석가모니 불상의) 조상祖上과 원본原本은 천축에서 온 것이라고 알려져 있었다. (그래서 불상을 옮기면 좋다는 징조가 있어) 석가모니 조상의 고향인 천축과 가까운 곳인 네팔로 (불상이) 옮겨졌다. 노새 두 마리에 불상을 실어 (네팔로 가는 길목인) 망유མང་ཡུལ། 지역에 보내자 곳곳에서 커다란 나쁜 징조가 나타났다.

11. (당시) 죽은 사람에게 불교식 의식인 '체ཚེས།'를 거행하지 못한다는 명령이 내려졌다. 그 후 바샐낭དཔའ་གསལ་སྣང་།의 두 딸[혹은 자손]이 동시에 죽었다. 문 밖에 나가면 티베트 전통 종교인 본교 의식으로 장례를 집행해야만 했다. 집 안에서 변형된 방식으로[ཁྲོད་དང་བསྡོས།]

신과 사람 천여 명에게 음식을 주며 '체' 의식을 거행했다. 라모체 사원에 머물고 있던 늙은 화상和尙 한 명을 불러 두 딸[자손]에게 갈 길을 인도해 주도록 했다. 화상이 "두 딸[자손]이 신으로[정토淨土에] 태어나기를 원하십니까 다시 당신의 아들과 딸로 태어나기를 원하십니까?"라고 물었다. 아버지는 "신으로[정토에] 태어나기를 원합니다."라고 대답했다. 어머니는 "다시 우리의 아들과 딸로 태어나기를 원합니다."라고 말했다. 화상은 붉은 칠을 반쯤 한 콩 크기 만한 진주 같은 물건을 딸의 입에 물리고 의식을 거행했다. 화상은 "아들은 신의 땅[정토]으로 갔고 딸은 다시 당신들의 아들로 태어날 것입니다."라고 말했다. 표시와 상징象徵들이 아주 많이 출현했다. 어린이의 '작은 뼈에 사리舍利 같은 살[肉]의 산山[རུས་བུ་ལ་གདུང་ཤ་རི་རམ།]' 이 많이 나타났다. 1년 뒤에 바샐낭의 집에 아들이 태어났다. 잇몸 위에 반쯤 빨갛게 물든 진주 같은 물건이 있었다. 마을 사람들이 모두 와서 보았다. 태어난 지 40일쯤 지나자 고모의 얼굴을 알아보았다. 다른 사람의 얼굴도 모두 식별했다. 마치 죽기 전처럼 고모와 사람들을 불러 댔다.

12. 바새낭དབའ་གསས་སྣང་།[22]은 화상으로부터 '수행에 관한 가르침[སྒོམ་ལུང་།]' 을 전해 받았다. 비밀스럽게 항상 가르침에 따라 수행했다. 늘 수행했기에 뒤에 부처님 가르침을 찾고자 짼뽀의 사자使者가 되

22) 바샐낭 དབའ་གསལ་སྣང་།과 같은 사람이다.

어 천축과 네팔로 가기를 원했다. (짼뽀가 바새낭의) 마음을 살펴본 다음 바새낭을 망유མང་ཡུལ།의 소론[관직 이름. 변경을 지키는 수비대 대장. སོ་བློན།]으로 임명했다. 바새낭은 망유로 갔다. 그리하여 이전에 샹마샹[ཞང་མ་ཞང་། 마샹촘빠께]이 제정한 불법佛法을 행하지 마라는 금지를 지키지 않아도 됐다. 천축의 마하보디མ་ཧཱ་བོ་དྷི། 사원[23]과 나란다[ཤི་ལེ་ན་ལེན་དྲ།] 사원[24] 등에 존경의 뜻으로 공양 물을 바쳤다. 공양품을 올리자 겨울 달의 중간[한 겨울]임에도 비가 내렸고 마하보디 사원의 보리수에서 잎이 돋아났다. 네팔에서는 '일체성취一切成就ས་ཙ་ཕང་སེ།'라는 이름으로 알려진 의식을 거행했다. 헴캉རེམ་ཁང་། 사원에서 공양품을 올릴 때는 "훌륭하다!"라는 소리가 공중에서 들리고 밝은 빛도 나타났다. 망유에 사찰 2곳을 건립했다. 조건들이 구비됐다. 천축과 네팔의 현자賢者들로부터 부처님의 교의敎義를 배웠다.

(보디사따 스님을 초청하는데 도움을 달라고) 네팔 왕에게 요청해 (바새낭은) 친교사親教師མཁན་པོ།[25]보디사따བོ་དྷི་ས་ཏྭ།[26] 스님을 망유에 모

---

23) 부처님이 깨달은 곳에 세워진 대보리사를 가리킨다.

24) 당시 동아시아 최대의 대학이자 사찰이었던 나란다 사원을 말한다.

25) 나이 어린 제자가 항상 가까이 모시고 공부하는 스승 혹은 출가자에게 계를 주는 스님을 친교사라 한다. 산스크리트어로는 upādhyāya이며 오파타야鄔波駄耶로 음역된다. 화상和上·和尙으로 의역된다.

26) 적호寂護, 즉 샨타락시타 스님을 가리킨다. 그의 티베트식 이름은 ཞི་བ་འཚོ།이다. 생졸년은 대략 725-783년. 763년과 771년에 초청을 받고 토번에 들어가 불교를 전파했다. 유식사상과 중관사상을 결합한 유가행중관자립파의 창시자이다. 三枝充悳編, 『インド仏教人名辭典』, 京都:

셨다. 바새낭은 자기 집에 보디사따 스님를 모시고 음식을 올리며 가르침을 청했다. 그 뒤 (바새낭이 보디사따 스님에게) 토번으로 들어와 토번 왕의 스승인 선지식善知識དགེ་བའི་བཤེས་གཉེན།이 되어달라고 요청하자 (보디사따 스님은) 승낙했다. "(큰 일을 이루기 위한) 공양 품을 헌상하시오!"라고 보디사따 스님이 말하자 바새낭은 화장품, 오색 비단, 견사絹紗, 금은, 모직毛織 깔개 등 가능한 모든 것을 헌상獻上했다. "여전히 더 필요합니다!"라고 말하자 바새낭은 입고 있던 옷, 쓰고 있던 모자, 차고 있던 허리 띠 등을 전부 바쳤다. 보디사따 스님이 "당신의 짼뽀와 당신은 로히띠ལོ་ཧི་ཏི།강[27] 변, 캐뽀리ཁས་པོ་རི།산[28]의 기슭, 자마བྲག་དམར།[29]의 땅에 삼예훈기춥སམ་ཡས་ལྷུན་གྱིས་གྲུབ།이라는 이름의 사찰을 지을 적당한 나이가 되었으며 시기도 무르익었습니다. 나는 짼뽀와 당신의 선지식이 되겠습니다. 당신과 나는 '본래 아는 사이[གདོད་ཤེས།]' 입니다. 당신은 이번 생生에 보리심을 냈을 뿐 아니라 여러 생 전에 보리심을 낸 나의 상수 제자이며 (당시) 이름은 예세왕뽀ཡེ་ཤེས་དབང་པོ།였습니다."라고 말했다. 그 때 하늘에서 "훌륭하다!"라는 소리가 들리고 광채도 나타났다. 그런 후 보다사따 스님은 받은 물품 모두를 바새낭에게 되돌려주었으며 하루도 머물지 않고 네팔로 돌아갔다.

法藏館, 1987, pp.117-118.

27) 지금의 '야루짱뽀' 강江을 말한다. 티베트어로는 ཡར་ཀླུངས་གཙང་པོ།라 한다.

28) 지금의 삼예사 동남쪽 약 250m지점에 있다.

29) 삼예사가 위치한 주변 지역을 '자마'라 부른다.

(보디사따 스님이 네팔로 출발하기 전에) 바새낭은 (보디사따 스님이) 쨴뽀와 즉시 만나는 것이 좋겠다는 생각에 (보디사따 스님의) 의향을 물었다. 보디사따 스님도 동의했다. 바새낭은 룽축སྒྲུངས་ཚུགས། 궁전에 가 쨴뽀에게 인사를 드렸다. 쨴뽀가 즉시 "당신은 불법을 전부 수행한다고 하던데 본교를 믿는 대신들이 추방하지 않았습니까?"라고 물었다. "네팔과 가까운 변방으로 갔기에 추방당한 것이나 마찬가지입니다."라고 대답했다. 그리고 나서 쨴뽀가 바새낭에게 '이익이 되는 음식ཕན་པབས།'을 줄 때 (바새낭은) 은밀한 곳에서 (쨴뽀에게) 훌륭한 불법佛法을 마땅히 수행해야 된다는 것과 불법의 뛰어난 점, 그렇게 수행해야 되는 이치 등에 대해 설명했다. 보디사따라고 불리는 사호르ཟ་ཧོར།[30] 출신의 친교사親教師མཁན་པོ།가 지금 네팔에 있으며, 그는 전생을 자세히 알뿐 아니라 공덕을 (바새낭에게) 깊이 설명했다는 점, 특히 (보디사따 스님에게) 쨴뽀의 선지식이 되어달라고 요청했다는 것 등에 대해 자세히 보고했다. 쨴뽀가 보디사따 스님을 친히 만나 보는 것이 좋겠다는 요청도 올렸다. 쨴뽀가 "당신이 말한 대로 행하면 샹론[大臣, ཞང་བློན།]들이 아마 당신을 죽이려 들 것입니다. 냐상에게 분부해 (보디사따 스님을 초청하도록) 할 것이니 당신은 잠시 고향에 돌아가 있으십시오."라고 말했다. 바새낭은 고향에 돌아가 머물렀다.

---

30) 사호르라는 나라는 지금의 방글라데시에 있었다. 티베트불교에 큰 영향을 끼친 아띠쌰(ཨ་ཏི་ཤ 982-1054) 스님 역시 이 나라 왕족 출신이다.

823년에 세워진 토번당회맹비.
대소사 정문 부근에 있다.

13. 짼뽀와 대신들이 모여 회의할 때 샹냐상ཞང་ཉ་བཟང་།이 부드러운 말로 아뢰었다. “조상이신 짼뽀 송짼과 신의 후손이자 아버지인 짼뽀 치데쭉땐께서 토번에 부처님 가르침이 퍼지도록 처음으로 길을 열었습니다. 짼뽀께서 붕어하신 뒤 몇몇 간악한 대신들이 불법佛法을 박해했습니다. (그 결과) 당나라에서 처음 석가모니 불상을 모셔올 때 마부 한 명이 들고 올 수 있었지만 당나라로 다시 돌려보낼 때는 천 명으로도 움직일 수 없었습니다. (반면 석가모니 불상을) 망유로 옮길 때는 노새 두 마리로 능히 움직일 수 있었습니다. (게다가) 불법을 훼손한 몇몇 대신들은 금생今生에 끝없는 고통을 당하며 죽었고 불길한 징조도 많이 나타났습니다. 짼뽀와 백성들의 점괘와 징조가 일치하는 것은 당나라에서 모셔온 불상이 분노했기 때문이라는 말이 있습니다. 이와 관련해 본다면 짼뽀의 몸과 나라의 운명에도 해를 끼칠 것이 분명하므로 석가모니 불상을 망유에서 다시 모셔와 공경해야 합니다. 이전에 아버지 짼뽀 치데쭉땐께서 불법을 선양宣揚 했듯 (그렇게) 하는 것이 마땅합니다.”

(이에 대해) 짼뽀 치송데짼이 “대신 샹냐상이 말한 대로 행하는 것이 맞습니다. 짐 또한 그렇게 생각합니다. 여러 대신들은 이를 마음에 새기고 논의해 그렇게 해주기 바랍니다!”라고 명령을 내렸다. 짼뽀와 대신들이 다시 모였을 때 짼뽀는 “(이전의) 대신 샹마샹촘빠께ཞང་མ་ཞང་ཁྲོམ་པ་སྐྱེས가 부처님 가르침을 박해했는데, 그것은 매우 잘못되었습니다. 지금 샹냐상이 제안한 대로 석가모니 불상을 다시 모셔오는 것이 합당합니다. 천축과 네팔에서 부처님 가르침에 정통한 현자가 누구인지 물어봐야 하니 바새낭을 불러오십시오!”라고 말했다.

14. 그리하여 부름을 받은 바새낭이 도착하자 짼뽀가 앞에서 결정한 것을 알려주었다. 바새낭은 "사호르 국왕의 아들이자 '보디사따'로 불려지는 현인賢人이 한 때 천축에 머무르고 있었습니다만 지금은 네팔에서 수행하고 있습니다."라고 대답했다. "바새낭 당신이 보디사따 스님을 꼭 모시고 오도록 하십시오. 그대의 고향으로 돌아가지 말고 네팔로 가서 네팔의 왕에게 당신 자신도 부탁의 말씀을 드리고 나의 서신도 전해주십시오. 사호르의 친교사를 토번으로 모실 수 있도록 모든 노력을 다하고 (보디사따 스님의) 대답을 받아오십시오!"라고 짼뽀가 바새낭에게 지시했다. 바새낭은 곧바로 출발해 네팔에 도착했다. 짼뽀의 서신을 네팔 왕에게 전했다. 토번으로 보디사따 스님을 초청하자 그가 응낙했다. 그래서 망유མང་ཡུལ།로 안내했다.

(바새낭이) 사신을 토번의 궁전으로 파견해 보디사따 스님께서 길을 나서 지금 망유에 머무르고 있다고 아뢰었다. 짼뽀가 궁정 안의 신하인 랑초낭라ལང་གྲོ་སྣང་བ།에게 "당신은 바새낭과 함께 매우 공손한 태도로 보디사타 스님을 라사뻬하르ར་ས་པེ་ཧར།[31]로 모셔오십시오!"라

---

31) ར་ས་པེ་ཧར།에 나오는 ར་ས།의 문자적 의미는 산양山羊이다. 산양들의 등에 흙을 싣고 와 호수를 메꾸고 대소사大昭寺를 건립했기에 이렇게 불려졌다고 한다. 후에 ལྷ་ས།로 바뀌었다. ལྷ་ས།라는 단어는 823년에 세워진 '토번당회맹비吐蕃唐會盟碑' 에 최초로 나타난다. 이 비는 현재 라싸 대소사 정문 부근에 있다. པེ་ཧར།는 사찰을 의미하는 산스크리트어 Vihāra에서 파생된 음역어音譯語로 보인다. Vihāra를 티베트어로 의역意譯한 말이 གཙུག་ལག་ཁང་།이다.

고 말하며 그를 파견했다. 짼뽀가 말한 대로 보디사따 스님이 네팔인 통역자 한 명을 시종으로 데리고 도착했다. 친교사 보디사따 스님은 랑초낭라를 시종으로 데리고 라사뻬하르에 머물렀다. 그 때 짼뽀는 자마 궁전에 있었다. 보디사따 스님이 '짼뽀를 만나 인사를 드려도 되는지' 를 알고자 사자를 파견했다. 짼뽀는 즉시 보디사따 스님을 만날지 말지를 결정하지 못하고 "라사뻬하르에 조금 더 머무르고 계시라고 하십시오."라는 대답을 주었다.

짼뽀는 보디사따 스님이 인도와 네팔ལྷོ་བལ། 지역에서 행해지는 '나쁜 주문과 귀신을 거느리는 술법[ངན་སྔགས་དང་ཕྲ་མེན།།' 을 알고 있는지 의심했다. 그래서 짼뽀는 대신 쟝개쟈렉시སྦྲང་རྒྱལ་སྒྲ་ལེགས་གཟིགས།, 셍고하룽시སེང་འགོ་ལྷ་ལུང་གཟིགས།, 바상씨འབའ་སངས་ཤི 등 세 사람에게 "당신들 세 분이 라사뻬하르에 가서 아사리ཨ་ཙཪྻ། 보디사따 스님을 만나 예경禮敬을 드리고 '그분이 인도와 네팔에서 행해지는 나쁜 주문과 귀신을 거느리는 술법을 알고 행하는지' 에 대해 (알아보고) 내가 (그 스님과의 만남을) 추측하는 것이 필요한지 필요하지 않은지를 알아 오십시오!"라고 말했다. 세 명의 대신은 라사뻬하르로 갔다. 통역할 사람이 없었다. 그래서 여섯 곳의 시장市場에서 캐쉬미르ཁ་ཆེ། 출신과 네팔 양리ཡང་ལེ། 출신으로 통역하는 사람이 있는지를 상인 우두머리에게 개별적으로 물었다. 라사ར་ས། 시장에서 캐쉬미르 출신인 해친ཧས་ཅྱི། 형제와 아난따ཨ་ནན་ཏ། 등 세 사람을 찾았다. 해친 형제는 장사와 관련된 말 이외에는 통역할 수 없었다. 아난따는 캐쉬미르에서 큰 죄를 지은 브라만[བྲམ་ཟེ།] 께상སྐྱེས་བཟང་།의 아들이다. 캐쉬미르[32] 일대의 법에 의하면 브라만을 죽일 수 없기에 께상은 토번 땅으로 추방됐다.

께상의 아들 아난따는 브라만교 사원에서 음성학과 약물학 들을 배웠기에 통역할 수 있었다. 아난따의 통역에 힘입어 대신 세 사람은 (보디사따 스님의 처소에서) 2달 동안 머무르며 불교의 가르침을 탐구했다. 불법佛法의 교의敎義가 경전의 가르침 방식을 따르는 것임을 확인하고 모든 죄악을 멀리하고 모든 선행善行을 실천해야 한다는 것을 이해했다. 중생에게 이익 되는 모든 것을 열심히 행해야 된다는 것 등의 의미에 대해 폭넓게 설명했기에 상씨 등 3인의 대신은 불교에 깊은 믿음이 생겼다.

짼뽀 앞에 간 세 대신은 "보디사따 스님에게는 '나쁜 주문과 귀신을 거느리는 술법' 이 조금도 없습니다. 의심할 필요가 없습니다."라고 아뢰었다. (그리하여) 보다사따 스님을 자마에 초청했다. 통역을 통해 짼뽀와 인사를 나누자마자 보디사따 스님이 말했다.

"짼뽀께서는 저를 아십니까?"

"전에 얼굴을 본 적이 없습니다."(짼뽀)

"가섭 부처님[음광불飮光佛, སངས་རྒྱས་འོད་སྲུངས།][33)]이 가르침을 펼 당시 우리 두 사람은 사찰을 장엄하고 보호했습니다. 당시 토번 땅에 부처님 가르침을 널리 펴자고 서원을 세운 사실을 잊었습니까?"(보디사따 스님)

"전생의 일을 돌이켜 보니 아사리의 말씀이 맞습니다."(짼뽀)

---

32) སྤོ་བལ་ཁ་ཆེ།를 번역한 것이다. སྤོ་བལ།은 변방이라는 뜻이며 ཁ་ཆེ།는 북인도 캐시미르 지역을 가리킨다. ཁ་ཆེ།에는 회족回族이라는 의미도 있다.

33) 과거 칠불七佛 가운데 여섯 번째 부처님이다.

15. 그 때 캐시미르 출신인 아난따ཨ་ནནྟ།가 십선법十善法[34] · 십팔계十八界[35] 등 (보디사따 스님의) 가르침을 반년 동안 실수 없이 (짼뽀 치송데짼에게) 잘 통역해 짼뽀는 교의教義가 훌륭하다는 확고한 믿음을 가지게 됐다. (그리하여) 천축의 불전佛典དར་མ།을 많이 번역해야 되겠다고 생각했다. (그러한 때) 홍수가 나 팡탕འཕང་ཐང་། 궁전[36]이 물에 잠겼고 벼락이 하사ལྷ་ས། 궁전[37]에 내리쳐 불에 탔다. 흉년이 들어 큰 기근飢饉이 생겼고 전염병이 돌아 사람과 가축이 병들었다. 토번의 대신[大臣, ཞང་བློན།]들이 "이는 불교 교의를 수행한 결과"라는 말들을 했다. 이러한 의심이 생기자 (대신들이) "잠시 교의를 행하는

34) 열 가지 선한 행위. 살생을 하지 않는 것, 훔치지 않는 것, 그릇된 음행을 하지 않는 것, 거짓말을 하지 않는 것, 사이를 갈라놓는 말을 하지 않는 것, 욕설을 하지 않는 것, 내용 없는 치장된 말을 하지 않는 것, 욕심내지 않는 것, 화내지 않는 것, 잘못된 견해를 갖지 않는 것 등 열 가지를 말한다.

35) 인간 존재의 18가지 구성요소. 여섯 가지 감각기관, 여섯 가지 감각대상, 여섯 가지 식별작용을 합해 십팔계라 한다. 눈과 색[형태]과 시각, 귀와 음성과 청각, 코와 향기와 후각嗅覺, 혀와 맛과 미각, 피부와 닿는 것과 촉각, 마음과 생각의 대상과 마음의 식별작용 등 열 여덟 가지를 말한다. 이것들이 주관과 객관을 구성한다.

36) 토번의 짼뽀 치데쭉땐(680-704-754)이 지금의 호카ལྷོ་ཁ། 지방[삼예사가 위치한 곳 일대] 네동སྣེ་གདོང་། 지역에 세운 궁전. 당나라의 금성金城 공주는 여기서 치송데짼을 낳았다. 짼뽀 치쭉데짼(803-815-841) 시기 이 궁전에서 당시까지 번역된 경전의 목록을 편찬했다. 이 목록이 『팡탕목록 དཀར་ཆག་འཕང་ཐང་མ།』이며 현재 전해지고 있다.

37) 라싸에 있는 포탈라궁을 말한다.

것을 그만두십시오."라고 짼뽀에게 진언進言했다. (짼뽀는) 샹냥상 ཞང་ཉང་བཟང་།, 셍고하룽시སེང་འགོ་ལྷ་ལུང་གཟིགས། 등을 시종으로 거느리고 친교사 보디사따 스님이 머물고 있는 곳으로 갔다. 휘장이 드리워진 그곳에 보디사따 스님이 좌선하고 있었다. (짼뽀는 보디사따 스님의) 우측으로 세 바퀴 돌았다[38]. 여름에 모은 한 됫박 분량의 금가루를 드리자 보디사따 스님이 품 안에 놓고서 답례했다. 3일 밤 동안 그렇게 예를 올린 다음 짼뽀가 보디사따 스님에게 "짐이 복덕이 적어 오랫동안 토번 땅에 드리워져 있던 어둠을 완전히 뒤바꾸기가 매우 어렵습니다. 방법이 잘못되면 부처님 가르침을 펼 수가 없습니다. 가능하다면 친교사께서 잠시 네팔로 돌아가 계십시오. 대신[ཞང་བློན།]들이 서서히 불법을 받아들이지 않을 수 없도록 만든 뒤 토번에 초청하겠습니다."라고 말했다. 뭉샹옹조[སྨུང་ཤང་ཨོང་ཅོ། 문성 공주文成公主]가 모시고 온 석가모니상과 보디사따 스님이 네팔로 갈 때, 남치바[관직 이름, སྣམ་ཕྱི་བ།] 셍고하룽시སེང་འགོ་ལྷ་ལུང་གཟིགས།가 네팔로 가는 길목인 랑나གླང་སྣ།까지 그들을 모셨다. 셍고하룽시는 술도 마시지 않고 고기도 먹지 않는 계율을 준수하기로 맹세한 사람이다. 랑나에서 네팔까지는 랑초낭라ལང་གྲོ་སྣང་ར།와 바새낭དབའ་གསས་སྣང་།[39] 등 두 명이 동행했다.

---

38) 이를 '우요삼잡右繞三匝'이라 한다. 최고의 공경을 표시하는 예법의 하나이다.

39) དབའ་གསས་སྣང་།이 바로 དབའ་གསལ་སྣང་།이다.

16. (보디사따 스님을 배웅하고) 다시 토번으로 돌아온 바새낭에게 짼뽀는 (토번에) 불법佛法을 펴기 위해 사자使者가 되어 당나라에 다녀오라는 지시를 내렸다. "짼뽀가 마음 속으로 원하는 것을 이루면 '많은 은銀[훈장]' 을 내리겠다."라는 조서도 공식적으로 반포됐다. 짼뽀는 대신大臣인 샹론ཞང་བློན།들과 함께 부처님 가르침을 펴기 위한 방법을 부드럽게 논의했다. 쟝짱세སྦྲང་གཙང་བཞེར།를 사자들의 캐뽄[관직 이름, ཁད་དཔོན།]에, 바상씨འབའ་སང་ཤི를 옥뽄[관직 이름, འོག་དཔོན།]에, 바새낭དབའ་གསལ་སྣང་།을 잰왕[관직 이름, སྤྱན་དབང་།]에 각각 임명하는 등 대표와 수행원 30명으로 구성된 사자단使者團을 구성했다. 토번 땅에서 (당나라로) 갈 준비를 하고 출발하려는 그 때 당나라 땅에 김하샹金和尚ཀིམ་ཧྭ་ཤང་།[40]이라는 스님이 있었다. '자기 종파[ཐ་ལྷུག]' 의 7대 전승인[41] 그는 엑추ཨེག་ཆུ།에 머무르고 있었다. 김 하샹이 "4개월 뒤

40) 김 하샹이 바로 무상(無相, 684-762) 스님이다. 법맥은 홍인弘忍 스님 → 지선智詵 스님 → 처적處寂 스님 → 무상 스님이다. 『역대법보기』, 『원각경대소석의초圓覺經大疏釋義鈔』 권제3(하下), 『경덕전등록』 권제4, 『송고승전』 권제19 등에 관련 기록이 전한다. 무상 스님에 대해서는 다음의 논저를 참조하라. 山口瑞鳳, 「チベット佛教と新羅の金和尚」 (채인환 · 김지견 공편, 『신라불교연구』, 東京: 山喜房佛書林, 1973에 수록); Mattew T.Kapstein, ***The Tibetan Assimiliation of Buddhism: Conversion, Contestation, and Memory***, Oxford University Press, 2000, pp.69-78; ཁང་དཀར་ཚུལ་ཁྲིམས་སྐལ་བཟང་མཆོག་གི་གསུང་འབུམ་པོད་བཅུ་པ། སི་ཁྲོན་མི་རིགས་དཔེ་སྐྲུན་ཁང་། ༢༠༠༧ ལོ། ཤོག་ངོས ༤༢༧ནས་༤༤༧།

41) 달마 대사로부터 헤아리면 무상 스님은 제8대에 해당된다.

엑체ཨེག་ཚེ།의 왕뽀དབང་པོ།[42]가 있는 곳에 토번의 사자들이 도착할 것입니다. 사자들 가운데 보살의 화신化身이 두 분 있습니다. 그들의 복장양식과 신체형상은 이럴 것입니다."라고 말하며 상씨སང་ཤི와 새낭གསས་སྣང་།의 모습을 그려 그곳에 놓아 두었다. 붐상བྲུམ་སངས། 지역의 왕뽀དབང་པོ། 측근 가운데 경전에 따라 점을 치는 점성술占星術에 능한 사람이 한 명 있었다. 그는 매일 경전에 의거해 점을 치며 왕뽀에게 "서쪽에서 한 무리의 사자들이 지금 오고 있습니다. 모월某月 모일某日 붐상 지역에 도착할 것입니다. 사자들 가운데 보살의 화신인 두 사람이 있는데 복장과 신체는 이와 같습니다."라며 그림을 그렸다. 붐상 지역의 왕뽀는 당나라 황제에게 사람을 파견해 점성술사가 말한 토번의 사자가 오고 있다는 것을 보고했다. (보고를 받은) 황제가 "그림과 같은 2명의 토번 사자가 오면 성대하게 잘 모셔라!"라는 명령을 내렸다. 토번의 사자들이 당나라 지역에 도착하자 (당나라 관원들이) 김 하상과 점성술사가 그린 그림과 토번 사자들의 얼굴을 대조했다. 바상씨와 바새낭 두 사람의 복장과 신체가 그림 속의 인물과 일치하자 둘을 크게 예우했다. 비단으로 만든 내실이 있는 마차에 (둘을) 모셨다. 캐뽄과 다른 사자들은 말을 타고 엑추ཨེག་ཆུ།로 갔다. 엑추의 왕뽀와 인사를 나눴다. (그리고는) 밖으로 나와 김 하상과 만났다.

김 하상ཀིམ་ཧྭ་ཤང་།이 상씨의 발을 만지며 예를 표했다. 상씨 역시 김

42) 한 지역을 책임지는 관리의 직책 이름인 듯하다.

하상의 발을 잡고 답례했다. 김 하상이 상씨에게 "당신은 마명 보살[43]의 화신化身으로 티베트 땅에 대승의 가르침을 널리 펴고 그곳에 불교의 교의敎義를 확립할 것이기에 당신에게 존경을 표했습니다."라고 예언했다. 상씨가 예를 표하고 다시 말했다. "티베트 땅에 불교의 가르침이 퍼지도록 신의 아들[짼뽀]에게 말씀을 드릴 생각입니다. 장안ཀིང་ཤི[44]에 있는 당나라 황제에게 상주上奏 해 (당나라 황제가) 대승 경전 1천 권 정도를 주시면 그 전적들을 토번에 갖고 갈 생각입니다. (그러나) 지금 짼뽀는 나이가 어려 불교의 가르침을 퍼트려야 한다는 말씀을 드릴 때가 아닙니다. 성인이 된 후 교의를 펴시라고 주청奏請을 드린다면 (그 때) 저는 살아있겠습니까? 죽은 뒤입니까?" 이에 대해 김 하상이 "당신의 짼뽀는 토번에 정법正法을 펼 보살입니다. 지금부터 몇 년 후 짼뽀가 성인이 되면 외도의 가르침을 논파論破 할 것입니다. 그때 당신은 (정법을 위한) 변론을 펼칠 것입니다." 라고 말하는 등 많은 예언을 상씨에게 했다. 또한 "나남냐상

43) 중인도 마가다국 사람으로 불멸 후 6백 년경에 태어난 대승의 논사. 본래 외도外道였으나 협존자協尊者가 그를 설복해 불교로 개종시켰다고 한다. 대월지국의 카니쉬카왕이 중인도를 정복하고 당시 대월지국의 수도였던 푸루샤푸르[지금의 파키스탄 페샤와르]로 그를 데려갔다. 『불소행찬』 등을 지었다.

44) 티베트어 ཀིང་ཤི는 중국어 '京師[jing1shi1]'를 음역音譯한 것이다. 수도首都를 '경사京師'라고 한다. '경사京師'의 '사師'는 '중衆'자와 같은 뜻으로 여러 사람이 산다는 의미이다. 당나라 수도는 장안[長安, 지금의 서안西安]이었기에 장안으로 옮겼다.

སྣ་ནམ་ཉ་བཟང་།과 침 메 렙 མཆིམས་མེས་སླེབས། 그 리 고 셍 고 하 룽 시 སེང་མགོ་ལྷ་ལུང་གཟིགས། 등 세 사람은 그 때 궁궐 내부의 관리가 될 것입니다. 이들 세 사람은 (당신과) 전생에 인연이 있기 때문에 먼저 이들에게 불교 교리를 가르치십시오. 세 사람이 믿음을 내면 당신을 포함한 네 사람이 연합해 짼뽀가 성인이 되어 외도의 종교를 논파論破할 때 과보果報를 얻을 것입니다. 그러므로 (짼뽀에게) 먼저 『불설업보차별경佛說業報差別經ལས་རྣམ་པར་འབྱེད་པ།』을, 다음으로 『불설도간경佛說稻竿經ས་ལུ་ལྗང་པ་』을, 마지막으로 『금강경རྡོ་རྗེ་གཅོད་པ།』을 강설講說하십시오. 짼뽀가 믿음을 내면 정법을 펼칠 때 즐거움이 많을 것입니다. 즐거움이 많아지자마자 네팔에 머무르고 있는 사호르ཟ་ཧོར།[45] 출신의 친교사 보디사따 스님을 토번의 선지식善知識[46] 으로 초청하십시오. 토번의 중생을 교화敎化시킬 사람은 그 분입니다."라며 김 하상은 미래에 일어날 일들을 알려 주었다.

그 후 사자들이 장안에 도착하자 앞에서 말한 보살의 화신인 두 분이 도착했다는 소문이 났다. 가는 길 마다[ཤུལ་ཐོག་ཐག་ཏུ།] 스님들과 당나라 백성들 그리고 불교를 믿는 재가신도들이 구름 모이듯 모였다. 비단으로 만든 내실이 있는 마차를 향해 예배했다. 모인 모든 사람

45) 지금의 방글라데시에 있었던 고대의 국가 이름. 보디사따[적호寂護] 스님은 이 나라의 왕족 출신이다.

46) '선지식善知識' 에는 여러 의미가 있다. ①좋은 친구, ②높은 덕행을 갖춘 사람, ③(사람들에게) 교리를 설명하고 불교에 들어가게 하는 사람 등이 그것이다. 여기서는 ②와 ③의 의미로 쓰였다.

들이 (두 사람에게) 공물供物을 올리고 장안까지 호송했다. 그때 당나라 황제는 모든 벽과 기둥 그리고 지붕을 비단으로 장식하고 그들을 맞이했으며 냄새 좋은 향香 연기와 음악으로 공양하며 아주 기쁘고 즐거운 표정으로 (사자들을) 대했다. 당나라 황제가 "당신들 두 분은 보살의 화신임이 분명하다. 께우래룽ཀེའུ་ལེའི་གླིངས།[47]에 가도 께우래에게 해를 당하지 않고 존경을 받을 것이다. 붐상ཁྲམ་སངས།의 점성술사가 이때쯤 도착한다고 예언한 보살이 바로 당신들 두 분이며, 김하상 역시 두 사람을 맞아 공경을 표했다. 부처님은 '오백 년의 마지[illegible] 시기[ལྔ་བརྒྱ་ཐ་མ།]'[48]가 되면 '얼굴 붉은 사람들이 있는 지역[ག[illegible]མར་གྱི་ཡུལ།]'[49]에 정법正法을 펼칠 선지식이 나타난다고 예언하

47) 께우래는 [illegible]수野獸를 가리키고 께우래룽은 야수가 출몰하는 곳이라는 [illegible]미로 사용[illegible] 듯하다.

48) 여[illegible]설이 있지[illegible] 두 가지이다. ①[illegible]법正法 · 상법像法 · 말법[illegible] 삼시三時설. 정법시는 교敎와 행行과 [illegible]증證 세 가지가 구현되어 있는 시기[illegible]법시는 교와 행 [illegible] 존재하는 시기이다. 말법시는 교敎만 있는 시기[illegible] 지속되는 시간에 대해서는 여러 학설이 있지만 통상적으로 정법시 5백년, 상법시 1천년, 말법시 1만년 지속된다고 본다. ②네 시기로 나누는 설. 제1기는 증과기證果期, 즉 깨달음이 있는 시기로 약1천5백 년 지속된다. 제2기는 수행기修行期, 즉 수행은 존재하는 시기로 약 1천5백 년 계속된다. 제3기는 교법기敎法期, 즉 경율론 삼장은 존속하는 시기로 약 1천5백 년 지속된다. 제4기는 유상기唯相期, 즉 불교에 대한 모든 것이 쇠미해지고 단지 모습만 있는 시기로 약 5백 년간 유지된다. 본문의 최후 5백 년은 '유상기'를 말하는 것으로 보인다.

49) '얼굴이 붉은 사람들'은 티베트 사람들을 가리킨다.

셨다. 행동거지를 보건 데 당신들이 바로 그 보살들임이 틀림없다.” 라고 말했다. (이에 대해) 상씨가 “폐하를 친히 뵈니 기쁘기 그지없습니다. 듣기 좋은 말씀도 해 주시니 이보다 더 좋은 선물은 없을 것입니다. 다른 것을 요청하고 싶지는 않고 오직 경전에 의거한 수행을 지도해줄 스님 한 분을 소개해 주시기를 앙망합니다.”라고 답변했다. (황제가) 말을 탄 사자를 즉시 파견해 엑추ཨེག་ཅུ།에 있는 김 하상གིམ་ཧྭ་ཤང་།을 장안으로 불러 수행법, 경전, 비결 등을 상씨 등에게 전하도록 했다. 그런 후 (황제는) 상씨སང་ཤི།와 새낭གསས་སྣང་། 그리고 다른 사자들 모두에게 갑옷 한 벌, 비단 오십 필, 새 인형과 일백 양量으로 만든 큰 세숫대야, 양팔을 벌린 길이만큼 긴 진주 염주 10개, 오색 비단 1필, 양팔을 벌린 길이나 되는 구경口徑 주변을 다섯 가지 보석으로 장식한 얇은 대야[솥] 등을 선물로 하사했다. (당나라 황제가 티베트 짼뽀에게 말한) 답변을 받은 사자들은 토번으로 돌아갔다.

17. 짼뽀는 대신인 상론ཞང་བློན།들과 잘 협의해 불법佛法을 진흥하기로 결정했다. 새낭གསས་སྣང་། 역시 당나라에서 돌아와 짼뽀를 뵙고 인사드렸다. 보디사따 스님을 초청하기로 결정되어 망유མང་ཡུལ།로 갔다. 보디사따 스님이 “빨마삼바바པད་མ་ས་ཧྭ་བ།[50] 스님을 토번에 초청

---

50) 파드마삼바바, 즉 연화생蓮花生 스님을 가리킨다. 오장나[烏仗那, Udyāna, 지금의 파키스탄 북부 지역]에서 태어난 스님은 771년경 티베트에 들어가 전통종교인 본교 세력의 반대를 제압하고 삼예사를 건립하는 데

하십시오."라고 제안했다. 빨마삼바바 스님을 초청하고 삼예사와 제띠고망རྗེ་ཏི་སྒོ་མངས།[51]의 기초를 쌓는 차캔ཕྱ་མཁན།[52]을 부르기 위해 새낭은 강물을 따라 갔다. 니모토까르སྙི་མོ་ཐོད་ཀར། 지역에 도착했다. 빨마삼바바 스님이 "내일 가는 길에 고독지옥ཉི་ཚེ་བའི་དམྱལ་བ།[53]이 한 곳 있습니다. 거기에 자비심을 행할 필요가 있습니다."라고 말했다. 남སྣུམ།[54]이라는 곳에 도착하니 물이 끓는 곳이 있었다. 그곳에서 오전 시간을 할애해 법술[法術. 밀교의식]을 행했다. 똘마གཏོར་མ།[55]를 물 속에 던지자 물이 끓지 않고 조용해졌으며 수증기도 3일 동안 나타나지 않았다[사라졌다]. 그런 후 갈따라གལ་ཏ་ལ།라는 곳에 도착했다. 빨마삼바바 스님이 "토번 땅에는 정법正法을 행하지 못하도록 방해하

기여했으며 티베트에 밀교를 전파하는 데 큰 역할을 했다. 지금도 티베트 구밀舊密의 대조사大祖師로 추앙받고 있다.

51) 소형 탑 등을 봉안하는 건축물.

52) 건축 관련 기술자를 가리키는 것으로 보인다.

53) 일시적으로 잠깐씩 고통을 (그곳에 있는 자들에게) 주는 작은 지옥을 말한다. 티베트불교 겔룩파의 창시자 쫑카빠 스님이 지은 『람림첸모 ལམ་རིམ་ཆེན་མོ།』에 따르면 고독지옥은 팔열지옥八熱地獄과 팔한지옥八寒地獄 주변에 있으며, 허공虛空이나 산야山野 혹은 큰 바다의 해변 부근 등 인간의 땅에도 있다고 한다. རྗེ་ཙོང་ཁ་པ་ཆེན་པོའི་གསུང་འབུམ(ལམ་རིམ)། མཚོ་སྔོན་མི་རིགས་དཔེ་སྐྲུན་ཁང་། ༢༠༠༩ལོ། ཤོག་ངོས་༡༡༣།

54) 라싸에서 가까운 곳에 있는, 담중འདམ་གཞུང་། 지역의 양빠쟨ཡངས་པ་ཅན།일 가능성이 높다. 이곳은 온천으로 유명하다.

55) 티베트인들이 즐겨 먹는 짬빠를 버무려 만드는 공양물供養物. 탑 모양 등 여러 형태로 만든다. 종교의식을 행할 때 짬바로 다양한 형상을 만들어 헌상하기도 한다.

는 온순하지 않은 흰 새끼 용이 한 마리 있습니다. 이 용의 항복을 받고 맹세를 지키도록 해 놓아야 합니다. 용이 사는 곳과 가까운 곳에 고독지옥이 한 곳 있는데 자비심을 내 그곳에도 법술을 행할 필요가 있습니다."라고 말했다. 닝충སྙིང་དྲུང་།[56]이라는 곳에 도착하니 뜨거운 바람이 빨마삼바바 스님에게 "법술을 보여라!"며 덤벼들었다. 빨마삼바바 스님이 구리 솥에 나귀 한 마리의 시체를 넣고 삼아, 한 발로 구리 솥을 차자 솥이 뒤집어졌다. (이 때는) 겨울 중순 경인데 '탕하 산의 봉우리[ཐང་ལྷའི་རྩེ]' 에 있던 구름들이 흩어지고 (하늘에서) 번개가 치고 벼락 소리가 울려 퍼졌다. 우박과 구슬처럼 둥근 눈송이가 떨어졌다. 그 후 그 지역은 조용해졌고, 법술을 다투는 것이 이전과 비교해 현저하게 약해졌다. 빨마삼바바 스님은 닝중에서 3일 동안 법술[종교의식]을 행하고 똘마를 닝중의 끓는 물 속에 던졌다. 그러자 닝중의 끓던 물이 잠잠해지고 수증기도 사라졌다. 한 달 정도 걸려 빨마삼바바 스님이 궁전에 도착해 짼뽀에게 인사를 올렸다.

18. 보디사따 스님이 짼뽀에게 말했다. "옛날 세존이 살아 계실 때 남섬부주འཛམ་བུའི་གླིང་།의 신神 · 용龍 등은 세존의 말씀에 완전히 굴복하지 않았습니다. 토번 땅의 신 · 용의 무리도 정법에서 벗어나 짼뽀가 친히 가르침을 실행하려는 것을 방해하는 것처럼 보입니다. 우갠 ཨོ་རྒྱན།[57]의 친교사 빨마삼바바 스님 보다 법술이 센 사람은 지금 이

---

56) 라싸 부근에 있는 지역이다. 담숭འདམ་གཤུང་། 지역의 닝충སྙིང་དྲུང་།으로 추측된다.
57) 파키스탄 북부 지역에 해당되는 오장나烏仗那를 말한다. 각주 50번 참조.

세상에 없습니다. 지난 해 팡탕 궁전에 물난리가 난 것, 하사 궁전이 큰 불에 탄 것, 짼뽀가 친히 불교의 가르침을 실행하지 못한 것은 악독하고 온순하지 않은 신 · 용의 무리들이[58] 방해했기 때문입니다. (빨마삼바바 스님이) 사대천왕의 거울로 점을 쳐 묻고 (일들을) 미리 예견하며, 신神 · 용龍의 무리에게 병을 내리고, (그들을) 굴복시켜 정법을 지키도록 맹세시키고, 훈계해 신중해지도록 하면 토번은 평화로워집니다. 정법을 행할 때 이 법술사[法術士, 빨마삼바바 스님]는 도움이 될 것이니 그렇게 하도록 하십시오. 옛날 중국에 불교가 전래되었을 때는 한漢나라 황제 엑멘ཡེག་མེན་ཏི།[59] 재위 시기이며, 천축의 친교사 배띵འབབས་ཧེང་།과 바랜따རྦ་རྒྱན་ཏ། 그리고 깜샹ཀམ་ཤང་། 등 세 사람이 게사르གེ་གསར།[60] 지역에 불교를 전파했는데 당시 한나라의 외도外道들이 시기하고 질투했습니다. 천축에서 온 세 명의 친교사와 한나라의 외도들이 진리에 대해 논쟁하고 신통력神通力을 겨루었습니다. 한나라의 외도들이 친교사들을 이기지 못하자 부처님 가르침이 좋고 특별한 것이라고 모두들 믿게 되었습니다. 그리하여 정법正法이 지금까지 한지漢地에 확고하게 자리잡고 있습니다. 지금 토번에 정법을 실행하고 싶으시다면 한나라에서 하던 방식을 따르는 것이 좋

58) 티베트 전통종교인 본교를 신봉하는 세력을 지칭하는 것으로 보인다.

59) 후한의 제2대 황제 명제(明帝, 28-57-75)를 가리키는 것으로 보인다. '감몽구법설感夢求法說' 의 주인공인 명제 재위 전후로 중국에 불교가 전래, 확산되고 있었다.

60) 게사르는 중국 북서부의 유목민 지역을 가리키는 것으로 보인다.

을 듯합니다. (그러면) 토번의 모든 백성들이 믿을 것이며 (정법은) 항상 튼튼하게 자리잡을 것입니다. 토번의 외도들과의 논쟁은 제가 하고, 신통력 경쟁은 빨마삼바바 스님이 나서서 하는 방식으로 정법을 펴신다면 짼뽀부터 백성에 이르기까지 모두가 영원히 흔들림 없이 믿게 될 것입니다."

그렇게 정법正法을 실행하도록 결정되었다. 불 · 법 · 승 삼보가 의지할 사찰도 짓기로 했다. "네팔에서 온 건축가 보다 더 훌륭한 장인匠人은 없고, 그들은 사찰과 쩨띠ཙཻ་ཏྱ།[61]를 짓는 전문가들입니다."라며 보디사따 스님과 빨마삼바바 스님이 말했다. 그렇게 하기로 결정한 뒤 빨마삼바바 스님은 일산日傘 밑에서, 짼뽀의 침실에서 시중드는 내신內臣 셍고하룽초세낸렉སེང་མགོ་ལྷ་ལུང་འཚོ་བཞེར་གཉན་ལེགས།을 향해 '사대천왕의 거울 점[卜]'을 쳤다. (그리하여) 팡탕 궁전에 물난리를 일으키고, 하사 궁전을 불에 타게 만들고, 사람과 가축에게 전염병을 돌게 하고, 기근을 일으킨 신神 · 용龍의 무리들과 온순하지 않은 사악한 무리들의 이름을 외치며 (빨마삼바바 스님 앞에 오도록) 불렀다. 그들을 사람으로 변하게 한 뒤 위협하고 꾸짖었다. 아사리ཨ་ཙརྱ།[62]보디사따 스님은 번역가를 파견해 그들에게 티베트어로 (불교의) 인과因果를 확실하게 믿도록 훈계訓戒 했다. 그 후 빨마삼바바

61) 작은 탑 등을 봉안한 건축물을 말한다.

62) 제자의 행위를 바르게 교육할 만한 덕이 높은 스님. 산스끄리트어 ācārya의 음역어.

스님이 “지금 이후로 토번 땅에 정법正法을 실행하도록 하라! 정법을 실행하겠다는 맹세를 하고 그것을 지키겠다는 서약을 신神 · 용龍의 무리들은 하도록 하라! 그러나 저들이 맹세를 지키겠다고 서약하는 의식을 두 번 더 거행해야 된다.”라고 말했다.

19. 그 후 오늘 짼뽀가 머리를 감는다는 소리를 친교사[親教師, 빨마삼바바]가 들었다. “짼뽀가 머리를 감는 물은 어디에서 길어 옵니까?”라며 친교사가 물었다. 세다བཞེས་ཟླ།63)가 “옴부찰འོམ་བུ་ཚལ།64)의 깨끗한 물을 길어 옵니다.”라고 대답했다. 친교사가 “그 물은 도움이 안됩니다. 수미산རི་རབ། 정상에 샘이 있는데 따나ཏ་ན།라고 부릅니다. 그곳에서 떠오는 물로 머리를 감으면 짼뽀의 수명은 길어지고 국운도 좋아지는 등 도움이 됩니다.”라고 말했다. 그러면서 의복의 상반신 속에서 은으로 만든, ‘여덟 가지 상서로운 물건[길상팔물吉祥八物, བཀྲ་ཤིས་རྫས་བརྒྱད།]’65)이 (장식되어) 돌출된 새 모양의 병瓶을 꺼내 주문을 외우고는 하늘로 던졌다. 병은 높이높이 올라가더니 곧장 북쪽으로 날아갔다. 그 후 빨마삼바바པད་མ་ས་མྦྷ་བ། 스님이 헌식하고 오전에

---

63) 짼뽀의 측근 시종을 가리키는 듯하다.

64) 삼예사 부근의 지명으로 짼뽀의 겨울 궁전이 있던 곳이다.

65) 길상을 상징하는 여덟 가지 물건을 말한다. 거울, 요구르트[ཞོ།], 장수를 상징하는 풀, 모과[木瓜, ཤིང་ཏོག་བིལ་བ།], 우측으로 돌아가는 소라껍질, 우황[牛黃, གི་ཝཾ།], 백색 겨자[ཡུངས་ཀར།] 등이 티베트 사람들이 상서롭다고 생각하는 여덟 가지 물건이다.

앉아 주문을 외우자 그날 아침의 병이 다시 하늘에서 돌아왔다. 입구를 열고 보니 농밀하지 않은 우유 색 같은 물이 가득 들어 있었다. (물을) 부어 "(이 물을 짼뽀에게 드려) 머리를 감도록 하십시오."라고 말했다. (물을) 대신大臣들인 대大 샹론ཞང་བློན་ཆེན་པོ།들에게 갖다 주자 샹론들이 "이는 몬མོན།[66] 지역에서 온 '미친 물[བསྙོན་ཆུ།]'로 하늘에서 쏟아진[얻은] 것인데 필요 없습니다. 버리십시오!"라고 외쳤다. 물을 버리고 나자 진언수행자[眞言修行者, སྔགས་མཁན།] 빨마삼바바 스님이 "감쏫ངམ་ཤོད།[67] 지역의 모래 아래와 위 공간을 숲으로 만들 수 있습니다. 차དྲ།, 돌རྡོལ།, 숭གཞུང་།[68] 등의 구멍 난 부분에서부터 따라산སྙག་ལ། 이하 지역에 이르기까지 샘물이 많이 솟아나도록 할 수 있고, 토번 땅이 여유 있는 생활을 하도록 할 수 있습니다. 강과 호수의 모든 물을 상자 안에 끌어들여 해탈[살기 편한]의 땅으로 만들 수 있습니다. 토번 땅의 나쁜 것을 좋게 만들어 즐거운 곳으로 만들 수 있습니다."라며 상세하게 말했다. 이 말이 사실인지 아닌지 증명하기 위해 빨마삼바바 스님은 수가다ཟུར་མཁར་མདའ།[69] 지역의 모래더미에 가서 주문을 외웠다. 하루 밤 동안 의식을 행하자 모래 지역이 초원으로 변했고 오전에는 샘물도 솟아났다. 오후에 선정에 들어 수행하자 초무구མཚོ་མོ་མགུར། 연못 부근과 라마차ལྷ་མ་ཚལ། 지역이 숲으로 변했다. 루

---

66) 주로 부탄이나 인도와의 접경 지역을 가리킨다.

67) 삼예사 부근 지역을 말한다.

68) 전부 삼예사에서 가까운 곳이다.

69) 야루짱뽀 강의 북쪽 지역으로 삼예사 서남쪽 지구에 해당된다.

딩གྲུ་སྙིངས། 부근은 본래 건조했으나 땅이 갈라지며 물이 흘렀다.

회의[མདུན་ས་ཆུ།] 하던 토번의 대신들이 (이를 보고) 법술을 펴지 말라고 정지시켰다. (그런 후 짼뽀에게) "이 사람은 신통이 대단해 나라를 빼앗아갈까 두렵습니다."라고 진언했다. 말을 듣자 짼뽀도 마음에 의심이 생겼다. (그래서) 앞에서 빨마삼바바 스님이 "신神·용龍 등을 조복調伏시키기 위해서는 두 번 정도 더 법술을 실행해야 된다."라고 말했던 그 법술을 펼치지 못하도록 했다. 짼뽀는 빨마삼바바 스님에게 많은 상금을 주며 "친교사여! 당신은 이미 토번 땅에 정법正法이 일어나도록 했습니다. 내가 생각하는 것을 이미 성취했습니다. 신神·용龍 등을 조복調伏시키는 것도 앞에서 한 것으로 충분합니다. 감쏘ངམ་ཤོད། 지역의 모래를 숲으로 변하게 하고 샘물을 솟아나게 할 필요는 없습니다. 토번 땅에는 야킴ཡར་ཁྱིམ།이라 불리는 강이 있는 것으로 충분합니다. 아사리여! 당신의 나라로 돌아가시기를 요청합니다." 아사리 빨마삼바바 스님은 "저는 본래 토번 땅에 불법佛法이 확고하게 자리잡고, 토번의 모든 지역이 좋아지고, 토번의 모든 곳이 편안해지게 할 생각이었습니다. (그런데) 짼뽀의 마음은 좁고, 질투심과 시기심은 세고 복덕은 적어, 내가 왕권을 빼앗을까 의심합니다. 짼뽀의 왕권이 이와 같으니 전륜성왕의 권력인들 내가 원하겠습니까?"라고 말하고는 천축으로 돌아갔다. 짼뽀는 아사리의 마음을 풀어주고자 우측으로 세 번 돌고 사금沙金을 많이 헌상했다. "만약 내가 사금을 원했다면 이것이면 됩니다."라며 모래 한 움큼을 쥐고 그것을 즉시 금으로 바꾸었다. 그러나 짼뽀의 마음을 기쁘게 하기 위해 사금 한 움큼을 받아 쥐고는 천축으로 돌아갔다.

20. 그런 후 대신들이 회의에서 빨마삼바바པད་མ་ས་ཧྣ་བ། 스님을 죽이지 않으면 토번에 해를 끼칠 것이라고 말했다. 그래서 암살자를 파견했다. 암살자들이 동팜དོང་འཕམས། 지역의 험한 길에서 기다렸다. 친교사[빨마삼바바 스님]가 호송하는 사람들에게 "내일 나를 해치려는 사람들이 올 것입니다."라고 말했다. 친교사가 동팜의 험한 길에 도착했다. 암살자들이 화살을 활에 먹인 채 기다리고 있었다. 친교사가 비밀스러운 '손 모양[手印]'을 짓자 20여명의 암살자들은 말도 못하고, 갈 수도 없고, 그림처럼 서 있게 되었다. 그 사이 친교사는 험한 길을 지나가 버렸다. 망유མང་ཡུལ། 부근에 도착했을 때 호송하는 사람들을 토번으로 돌려보냈다. 아사리가 말했다. "토번 땅의 신神, 용龍, 귀신, 나찰 등을 묶는 법술을 3번만 실행했으면 짼뽀 자손들의 권력은 강해지고, 토번 땅에 혼란이나 싸움은 없어졌을 것이며, 부처님 가르침은 오랫동안 머물렀을 텐데 다하지 못한 일 때문에 마음이 무겁습니다. 토번에 불교가 전래된 이후 '오백 년의 마지막 시기[ལྔ་བརྒྱ་ཐ་མ།།]'[70]가 가까워지면 외도外道들이 일으키는 변란變亂은 없을

70) 여러 학설이 있지만 대표적인 것은 두 가지이다. ①정법正法·상법像法·말법末法의 삼시三時설. 정법시는 교敎와 행行과 증證 세 가지가 구현되어 있는 시기이다. 상법시는 교와 행 두 가지만 존재하는 시기이다. 말법시는 교敎만 있는 시기이다. 삼시가 지속되는 시간에 대해서는 여러 학설이 있지만 통상적으로 정법시 5백년, 상법시 1천년, 말법시 1만년 지속된다고 본다. ②네 시기로 나누는 설. 제1기는 증과기證果期, 즉 깨달음이 있는 시기로 약1천5백 년 지속된다. 제2기는 수행기修行期, 즉 수행은 존재하는 시기로 약 1천5백 년 계속된다. 제3기는 교법기

것입니다. 언젠가 불교 내부의 논쟁이 일어날 것입니다. 토번 땅에 큰 혼란도 일어날 것입니다." 호송한 사람들에게 '흰색 겨자씨[ཞུངས་ཀར།][71)]'를 주며 "나에게 활을 쏘려던 사람들에게 이것을 뿌리면 그들이 걸을 수 있게 될 것입니다."라고 말했다. 동팜의 험한 길에 그림을 그린 듯 움직이지도 못하고 있던 암살자들에게 겨자씨를 뿌리자 본래처럼 걸을 수도, 말 할 수도 있게 되었다. 아사리를 호송했던 사람들이 토번에 돌아가 있었던 일을 보고했다. 짼뽀는 마음이 심하게 부서지는 듯했다.

21. 얼마 후 불법佛法에 관한 회의가 자마བྲག་མར།의 초무구མཚོ་མོ་གུར།[72)]에서 소집됐다. 새낭གསས་སྣང་།은 불교 관련 일을 총괄하는 우대신장관 및 불법상사佛法上師에 임명됐다. 그 후 돼지 해[年, ཕག་གི་ལོ།]에 불교와 본교의 논쟁이 쉬푸깽부차ཟུས་ཕུག་སྐྱེང་བུ་ཚལ། 궁전에서 열렸다. 불교 측은 보디사따 스님, 냥쌰미고차མྱང་ཤ་མི་གོ་ཆ།, 샹개냐상ཞང་རྒྱལ་ཉ་བཟང་།, 샹침메렙ཞང་མཆིམས་མེས་སླེབས།, 네르닥짼동시སྣེར་སྟག་བཙན་ལྡོང་གཟིགས།, 생고하룽시སེང་མགོ་ལྷ་ལུང་གཟིགས།, 찍마마ཅིག་སྨ་སྨ། 등이 변론을 맡았다. 본교 측

敎法期, 즉 경율론 삼장은 존속하는 시기로 약 1천5백 년 지속된다. 제4기는 유상기唯相期, 즉 불교에 대한 모든 것이 쇠미해지고 단지 모습만 있는 시기로 약 5백 년간 유지된다. 본문의 최후 5백 년은 '유상기'를 말하는 것으로 보인다.

71) ཡུངས་ཀར།라고도 한다.

72) 삼예사 부근에 있는 작은 연못의 이름이다.

변론자는 다라루공སྟག་ར་ཀླུ་གོང།, 대역술가 쿵뽀둔쭉ཁྱུང་པོ་དུན་ཙུག, 대大 군관軍官 킹뽀체테ཁྲིང་པོ་ཆེ་ཐེ།, 침실에서 시중드는 관리인 쪼몬짜라 གཙོ་སྨོན་ཙ་ར། 등이었다. 양측이 변론을 벌였다. 신통을 겨루지는 않았으나 논리, (교리체계의) 깊이, (교리의) 훌륭함 등에서 불교와 본교가 서로 달랐다. 불교 측이 월등히 좋았다. 팬འཕན། 지방에서 '본교 치파[ཁྲི་བོན་པོ།]'[73]의 제사를 지내는 사람들은 모두 '항복한 귀신[བསེ་རིགས།]' 처럼 되었다. (그래서) 그 뒤로 본교 방식의 제사는 금지되고, 죽은 자를 위해 많은 말과 동물을 죽여 희생물로 바쳐 순장하는 것도 금지되었다. 친교사 빨마삼바바 스님이 의식을 한 번만 실행했음에도 큰 이익과 효과가 나타난 것이다. 그 후 필요한 때 비가 내렸으며 사람과 가축의 전염병이 사라졌다. 토끼 해 봄에 보디사따 스

73) 본교의 작은 한 파 혹은 본교의 제사를 담당하는 직책 이름. 본교 བོན་པོ་ཆོས་ལུགས།는 고대 티베트의 자생종교이다. 초기에는 신에게 지내는 제사를 통해 귀신과 마귀를 몰아내 사람의 병을 치료하거나, 죽은 이를 천도하는 의식이 주된 내용이었다. 짼뽀 송짼감뽀(སྲོང་བཙན་སྒམ་པོ། 617-629-650) 이전의 토번 왕실과 대신들은 대부분 본교를 신봉했다. 짼뽀 송짼감뽀 당시 불교가 공인된 후에도 본교의 영향력은 크게 줄어들지 않았다. 짼뽀 치송데짼 재위 전후로 불교와 본교는 적지 않은 논쟁을 벌였다. 토번 집권층 내부에서 벌어진 불교와 본교 신봉자들 사이의 갈등이 토번을 멸망시킨 하나의 원인이라고 주장하는 학자도 있다. 후대로 내려오며 본교는 불교의 경율론 삼장을 거의 그대로 모방해 점차 자체적인 삼장三藏을 만들기도 했으나 세력은 현저하게 약화됐다. ཀྲང་དབྱི་སུན་གྱིས་གཙོ་འགན་བཞེས་ནས་རྩོམ་སྒྲིག་བྱས་པ། བོད་རྒྱ་ཚིག་མཛོད་ཆེན་མོ། པེ་ཅིན། མི་རིགས་དཔེ་སྐྲུན་ཁང་། ༡༩༩༣ ལོ། ཤོག་ངོས་༡༨༥༣ ནས་༡༨༥༦།

삼예사의 탑들. 왼쪽부터 붉은색의 탑, 푸른색의 탑, 검은색의 탑.
흰색의 탑은 당시 수리 중이라 촬영하지 못했다.

삼예사 전경.

님이 삼예사བསམ་ཡས་དགོན་པ། 건축의 기초를 닦는 의식을 거행했고, 네팔에서 온 장인들이 (건축하는) 의식을 거행했다. 좋은 징조와 징표를 찾는다면 토번 땅에 정법正法의 토대를 구축하는 좋은 조짐이 가득했다. 땅에서 보물이 가득 찬 창고가 발견되는 등 정법이 토번 땅에서 발전할 것이라는 훌륭한 징조들이 전반적으로 나타났다. 토번에 출가한 비구라는 이름조차 없기에 바하쩬དཔའ་སྣ་བཙན།이 출가해 바빨양དཔའ་དཔལ་དབྱངས།이라는 법명을 받았다. 네팔로 옮겨진 석가모니상도 다시 토번에 인도되었다. 한 사람의 마부 품에 안겨 라모체ར་མོ་ཆེ།[74]에 봉안되었다. 그 후 새낭은 라ལྷ།에 사찰을 건축하기 전 고향인 락ལྷག에 사찰을 짓고 싶다고 요청했다. 바씨 친족들에게 본교를 버리고 불교에 귀의하도록 했다. 바하시དཔའ་སྣ་གཟིགས།는 친구인 냥뢰공སྣང་རོས་གོང་།의 선지식이 되어 교리를 가르쳤고, 냥뢰공은 오계를 받았다. 뢰공རོས་གོང་། 역시 자기 친족의 선지식이 되어 (친족들을) 불교도དཀར་པོ།로 개종改宗시켰다.

22. 그런 후 토끼 해[年, ཡོས་བུའི་ལོ།།][75]에 삼예사བསམ་ཡས། 건립이 결정

74) 소소사小昭寺를 가리킨다.

75) 짼뽀 치송데짼 재위 당시 주목되는 토끼 해는 763년과 775년이다. 이 문장에 나오는 토끼 해는 775년으로 보는 것이 적절하다. 755년에 즉위한 치송데짼이 763년 삼예사 건립을 결정하기에는 너무 어리고, 당시엔 본교의 세력이 여전히 강성했다. 게다가 빨마삼바바 스님이 토번에 들어온 해가 771년경이다. 그가 들어와 밀교 법술法術로 본교 세력을 제압

됐다. 사찰의 기초를 다질 때 친교사 보디사따 스님, 짼뽀, 바상씨 འབའ་སང་ཤི།, 네르딱짼동시 སྣེར་སྟག་བཙན་ལྡོང་གཟིགས། 등은 자마캐뽀리 བྲག་དམར་ཁམས་པོ་རི། 산의 정상에 올랐다. 친교사 보디사따 스님이 보니 (그곳에) 궁빠སྤྲང་པ།, 꺙깔마སྤྲང་ཀ་ལ་མ།, 흰 색의 초목[རྩི་སྐྱ་ཅན།]들만 있었다. (그래서) 네르딱짼동시에게 풀로 더미를 만들게 하고, 왕실의 말[馬] 우리를 만든다고 말하며 흙을 쌓게 했다. 풀과 흙으로 만든 더미의 배치에 따라 (사찰의) 바깥 벽을 만들도록 했다. 땅을 관찰하고 대지에 가피加被를 희구希求하는 의식을 실행할 때 부모가 모두 살아 있는 샹론ཞང་བློན།의 아들 · 조카 네 명과 짼뽀 자신 등 다섯 명이 '금으로 수놓은 외투[གསེར་གྱི་ནན་ཏི།]'를 짼뽀의 몸에 입혔고, 아들 · 조카 네 명은 손에 금으로 만든 호미를 쥐었다.

짼뽀가 직접 손을 움직여 호미로 땅을 일곱 번 긁었다[맸다]. 그런 후 샹론의 아들 · 조카 네 명도 차례대로 땅을 팠다. 팔꿈치에서 가운데 손가락 끝까지 정도 깊이로 사방의 땅을 팠을 때 쌀 한 움큼과 보리 한 움큼씩 나왔다. (그러나) '둥근 모양의 돌[གྲམ་པ།]', 뼈, 기와 · 벽돌 조각, 석탄 같은 시커먼 돌 등은 나오지 않았다. 다음 날 땅에서 '아주 부드러운 회백색 흙[ས་ཞག་སྐྱ་སྣར།]'이 많이 나왔다. 친교사 보디사따 스님도 기뻐하며 그 흙을 짼뽀의 이마에 대고 문지르며 "좋구나! 좋구나! (사찰을 건립하는) 좋은 일이 이뤄지리라!"[76]라고 소리 내어 외쳤다.

한 뒤에 삼예사 건립이 이뤄졌다고 보는 것이 합리적이다.

76) 원문은 ཤི་ཏི་ཤི་ཏི་ཕ་ལ་ཕ་ལ་བཟང་པོ་གྲུབ་པོ། 이다.

먼저 아라야빠로ཨརྱ་པ་ལོ། 전각殿閣[77]을 건립했을 때 짼뽀가 "불상을 만들 수 있는 장인匠人이 없습니다."라고 말했다. (그러자) 친교사 보디사따 스님이 "존경하는[78] 짼뽀시여! 공구들을 준비하시지요. 불상을 만드는 장인들이 옵니다."라고 대답했다. 당시 총뒤나마ཚོང་དུས་ན་མ།[79]에 있던 개찰부잰རྒྱ་ཚལ་བུ་ཅན།이라는 이름을 가진 사람은 "짼뽀가 사찰을 지으면 나는 불상을 잘 만들 수 있습니다."라고 말하곤 했다. 보디사따 스님이 그를 불렀다. 친교사 보디사따 스님이 "인도와 티베트의 불상 양식 가운데 어떤 양식으로 조성하고 싶습니까?"라고 짼뽀에게 물었다. 짼뽀는 "티베트의 복식服飾과 일치하도록 만들어 검은 무리들[80]이 모두 믿음을 내도록 했으면 합니다."라고 대답했다. 짼뽀의 명령에 따라 샹론[大臣]들의 복식을 한 (불상의)

---

77) 삼예사 대전[大殿. 본전] 주위에 4개의 비교적 큰 전각(사대주四大洲라고 부른다)이 있었다. 삼예사 남쪽에 위치했던 건물을 가리킨다.

78) 원문은 དཔལ་ལྷ། 이 단어는 དཔལ་ལྡན་ལྷ་མོ།의 줄임 말로 본래 밀교에서 숭배하는 호법신의 이름이다. 여기서는 그냥 짼뽀 앞에 붙이는 존칭어로 번역했다.

79) '총뒤나마'의 원문은 ཚོང་དུས་ན་མ།이다. 총뒤는 본래 우리나라의 5일장처럼 정해진 시간이 되면 생기는 시장을 말한다. ན་མ།는 연료로 쓰일 수 있는 풀 혹은 대낮이라는 의미이다. 두 단어가 합쳐지면 뜻이 모호해진다. 그러나 문장을 보면 두 단어가 합쳐진 형태이며, 끝의 'ར' 자는 장소를 나타내는 조사이기에 '총뒤나마'를 한 단어로 보아 '총뒤나마에서'로 해석했다.

80) '검은 무리들'의 원문은 ནག་པོའི་ཕྱོགས་པ།이다. ཕྱོགས་པ།는 '추종자'라는 의미이다. 아마도 불교를 믿지 않고 본교를 따르는 사람들을 가리키는 듯하다.

모델로 - 불상 모델을 선택하기 위해 백성들을 모았고 그 남자들 가운데 - 매우 잘 생긴 사람들을 선택했다. 쿠닥찹ཁུ་སྣག་ཚབ།, 탁상닥로ཐག་བཟང་ལྷག་ལོད།, 마새꽁སྨ་གསས་སྐོང། 등 세 사람이 뽑혔다. 천녀天女의 모델로는 티베트 여자들 가운데 가장 아름다운 조로사하부맨ཅོ་རོ་ཟ་ལྷ་བུ་སྨན།이 선택됐다. 이들을 모델로 삼아 불상과 천녀상을 조각했다. 불상과 벽화 등 모든 건축 공정이 완성된 29일 오전에 '불상을 봉안하는 의식[ཞལ་བསྒྲོ།]'을 거행했다. 오후에 어두워졌다가 사찰의 지붕 위에서부터 빛이 점점 커지더니 자마 골짜기의 입구부터 끝까지 모두 비췄다. 마치 달빛이 비춰진 것처럼 밝았다. 친교사 보디사따 스님이 "이 광명은 아미타불ཨ་མི་ད་བ་གཤེགས།의 빛입니다. 내일 불당 지붕에 아미타불의 전각을 건립해야 합니다."라고 말했다. 즉시 지붕에 작은 불당을 지어 아미타불을 봉안했다.

아라야빠로ཨཱརྱ་པ་ལོ། 전각에 봉안 의식을 거행할 때 불상을 조각한 개찰부잰རྒྱ་ཚལ་བུ་ཅན།에게 (짼뽀가) 음식과 상금을 내리고자 했다. 좌석과 탁자를 배치하고 불렀으나 어디로 갔는지 없었다. (많은 사람들이) 그를 부처님의 화신이라고 생각했다. 친교사 보디사따 스님이 "처음 타라 보살ལྷ་མོ་སྒྲོལ་མ།[81)]이 짼뽀에게 보리심을 내도록 하셨습니다. 어느 날 깨달음을 얻고 금강보좌에 앉았을 때 가르침의 바퀴를 굴리도록 타라 보살이 (짼뽀에게) 재촉했습니다. 지금 짼뽀의 증상

---

81) 관음보살의 눈에서 생겨난 보살로 세간을 널리 살펴보며 중생들을 섭수하는 역할을 한다. 티베트 불교에서는 이 보살을 대단히 신봉하며 통상 '21위位'를 전각에 봉안한다.

심[增上心, ལྷག་པའི་བསམ་པ།][82]에 마귀와 장애가 없게 된 것도 타라 보살이 보호한 덕분입니다. 타라 보살에게 기도하시고 존경의 마음을 갖도록 하십시오."라고 말했다. 보디사따 스님의 예언을 들은 짼뽀는 아라야빠로ཨརྱ་པ་ལོ། 전각에서 기도했다. 그 때 3일 동안 밤낮으로 마두명왕[馬頭明王, འཕགས་པ་རྟ་མགྲིན།][83]의 목소리가 들렸다. 궁중에서 짼뽀를 수행隨行하는 신하와 불당佛堂을 지키는 사람들도 모두 그 소리를 또렷하게 들었다.

23. 땅을 살피고 의식을 거행했던 자리엔 우쩨 전殿དབུ་རྩེ།[84]을 지었다. 건물을 다 지은 뒤 짼뽀는 '여기에 어떤 불상을 모실까?' 를 생각했다. 흰 옷을 입은 사람이 꿈 속에 나타나 "짼뽀시여! 어떤 불상을 어떻게 조성할까 고민하고 계시는데 제가 알려드리겠습니다. 옛날 부처님이 가피加被를 내린 장소가 있으니 그곳으로 갑시다."라며 (꿈에) 캐뽀리ཁས་པོ་རི། 산으로 (짼뽀를) 모시고 갔다. 흰 옷 입은 사람이 짼뽀에게 모든 바위들을 살펴보게 했다. "이것과 이것은 이 부처님

82) 증상심增上心은 다른 곳에 마음이 흩어지지 않고 한 곳에 정밀하게 집중된 마음을 말한다.

83) 밀교 본존本尊의 한 분이다. 마두금강馬頭金剛이라고도 한다.

84) 삼예사 본전[大殿]의 이름이다. 삼예사는 불교의 우주관에 따라 건물들을 세웠다. 3층인 대전은 수미산을 상징하며 대전 주변에 12개의 전각들을 건립했다. 4동의 큰 건물인 사대주四大洲와 8동의 작은 건물인 팔중주八中洲가 그것이다. 현재의 삼예사는 티베트불교의 한 파인 닝마파가 관할하고 있다.

저 부처님의 명호이고, 보살의 이름은 이것과 저것입니다."라며 불 · 보살의 명호名號를 설명해 주었다. 분노명왕[忿怒明王, ཁྲོ་བོ།]의 이름도 전부 다 알려주었다. 하늘에 여명이 밝아 오자 짼뽀는 곧바로 캐뽀리 산에 올라갔다. 산에 있는 바위의 모습이 흰 옷 입은 사람이 꿈에서 보여준 것과 일치했고, 불상의 모습도 대략 볼 수 있어 짼뽀는 매우 기뻐하며 네팔의 석수장인石手匠人들을 부르라고 명령했다. 그들이 도착하자마자 (꿈에서 본 그대로) 불상 전체를 조각하도록 했다. 조각된 불상들을 수레에 실을 때 땅이 흔들렸다. 수레가 동쪽 문에 도착했을 때 땅이 한 번 더 움직였다. 삼예사의 주전主殿인 대전[大殿, དྲི་གཙང་ཁང་།] 안에 이르러 놓여 질 자리에 불상이 봉안됐을 때에도 땅이 흔들렸다. 봉안한 뒤 불상에 의복을 입혔고, 금으로 만든 허리 띠를 맨 그 위에 진흙འཇིམ་པ།을 바르며 마무리했다. 그 후 사대주[四大洲, གླིང་བཞི།][85], 팔중주[八中洲, གླིང་ཕྲན་བརྒྱད།][86], 약쌰따옥ཡག་ཤ་ལྷ་འོག 불

85) 불교 교리에 의하면 수미산을 둘러싼 큰 바다의 동서남북에 있는 대륙을 말한다. 동승신주東勝身洲ཤར་ལུས་འཕགས་པོ།, 남섬부주南贍部洲ལྷོ་འཛམ་བུ་གླིང་།, 서우화주西牛貨洲ནུབ་བ་ལང་སྤྱོད།, 북구로주北俱盧洲བྱང་སྒྲ་མི་སྙན། 등이 그것이다. 남섬부주에 인간들이 살고 있다. 여기서는 삼예사 대전 주변에 세운 4개의 큰 건물을 가리킨다. 삼예사는 불교의 우주관에 따라 건물들을 지었다.

86) 불교 교리에 따르면 수미산의 네 모서리에 있는 여덟 개의 작은 대륙을 말한다. 제가주提訶洲ཆགས་པའི་ལུས།, 비제가주毗提訶洲ལུས་འཕགས།, 차말라주遮末羅洲རྔ་ཡབ།, 벌라차말라주伐羅遮末羅洲རྔ་ཡབ་གཞན།, 사체주舍搋洲གཡོ་ལྡན།, 온달라만달리나주溫怛羅漫怛里拿洲ལམ་མཆོག་འགྲོ།, 구라파주矩羅

당佛堂[87] 등을 세웠다. 4좌의 탑도 건립했는데 쑤부라야도레가미ཤུད་པུ་ཙ་ལྡོ་རེ་ང་མི།가 흰색의 탑을, 갠람닥라루공གཉན་ལམ་སྟག་ར་ཀླུ་གོང།이 검은색의 탑을, 나남개차하낭སྣ་ནམ་རྒྱལ་ཚ་ལྷ་སྣང།이 붉은색의 탑을, 침도시제충མཆིམས་མདོ་བཞི་སྤྲེ་ཆུང།이 푸른색의 탑을 각각 세웠다.

대전 남쪽에 푸른색의 탑을 세울 때 목수와 대장장이들이 나무로 만든 마차[수레]를 이용해 캐포리산에서 (흙을) 운반했다. (마차를 이용한) 다음 날 건축 장소에 옮겨 놓았으나 마차가 사라져 버렸다. 찾았는데 이미 탑 안에 설치되어 있다고 알려졌다. (이에) 짼뽀가 목수와 대장장이들에게 가서 살펴보라고 명령했다. 목수와 대장장이들이 탑을 건축중인 곳에 가서 살펴보았다. 과연 수레가 이미 탑 안에 설치된 것을 보고는 매우 기뻐하며 짼뽀에게 보고했다. 짼뽀는 그들에게 많은 격려금을 내렸다. 그날 저녁 네팔에서 온 건축장인들이 꿈을 꾸었다. 금으로 만든 갑옷을 입은 4명이 마차를 끌고 와 장인들 앞에 놓고는 "당신들이 만약 이와 비슷한 탑 7좌를 만든다면 매우 좋을 것입니다. 격려금으로 금으로 만든 이 갑옷을 주겠습니다. 만약 탑 주위를 돌면 원하는 모든 일이 이뤄질 것입니다."라고 말하는 꿈을 꾸었다. 하늘이 밝아오자[태양이 뜨자] 장인들이 그곳으로 가 보았다. 꿈 속의 그 사람들은 없었지만 갑옷은 있었다. 장인들이 이 사실

婆洲སྤྲ་མི་སྙན།, 교라파주憍羅婆洲སྤྲ་མི་སྙན་གྱི་ཟླ། 등이 그것이다. 여기서는 삼예사 대전 주변에 세운 8개의 작은 건물을 가리킨다.

87) 삼예사 대전의 동북쪽에 세워진 건물 이름이다. 빨마삼바바[연화생] 스님이 이곳에 머물렀다고 한다.

을 짼뽀에게 보고하자 짼뽀가 그들에게 많은 격려금과 시종侍從들을 내렸다. 전하는 말에 의하면 갑옷을 입은 4명은 사대천왕[རྒྱལ་པོ་ཆེན་པོ།][88]인데 탑 안에 봉안한 보배로운 병에 이들의 모습을 그렸다고 한다.

삼예사 주위에 검은색의 담장을 세웠고, 동서남북에 '문'과 '말에서 내리는 곳'을 각각 하나씩 만들었다. 담장 안쪽의 벽면은 거울처럼 깨끗한 백색이며, 만약 남쪽 문에서 콩을 떨어뜨리면 북쪽 문 방향으로 굴러가도록 길을 만들었다. 담장 안에는 새 등 어떤 짐승도 들어가지 못하게끔 했다. 사람이 가고자 하면 먼저 발을 깨끗이 한 다음 가도록 했다. 담장 밖의 건물은 체뽕사ཚེ་སྤོང་ཟ།, 우찰포용사དབུ་ཚལ་པོ་ཡོང་ཟ།, 게개초사དགེ་རྒྱས་འགྲོ་ཟ། 등이 맡도록 했으며, 사찰 전체 건축은 치상얍학ཁྲི་བཟང་ཡབ་ལྷག이 관할하도록 했다.

24. 금金 바탕에 푸른 색이 도는 비취를 상감象嵌한 듯한 대전이 양羊의 해ལུག་ལོ།[89]에 준공됐다. 보디사따 스님이 세 번이나 점안의식[རབ་གནས།]을 거행했다. 마지막 점안의식 때는 모든 불상들을 대전 앞

88) 동서남북에서 불교를 수호하는 동방 지국천왕ཤར་དུ་ཡུལ་འཁོར་སྲུང་།, 남방 증장천왕ལྷོར་འཕགས་སྐྱེས་པོ།, 서방 광목천왕ནུབ་ཏུ་སྤྱན་མི་བཟང་།, 북방 다문천왕བྱང་དུ་རྣམ་ཐོས་སྲས། 등을 말한다.

89) 이 해가 787년이라는 설과 779년이라는 설이 있다. 후자를 주장하는 학자들은 삼예사가 775년에 건립되기 시작해 5년만인 779년에 완공됐다고 주장한다. 여기서는 후자의 학설을 따른다.

평지에 배열하고 (참석자들에게) 불교 교리를 설명했다. 그런 뒤 각각의 불상들이 봉안되어야 할 자리에 다시 옮겨져 안치되자 짼뽀가 매우 기뻐했다. 삼예사 건축은 마무리되고 점안의식이 거행되기 전에 바새낭དབའ་གསས་སྣང།은 출가해 예세왕뽀ཡེ་ཤེས་དབང་པོ།라는 법명을 받았다. 경전의 말씀들을 더욱 깊이 발전시키기 위해 샹론의 아들인 침렉시མཆིམས་ལེགས་གཟིགས། 등 많은 사람들이 인도말을 배웠다. 다만 침아누མཆིམས་ཨ་ནུ།의 아들인 샤카차바ཤཱཀྱ་པྲ་བྷ།, 빠오르나도པ་འོར་ན་འདོད།의 아들인 비로짜나བཻ་རོ་ཙ་ན།, 바마시དབའ་རྨ་གཟིགས།의 아들인 바랫나དབའ་རད་ན།, 샹나상ཞང་ཉ་བཟང་།의 아들인 하부ལྷ་བུ།, 나남세짼སྣ་ནམ་བསེ་བཙན།, 수뽀공렙ཤུད་པོ་ཁོང་སླེབས། 등 6인은 말을 배워 익혔지만 나머지는 모두 포기했다. 범어를 익힌 여섯 명은 번역가가 되어 『문수사부འཇམ་དཔལ་ཀྱི་ཡ།』와 『문수행부ཤུ་པ་ཡ།』 등 인도의 모든 경전들을 티베트어로 번역했다. 중국 땅에서 온 스님인 메꽁མི་གོང།, 번역가 하룽루공ལྷ་ལུང་གླུ་གོང།, 고봄댄마유공འགོ་བོམ་ལྷན་མ་ཡུལ་གོང།, 챈까렉공བྲན་ཀ་ལེགས་གོང། 등은 『불설도간경མདོ་ས་ལུ་ལྗང་པ།』 등 많은 경전들을 번역했다. 중국어로 된 경전들을 번역한 사람으로는 하룽루공ལྷ་ལུང་གླུ་གོང།, 벡다공བེག་ཏླ་གོང།, 챈까렉공བྲན་ཀ་ལེགས་གོང།, 고봄유공འགོ་འབོམ་ཡུལ་གོང། 등이 있다. 특히 주석 번역에 뛰어난 댄마쩨마འདན་མ་རྩེ་རྨ།, 갸냐짼འགག་ཉ་བཙན།, 로키충ལོ་ཁྲི་ཆུང།, 빅키우འབིག་ཁྲིའུ། 등은 처음에는 『불설업보차별경ལས་རྣམ་འབྱེད།』을, 중간에는 『불설도간경ས་ལུ་ལྗང་པ།』을, 마지막에는 『금강경རྡོ་རྗེ་གཅོད་པ།』 등을 각각 번역했다. 경전들 대부분은 벡다공བེག་ཏླ་གོང། 혼자서 옮겼다. 『불설도간경』 끝 부분에 "세간에서 윤회하는 원인과 신체를 형성하는 법ཆོས།은 결국 다섯 가지임을 알라. 다섯 가지가 무엇인가? 무상無常

རྟག་པར་མ་ཡིན།, 무단견無斷見ཆད་པར་མ་ཡིན།, 무변화無變化འཕོ་བར་མ་ཡིན།, 작은 원인에서 큰 과보果報가 나오는 것[རྒྱུ་ཆུང་ངུ་ལས་འབྲས་ཆེན་པོ་འབྱུང་བ།], 이와 같은 가르침을 밀교경전에서 보라[དེ་དང་འདྲ་བའི་རྒྱུད་དུ་བལྟའོ།]."라고 나온다. 짼뽀 치송데짼이 하늘에 감사의 제사를 지낼 때 기도문을 통해 "하늘이 돕고 신들이 도와 이 같은 훌륭한 가르침을 듣게 되었습니다. 대신인 바상씨འབའ་སང་ཤི와 바새낭དབའ་གསལ་སྣང་།의 말이 옳았습니다! 이 성스러운 가르침을 실행하는 데 우리들은 주저하지 말아야 합니다."라고 말했다. 그리고 바마시དབའ་རྨ་གཟིགས།의 아들이 보디사따 스님 앞에서 서약하고 출가해 랫나རད་ན།라는 법명을 받았다.

25. 양의 해 겨울[90] 삼예사에서 성대하게 봉안법회[ཞལ་བསྒོས་པྲ་ཏི།]를 거행할 때 조모젠치개ཇོ་མོ་གཅེན་ཁྲི་རྒྱལ།와 수짼몬개སྤྱི་བཙན་མོན་རྒྱལ། 등 대신과 백성들 백여 명이 출가했고, 바린뽀체དབའ་རིན་པོ་ཆེ།가 계戒를 주는 친교사 역할을 했다. 짼뽀가 칙령을 내렸다. "이후부터 남자들의 눈을 파내고 여자들의 코를 베는 참혹한 형벌을 실행하지 못한다. 대신 이하의 신하들을 비롯한 모든 백성들은 가르침[불교]을 소중히 여길 것을 맹세하고, 맹세한 것을 비문에 새겨 세운다.[91] 이후로 삼보[불·법·승]와 스님들의 음식은 왕실 창고의 물건으로 공양하고, 스님들의 의복은 백성들이 준비해 봉헌하고, 출가자 개인에게 매년 12

---

90) 779년 음력 11월경에 해당된다.

91) '신불맹서비信佛盟誓碑'로 알려진 이 비는 삼예사 대전 정문 오른쪽에 지금도 당당하게 서 있다. 새겨진 글씨도 선명해 읽을 수 있다.

말ཁལ།[92] 정도의 식량을 제공한다.” (한편) 뒷날 예세왕뽀 스님이 신통력을 얻자 짼뽀 치송데짼이 말했다. “당신은 우리 왕과 백성들의 선지식입니다. 당신의 모습을 보니 마치 부처님의 모습을 보는 것 같습니다.” 그리곤 그를 불교계 지도자[승통僧統]로 임명했고 ‘부처님 가르침의 칙령[ཆོས་ཀྱི་བཀའལ།]’으로 출가자와 신하들에게 이를 알렸다. 승통의 서열은 대신인 샹론 위에 배치했으며, 불교에 관한 정책을 논의하는 회의인 둔사འདུན་ས།[93]의 서열도 국정을 의논하는 소둔사[འདུན་ས་ཆུང་ངུ།] 위에 두었다. 승통이 보낸 편지는 샹론을 통해 국정을 논의하는 소둔사에 전해져 읽히도록 했다. 이런 내용을 담은 칙령을 왕과 대신들이 모이는 회의에서 짼뽀가 반포했다.

승통에 임명된 예세왕뽀 스님이 “삼보의 튼튼한 의지처가 되고 영원히 (불법佛法이) 훼손되지 않도록 하기 위해 삼보와 출가자의 음식을 왕실 창고에서 공급하지 말고 꼔래རྐྱེན་རིས།[94]에서 봉헌하는 것이 후일을 위해서도 좋은 방안이라고 생각합니다.”라고 짼뽀에게 진언했다. 꼔래를 만드는 것에 짼뽀도 동의하고 7가구가 한 명의 스님을

---

92) ཁལ།은 티베트의 용량 단위이다. 우리나라 단위로 정확하게 계산하기 어려워 대략 산출한 숫자가 12말이다.

93) 불교정책 등을 논의하는 회의인 ‘둔사’를 통해 토번의 승통僧統은 공식적이고 합법적으로 국정에 참여할 수 있었다. 짼뽀 치송데짼 시기 출가자들이 이미 상당한 사회적 지위와 권력을 가졌음을 알 수 있다.

94) 꼔래རྐྱེན་རིས།의 사전적인 의미는 ‘조건’이다. 그러나 여기서는 사원을 유지하고 출가자들이 생활하는 데 필요한 물품과 인력 등을 제공하는 기구나 체계를 가리킨다.

공양供養 하도록 명했다. (그러자) 샹론이 "백성 5가구가 한 명의 스님을 공양하면 몇몇 가정은 단절되고, 궁벽한 곳에 있는 가정은 쇠망하며, 낭첸གནང་ཆེན།에는 노비가 없어질 것입니다. 한 집안에 노비 가정 900호를 내리는 것보다 부처님 가르침을 섬기는 공덕은 말할 수 없을 정도로 크고 짼뽀의 귀하신 몸에도 좋고 나라에도 좋습니다. 후일 백성들 사이에 '훌륭한 습속[སྤུལ་བཟང་པོ།]'이 열릴 것이며 '삼악도[ངན་སོང་ཉ།]'에 떨어지는 문이 단절되는 등의 공덕이 말할 수 없을 정도로 나타날 것입니다. 만약 이후에 신하와 백성들 모두가 짼뽀의 칙령을 따르지 않으면 짼뽀의 마음에 큰 괴로움이 계속해 나타나거나, 사람과 가축에게 전염병이 돌거나, 변경지역에 적이 나타나거나, 중앙지역에 적이 나타나거나, 큰 기근이 계속 들기라도 하면 백성들에게 (불교를 믿는) 혜택이 돌아가지 않을 것입니다. 또한 삼보가 의지하는 토대도 사라질 것이며, 짼뽀의 자손들과 신하 그리고 백성들은 스스로 만든 죄악 속으로 떨어질 것입니다. (따라서 짼뽀께서) 삼보 사찰 한 곳에 200호의 백성들을 할당하시고 세 가정家庭이 스님 한 분을 모시게 하십시오. 그리고 겐래རྒྱན་རིས།의 백성인 고གཏོད།, 랑제우རང་རྗེའུ།, 캅소낭첸ཁབ་སོ་གནང་ཆེན།, 툭넨ཐུགས་གཉེན། 등을 한 사찰에 귀속시키고, 귀족들의 토지이자 토질이 우수한 제싱རྗེ་ཞིང་།과 낭첸초치잠궁돈གནང་ཆེན་འབྲོ་ཁྲི་འདམ་ཀུང་རྡོན།의 땅을 기준으로 삼아 사찰에 토지를 헌상하도록 하십시오."라고 진언했다.

그러나 냥딩게진མྱང་ཏིང་ངེ་འཛིན། 스님 등은 (예세왕뽀 스님의 이런 저런 조치들에 대해) 불만스럽게 생각했다. 예세왕뽀 스님에 대해 좋지 않은 말들을 마음대로མི་མཆི་དགུ་མཆི། 했다. 그래서 예세왕뽀 스님은 냥

삼예사 대전 내부의 보살상들.

딩게진 등이 말을 듣지 않는다며 (짼뽀에게) 수행하러 가겠다고 주청奏請했다. (짼뽀가 허락하자 예세왕뽀 스님은) 수행하기 적합하고 조용한 곳인 호자ཧོ་ཟྲིག라는 지역에 가버렸다. 짼뽀는 빨양དཔལ་དབྱངས། 스님을 승통에 임명했다. 예세왕뽀 스님이 수행하러 간 호자의 수행처는 호랑이의 양쪽 어깨에 끈을 묶어 지키게 한 그 밑에 등나무 줄기로 만든 다리와 (오르기) 힘든 바위가 있어, (오직) 산 새들만 예세왕뽀 스님의 몸에 돌과 나뭇가지를 놓고 앉을 뿐 (국가의) 법률이나 시간ཟྲི་དག도 가까이 갈 수 없었다.

26. 그 즈음 중국의 마하야나 화상ཧྭ་ཤང་མ་ཧཱ་ཡ་ན།[95]이 토번에 들어왔다. 토번의 많은 출가자들이 마하야나 화상의 가르침을 배웠다. 견

95) 마하야나(대략 740-810) 화상和尙 · 和上은 '마하연摩訶衍'으로도 불린다. 둔황敦煌에서 태어난 그는 - 학자들의 주장이 일치하지는 않지만 - 선종 북종의 영향을 깊이 받은 선승으로 알려져 있다. 둔황 일대에서 선종의 가르침을 널리 펴고 있던 그는, 781년경 둔황 일대가 토번 영토로 편입된 이후, 대략 785년경 라싸에 들어가 가르침을 널리 폈다. 그러다 인도에서 온 까말라씰라 스님과 792-794년 삼예사에서 논쟁을 펼쳐 패배한 뒤 둔황으로 돌아갔다. 이른바 '삼예종론'이 이것이다. 왕석王錫이 편찬한『돈오대승정리결頓悟大乘正理訣』에 마하야나 화상의 사상이 정리되어 있다. 한편 846년 토번왕조가 멸망하며 토번의 둔황 지배도 끝난다. 산스크리트어 upādhyāya를 의역한 말인 화상和上 · 和尙은 오파타야鄔波馱耶, 오파타야鄔波陀耶, 올사殟社, 골사鶻社 등으로도 음역 된다. '제자를 둘 자격이 있는 출가자' '제자에게 구족계를 내려주는 스승'이라는 뜻이다.

해가 다른 것이 생기자 충돌[쟁론]이 발생했다. 짼뽀는 어떻게 해야 될지를 몰랐다. 마하야나 화상의 토번 출신 제자인 낭쌰미སྣང་ཤ་མི།는 자신의 살을 칼로 잘랐으며, 냑비마라གཉགས་བི་མ་ལ།와 냑린뽀체གཉགས་རིན་པོ་ཆེ།는 자신의 남성 생식기를 때리며 자살했다. 개རྒྱས།라는 제자는 자기 머리에 불을 붙였다. 나머지 제자들은 저마다 칼을 하나씩 가지고 다니며 "점문파[漸門派, ཙེན་མིན་པ།]를 모두 다 죽이겠다, 그리곤 우리도 궁전 앞에서 자살하겠다."라고 외쳤다. 짼뽀는 "여기 출가자들이 모두 견해가 달라 쟁론과 충돌이 발생하고 있어 어떻게 해야 될 지 모르겠다. 빨라 돌아오라!"는 말을 전하라고 예세왕뽀 스님에게 사자使者를 보냈다. 예세왕뽀 스님이 궁전으로 돌아오지 않자 짼뽀는 궁궐의 신하 논캄빠གནོན་ཁམ་པ།를 파견했다. 짼뽀가 논캄빠에게 "만약 예세왕뽀 스님을 데려오면 큰 상을 내리고 데려오지 못하면 (논캄빠 너는) 반드시 죽음을 면치 못할 것이다."라며 엄한 명령조로 말했다. 논캄빠는 동굴에서 수행하고 있던 예세왕뽀 스님에게 왕의 편지를 전했다. 짼뽀의 명령에 따라 직접 말하기 위해 예세왕뽀 스님이 있는 동굴로 갔다. 논캄빠가 "편지에는 동굴에서 (궁궐로) 돌아오라는 명령 이외 다른 것은 없습니다. (예세왕뽀 스님이) 돌아가지 않으면 저는 죽습니다. 궁궐로 돌아가지 않으면 저는 바위에서 뛰어내려 자살합니다."라고 말했다. (예세왕뽀 스님이) "이것은 큰 마귀와 연결된 장애가 나에게 일어날 징조입니다. 당신의 목숨을 구하기 위해 갈 테니 말을 끌고 오십시오."라고 말했다. (논캄빠가) 매우 기뻐하며 궁궐에 달려가 보고했다. (짼뽀는 논캄빠에게) 즉시 청백홍색이 어우러진 마노석[瑪瑙石, ཁྲ་མེན།]과 개체우རྒྱ་ཅེའུ།[96] 등을 내려

(논캄빠의 노고를) 치하했다. 15필의 말을 준비해 (예세왕뽀 스님에게) 보냈다.

예세왕뽀 스님이 궁궐로 돌아와 짼뽀에게 예를 올렸다. 짼뽀가 "출가자들이 견해가 달라 서로 충돌이 매우 심하니 어떻게 하면 좋습니까?"라며 물었다. 예세왕뽀 스님이 "짼뽀께서는 마땅히 저를 왕궁으로 부르지 말았어야 했습니다. 만약 제가 수행을 중간에 그만두지 않고 제대로 했다면 '천신의 아들[짼뽀]'의 수명은 늘어났을 것이며 저의 수명도 늘어났을 것입니다. 부처님 가르침도 미륵불이 탄생할 때까지 연장됐을 것입니다."라고 짼뽀에게 말했다. 예세왕뽀 스님은 또한 "만약 토번 땅에 복덕이나 인연이 적다면 부처님 가르침이 퍼지면 퍼질수록 외도의 변난[辯難, 시비]도 반드시 나타날 것입니다. 만약 부처님 가르침이 '오백 년의 마지막 시기ལྔ་བརྒྱ་ཐ་མ།'[97]까지

96) རྒྱ་བྱིལ가 무엇을 의미하는지 자세하게 알기 어렵다. 글자의 의미상 རྒྱ།는 중국을, བྱིལ는 참새 등 작은 새를 뜻한다. '중국에서 들어온 작은 새 모양의 보석 조각'을 가리키는 듯하나 분명하지 않다.

97) 여러 학설이 있지만 대표적인 것은 두 가지이다. ①정법正法·상법像法·말법末法의 삼시三時설. 정법시는 교敎, 행行, 증證 등 세 가지가 구현되어 있는 시기이다. 상법시는 교와 행 두 가지만 존재하는 시기이다. 말법시는 교敎만 있는 시기이다. 삼시가 지속되는 시간에 대해서는 여러 학설이 있지만 통상적으로 정법시 5백년, 상법시 1천년, 말법시 1만년 지속된다고 본다. ②네 시기로 나누는 설. 제1기는 증과기證果期, 즉 깨달음이 있는 시기로 약1천5백 년 지속된다. 제2기는 수행기修行期, 즉 수행은 존재하는 시기로 약 1천5백 년 계속된다. 제3기는 교법기

토번 땅에 전파되면[그 때까지 불법佛法이 있다면] 외도가 부처님 가르침을 공격하는 일은 생기지 않을 것입니다. 불교도 사이에 견해가 서로 달라 논쟁이 벌어지는데 그런 일이 벌어지면 나의 제자 까말라씰라ཀ་མ་ལ་ཤཱི་ལ།蓮花戒[98] 스님이 네팔에서 수행하고 있으니 그를 초청해 변론하게 하십시오. 그래서 서로 다투는 일을 없애도록 하십시오!"라고 보디사따 스님께서 입적 전에 말씀하셨다고 쩬뽀에게 아뢰었다. 그리하여 쩬뽀는 사람을 파견해 까말라씰라 스님을 초청하도록 했다. 돈문파[頓門派, སྟོན་མུན་པ།]는 『십만송반야경ཤེས་རབ་འབུམ།』을 들고 선정관[삼예사 내부에 있는 건물]에 들어가 폐관한 채 2개월 동안 공부했다. 『해심밀경소དགོངས་པ་ངེས་པར་འགྲེལ་པ།』[99]는 모아 놓고 보지 않았다.[100]

敎法期, 즉 경율론 삼장은 존속하는 시기로 약 1천5백 년 지속된다. 제4기는 유상기唯相期, 즉 불교에 대한 모든 것이 쇠미해지고 단지 모습만 있는 시기로 약 5백 년간 유지된다. 본문의 최후 5백 년은 '유상기'를 말하는 것으로 보인다.

98) 까말라씰라는 보디사따, 즉 적호[샨타락시타] 스님의 제자이다. 스승과 마찬가지로 유식사상과 중관사상을 결합한 유가행중관자립논증파에 속한다. 저서로 『중관수습차제삼편』, 『중관광명론』 등이 유명하다.

99) 『해심밀경소』는 신라 원측 스님의 저서이다. 둔황에서 태어난 티베트인 귀최춥འགོས་ཆོས་འགྲུབ།이 티베트어로 옮겼다. འགོས는 고대 토번의 성씨의 하나이다. བོད་རྒྱ་ཚིག་མཛོད་ཆེན་མོ། ཀྲང་དབྱི་སུན་གྱིས་གཙོ་འགན་བཞེས་ནས་རྩོམ་སྒྲིག་བྱས་པ། པེ་ཅིན། མི་རིགས་དཔེ་སྐྲུན་ཁང་། ༡༩༩༣ ལོ། ཤོག་ངོས་༥༠༣། 孫怡蓀主編, 『藏漢大辭典』, 北京: 民族出版社, 1993, p.503.

100) 이 부분의 원문은 རྡོག་པས་དྲིལ་ཏེ་བོར།이다. 원문 그대로 해석하면 "발로 차

27. 까말라씰라 스님이 토번 땅에 도착하기 전 예세왕뽀 스님은 (쩬뽀에게) 보디사따 스님의 견해와 '점문파漸門派의 관점[ཙེན་མིན་གྱི་ལྟ་བ།]' 등에 대해 설명했다. (그래서) 쩬뽀의 마음도 한결 풀어졌다. 마음이 밝아진 쩬뽀는 자기의 이마를 숙이며 "예세왕뽀 스님! 그대는 나의 아짜라야ཨ་ཙརྻ།[101)]입니다."라고 말했다. 그 후 까말라씰라 스님이 토번에 도착했다. 보리주[菩提洲, བྱང་ཆུབ་གྱི་གླིང་།][102)]의 중앙에 쩬뽀가 좌정하고 마하야나 화상과 까말라씰라 스님이 각각 오른쪽과 왼쪽의 사자좌에 앉았다. 제자들도 스승을 따라 배석했다. 돈문파[སྟོན་མུན་པ།]의 제자는 조모장춥ཇོ་མོ་བྱང་ཆུབ།, 수양닥སྦ་ཡང་དག, 사문랑까ལང་ཀ 등으로 많았다. 점문파[ཙེན་མིན་པ།]의 제자는 바뻴양དཔལ་དཔལ་དབྱངས། 스님, 바랫나དཔའ་རད་ན། 스님 등이며 출가자가 많지 않았다. 쩬뽀가 마하야나 화상과 까말라씰라 스님 그리고 모든 스님들에게 화환을 전해주었다. 그런 후 쩬뽀가 "내 영토의 백성들은 흑교

서 한 데 모아 버렸다."이다. 그러나 조금만 생각해보면 출가자가 경전을 해석한 논소를 발로 차 버릴 일을 없다고 보는 것이 보다 더 정확하다. 결국 『십만송반야경』을 보고 『해심밀경소』를 보지 않았다는 것은 논소 보다는 경전에서 직접 논쟁에 필요한 자료를 얻었다는 의미로 보인다. 그래서 『해심밀경소』를 보지 않은 것이지 『해심밀경소』 내용이 부족해 읽지 않은 것은 아니라고 생각된다.

101) 제자의 행위를 바르게 교육할 만한 덕이 높은 스님. 산스끄리트어 ācārya의 음역어이다.

102) 보리주菩提洲는 삼예사 담장 안에 있었던 전각殿閣 이름이다. 대전의 북쪽에 있었던 건물이다.

黑教[103]에 집착했기에 사호르ཟ་ཧོར།[104] 왕의 아들로 네팔에 있던 보디사따 스님을 초청해 삼보三寶의 건물을 짓고 (내가) 모든 백성들이 불교를 믿도록 했습니다. 소수지만 몇몇이 출가해 스님이 됐습니다. 마하야나 화상이 토번에 와 전법하자 다수의 출가자는 마하야나 화상에게 배웠습니다. 몇몇은 보디사따 스님의 제자로 마하야나 화상을 따라 배우지 않았습니다. (서로 간에) 분쟁이 일어났지만 내가 논의에 대해 결정을 내려 분쟁을 막았습니다. 그러나 마하야나 화상의 제자들은 즐거워하지 않았습니다. 냥쌰미མྱང་ཤ་མི།는 자신의 살을 칼로 잘라 죽었고 개རྒྱས།라는 제자는 자기 머리에 불을 붙여 자살했습니다. 냑비마라གཉགས་བི་མ་ལ།는 자신의 남성 생식기를 (스스로) 때렸습니다. 나머지 제자들도 저마다 칼을 하나씩 가지고 다니며 '점문파[漸門派, ཙེན་མེན་པ། 인도불학과 연계된 파]를 모두 다 죽이겠다 그리곤 우리도 궁전 앞에서 자살하겠다'라고 외쳤습니다. 그렇게 하지 못하도록 '좌관[左官, གཡོན།]'을 임명했습니다. 점문파[漸門波, ཙེན་མེན་པ།]의 스승은 보디사따 스님이며 그의 제자인 까말라씰라 스님이 여기에 오셨습니다. 까말라씰라 스님과 (마하야나) 화상이 지혜를 경쟁해 논리와 이치가 강한 사람에게 패배자가 교만심을 내지 말고 불교의 규칙에 따라 화환을 바치십시오."라고 말했다.

103) 본교를 가리킨다.

104) 지금의 방글라데시에 있었던 고대의 국가 이름. 보디사따[寂護] 스님은 이 나라의 왕족 출신이다.

마하야나 화상이 말했다. “선과 악은 마음의 분별심 때문에 생기며 이로 인해 중생들은 삼악도[지옥 · 아귀 · 축생]와 삼선도[천 · 인 · 아수라]에 태어나는 등 윤회를 하게 됩니다. 무엇도 생각하지 않고, 무엇도 하지 않으면 윤회에서 벗어나 해탈하게 됩니다. 그러므로 무엇도 생각하지 마십시오! 보시 등 열 가지 가르침을 행하라는 것은 선업을 닦지 않았고, 근기가 낮고, 총명하지 않는 범부를 위해 하는 말입니다. 전생에 이미 선업을 닦았고, 근기가 높고, 지혜로운 사람들에게는 검은 구름 · 흰 구름 모두 하늘의 태양을 가로막는 것이듯 선업이든 악업이든 그것은 해탈에 장애가 됩니다. 무엇도 하지 말고, 무엇도 생각하지 말며, 무엇도 분별하지 말고, 무엇도 얻지 않으면 제10지[ས་བཅུ་པ།]에 도달한 것과 같게 됩니다.”

이에 대해 까말라씰라 스님이 (다음과 같이) 응대했다. “그렇게 그 무엇도 생각하지 않으면 분별지[分別智, སོ་སོར་རྟོག་པའི་ཤེས་རབ།]마저 버리는 것이 됩니다. 정확하고 올바른 지혜의 근본은 ‘분별지’ 입니다. 분별지를 버리면 근본을 자른 것과 같아 ‘세간을 벗어나는 지혜’ 마저 없애는 결과가 됩니다. 분별지가 없다면 수행자[유가행자]는 무슨 방편[ཐབས།]에 의거해 ‘무분별의 경지[깨달음, མི་རྟོག་པ་ཉིད།]’ 에 다다를 수 있습니까? 만약 일체 제법을 생각하지 않고, 자기의 마음에 그 무엇도 함이 없다면 ‘경험하는 일체 제법을 생각하지 않음’ 과 ‘마음에 무엇도 하지 않음’ 을 그대는 수행할 수 없습니다. 만약 ‘스스로 일체 제법을 생각하지 마라! 마음에 무엇도 하지 마라!’ 라고 수행하며 생각하지 않으려 한다면 ‘생각하지 않으려는 그 것’ 이 바로 마음에 (무엇인가) 하는 것이 됩니다. 마음에 억념[憶念, དྲན་པ།]과 작의[作意,

ཡིད་ལ་བྱེད་པ།]가 없는 바로 그 때, 무엇으로 억념과 작의를 마음에서 없앱니까? 억념과 작의는 분석을 필요로 합니다. '없음' 이 결코 없음에 도달하는 인因이 될 수 없습니다. 무엇에 의거해 '모양 없음[མཚན་མ་མེད་པ།]' 과 '함이 없음의 상태[ཡིད་ལ་བྱེད་པ་མེད་པ།]' , 즉 '무분별의 경계[རྣམ་པར་མི་རྟོག་པ།]' 에 도달합니까? 단지 그 정도에 의거해 무분별지에 도달한다고 한다면 '졸도한 것[བརྒྱལ་བ།]' 과 '무분별지[རྣམ་པར་མི་རྟོག་པ།]' 사이에 무슨 차이가 있습니까? 졸도한 것도 해탈한 것이 됩니다. '정확한 분별지[ཡང་དག་པར་སོ་སོར་རྟོག་པ།]' 가 없으면 다른 그 무엇으로도 무념[無念, དྲན་པ་མེད་པ།]과 무작의[無作意, ཡིད་ལ་བྱེད་པ་མེད་པ།]에 도달할 방법이 없습니다. 무념과 무작의에 도달할 방법[방편]이 없으면 어떻게 공성[空性, སྟོང་པ་ཉིད།]을 깨달을 수 있습니까? 깨달을 수 없습니다. 공성을 깨닫지 못하면 어떻게 '해탈의 장애[སྒྲིབ་པ།]' 를 없앨 수 있습니까? (만약 그렇다면) 공성을 깨닫지 못하고 장애가 있어도 항상 해탈한 것이 됩니다. 만약 수행자[유가행자]가 제법諸法을 생각함이 쇠퇴해 몽롱한 생태에 있고 억념憶念과 작의[作意, ཡིད་ལ་བྱེད་པ།]를 행하지 않으면 매우 '혼미한 상태[རྨོངས་པ།]' 에 빠지게 되는데, 그러한 때 수행자는 어떻게 변합니까? 분별지 없이 무념과 무작의를 수행하려 한다면 이는 바로 바보가 되고자 수행하는 것과 같습니다. 때문에 이는 '올바른 지혜의 빛[ཡང་དག་པའི་ཡེ་ཤེས་ཀྱི་སྣང་བ།]' 을 저 멀리 던져버리는 것이 됩니다. 억념憶念이 쇠퇴하지도 않고 아무런 생각이 없는 바보 같은 상태도 아닌 그러한 때, 분별지가 없다면 어떻게 무념과 무작의[無作意, ཡིད་ལ་བྱེད་པ་མེད་པ།]에 도달할 수 있습니까? 생각하면서도 생각하지 않고, 보면서도 보지 않는 것은 불가능합니다. 무념과 무작의[無作意,

ཡིད་ལ་བྱེད་པ་མེད་པ།]의 가르침을 수행하면 어떻게 현세에 과거세의 일들을 기억할 수 있겠습니까? (이것은) 모순되기에 (사람이) 뜨거움과 상극인 차가움을 가까이할 때 뜨거움의 촉감을 느끼지 못하는 것과 같습니다. 정법[正法, དམ་པའི་ཆོས།]을 수행할 때 무념과 무작의를 행하면 어떻게 정법正法을 두루 알 수 있겠습니까? 따라서 승의제[དོན་དམ་པ།]에서 보면 분별지가 선행先行되어야 함을 알아야 합니다. 왜냐하면 '올바른 분별지' 에 의해서만 무념[無念, དྲན་པ་མེད་པ།]과 무작의가 가능하고 다른 수행으로는 (그렇게) 안되기 때문입니다. 수행자가 어느 때 올바른 지혜로 관찰하면 승의제[དོན་དམ་པ།]에서는 삼세[과거 · 현재 · 미래]의 어디에도 법[法, 현상 · 존재, ཆོས།]이 태어나지 않는다는 것을 체득하게 되는 데, 바로 그 때 수행자가 어떻게 (전생의 일들을) 마음에 기억합니까? 승의제에서 보면 삼세도 없기에 경험이 없는 그것을 어떻게 기억할 수 있습니까? 따라서 희론[戱論, སྤྲོས་པ།] 전부를 완전히 소멸시키므로 완전한 무분별지의 경계에 들어갑니다. 무분별지의 경계에 들어가면 공성을 깨닫게 됩니다. 공성을 깨달으면 나쁜 견해의 그물[ད་བ།]을 모두 찢어버릴 수 있습니다. 방편[ཐབས།]을 구비한 지혜[ཤེས་རབ།]로 증득해야 세속제[ཀུན་རྫོབ་བདེན་པ།]와 승의제[དོན་དམ་པའི་བདེན་པ།]를 올바르게 알 수 있습니다. 그러면 장애를 없애는 지혜를 얻을 수 있기에 부처님의 모든 가르침을 깨달을 수 있습니다."

28. 짼뽀가 "그대들 돈문파[頓門派, ཏོན།]와 점문파[漸門派, ཙེན།]들은 모두 좋은 방식으로 각자의 의견을 밝히십시오!"라는 명령을 내렸다.

상씨སང་ཤི가 말했다. "당나라에서 온 '갑자기 들어가는 법' 과 인도에서 전해진 '점차적으로 적용하는 법' 이 있습니다. 이 가운데 (돈문파의 수행법은) 육바라밀을 받아들이지 않기에 보시[སྦྱིན་པ།]라는 이름을 붙이면 안됩니다. (보시는 실은) 삼계[三界, ཁམས་གསུམ།]를 모두 버리고[포기하고] 나와 나의 것에 집착하지 않는 것이며 보시는 모든 것을 버리는 것입니다. 삼업[신업 · 구업 · 의업]의 잘못을 막는 것이 계율[ཚུལ་ཁྲིམས།]입니다. 무분별지[རྣམ་པར་མི་རྟོག་པ།]에 대해 잘못 이해하지 않는 것이 증상계[增上戒, ལྷག་པའི་ཚུལ་ཁྲིམས།]를 제대로 지키는 것입니다. 모든 존재에 대해 참음과 참지 않음이 없는 것이 '최고의 인욕[བཟོད་པའི་མཆོག]' 입니다. 나태함[ལེ་ལོ།]이 있기에 (그것이 없는 것을) 정진[བརྩོན་འགྲུས།]이라고 부릅니다. 정진과 나태함이 없는 것이 최고의 정진입니다. (정진이) 훼손되지 않고 견고하다고 말할 수 있어야 참다운 정진입니다. 마음의 흩어짐이 있기에 마음의 집중인 선정[བསམ་གཏན།]이 있습니다. 마음의 흩어짐이 없으면 선정이라고 이름 붙일 것이 없습니다. 법성[法性, ཆོས་ཉིད།]에 대해 모르는 것이 있기에 지혜[ཤེས་རབ།]라고 이름 붙일 것이 있습니다. 존재의 자상[自相, རང་མཚན།]과 공상[共相, སྤྱིའི་མཚན།]에 대해 틀림없이 아는 것이 증상혜[增上慧, ཤེས་རབ་ཀྱི་མཆོག]입니다. 부처님이 원적圓寂에 드신 후 오랫동안 (불교 안에) 다른 견해가 없었지만 후에 인도에서 중관[དབུ་མ།] 3파[105]가 나타나 견해가 달라졌습니다. 또한 당나라에서 돈문파와 점문파가 나타

105) 중관 3파는 중관귀류파[귀류논증파], 중관자립파[자립논증파, 경부행經部行자립논증파], 유가행중관자립파[유가행자립논증파] 등을 말한다.

나 (서로) 만나지 못해 완전히 이해하지 못하게 되었습니다. 불교에 들어가는 문[방법]은 다르나 외경[外境, དོན།]을 '분별하지 않고[མི་རྟོག།]'는 '증득證得하지 못한다[མི་དམིགས།]'는 점에서는 같습니다. 과보[འབྲས་བུ།]인 열반을 추구한다는 것도 공통점입니다."

바빨양དབའ་དཔལ་དབྱངས། 스님이 의견을 진술했다. "'갑자기 들어가는 법[돈오頓悟]'을 '점차적으로 수행한다'는 이 말은 앞뒤가 맞지 않습니다. 점차적으로 수행한다는 것이 점문파漸門派와 다를 이유[རྒྱུ།]가 무엇이 있습니까?[차이가 없다.] 갑자기 들어간[갑자기 깨달은] 이후 무엇을 할 것입니까? 당신들은 지금 바로 깨닫는 데 무슨 잘못이 있습니까? 비유하자면 산에 올라갈 때 한 걸음 한 걸음 걸어 올라가도 매우 힘이 들고 순식간에 (산 정상에) 뛰어오를 힘이 없는 것과 같습니다. (보살의 십지十地 가운데) 초지初地인 환희지歡喜地에 이르기도 매우 어려운데 부처님의 지위에 즉시 들어가는 부처님은 어떤 부처님 입니까? 경전적인 근거를 보여줄 필요가 있습니다. 돈문파와 점문파는 매우 다릅니다. 점문파는 경전 전부를 배우고 완전히 익힌 뒤 삼혜三慧에 의지해 모든 존재[諸法, ཆོས་ཐམས་ཅད།]의 이치를 틀림없이 알아 무생법인[無生法忍, མི་སྐྱེ་བའི་བཟོད་པ།]을 증득證得하는 것입니다. 승의제에서 초지에 들어가고자 하면 십법행[十法行, ཆོས་སྤྱོད་རྣམ་པ་བཅུ།][106]을

106) 십법행十法行은 사경寫經, 공양供養, 보시, 가르침 듣기, 가르침 듣고 지니기, 경전 읽기, 설법하기, 경전 암송하기, 사유하기, 수행 등 열 가지를 가리킨다.

믿고 열심히 수행해야 하며 이 단계를 올바르게 초월해야 제대로 틀림없이 무생법인을 얻을 수 있습니다. 소소한 계율을 어기는 것(모든 사람들이 어긴다)을 아는 것만으로는 어기는 것에서 멀어질 수 없습니다[계를 지킬 수 없다]. 따라서 계율 어기는 것에서 완전히 벗어나도록 노력해야 제2지[第二地, ས་གཉིས་པ།]인 이구지離垢地의 경지에 오를 수 있습니다. '세간의 선정[ཏིང་ངེ་འཛིན།]' 과 '삼매[སྙོམས་འཇུག།]' 을 수행하고 '경전적인 가르침[ལུང་།]' 과 '개인적인 깨달음[རང་གི་རྟོགས་པ།]' 등 모든 것을 획득[ཐོབ་པ།]해도 부족하며[ཆོག་མི་ཤེས།] 시방十方의 여러 부처님에게 가르침을 구하고 배워야 됩니다. 다라니[གཟུངས།]를 듣고 열심히 암송하는 등 노력을 해야 제3지[第三地, ས་གསུམ་པ།]인 발광지發光地에 다다를 수 있습니다. 37보리분법[བྱང་ཆུབ་ཀྱི་ཕྱོགས་དང་མཐུན་པའི་ཆོས།][107] 등을 듣고 수행하며 삼매에 들도록 희구하고 법ཆོས།을 추구하는 마음이 특별한 행사[行捨, 平等捨, བཏང་སྙོམས།][108]에 들지 않도록 하면서[선정 수행에만 의거해서는 부족하다] 나머지 보리분법들을 원만하게 부지런히 닦으면 제4지[ས་བཞི་པ།]인 염혜지焰慧地에 오릅니다. 사성제[བདེན་པ།]를 완전히 관찰하고 분석해 윤회와 열반에 머무르지 않고 곧바로 증득한[མངོན་སུམ་དུ་བྱས་པ།] 후 특별한 행사行捨를 방편 삼아 37보리분법을 원만하게 완전히 수행하면 제5지[ས་ལྔ་པ།]인 난승지難勝地에 도착합니

107) 사념주, 사정단, 사신족, 오근, 오력, 칠각지, 팔성도 등을 말한다.

108) 적과 친구, 괴로움과 즐거움, 좋아함과 싫어함 등에서 완전히 벗어난 마음의 상태를 말한다. 평등중립平等中立으로 번역하기도 한다.

다. 행온[འདུ་བྱེད།][109]을 여실히 증득하면 그것을 싫어하는 마음이 생기고 대상[相, མཚན་མ།]으로 향하는 마음[作意, ཡིད་བྱེད།] [110]이 많이 생기지 않기에 (이를) 열심히 수행하면 제6지[ས་དྲུག་པ།]인 현전지現前地에 이릅니다. (마음의 흐름이) 중단되지 않고 무상[無相, མཚན་མ་མེད་པ།]으로 향하는 마음[作意, ཡིད་ལ་བྱེད་པ།]에 결코 머무르지 않기에 (더욱) 노력해 정진하면 제7지[ས་བདུན་པ།]인 원행지遠行地에 도달합니다. 무상無相에 머무르며 특별한 행사行捨를 수행하고 자연스럽게 모든 존재[མཚན་མ།]들을 이해할 수 있기에 제8지[ས་བརྒྱད་པ།]인 부동지不動地와 제9지[ས་དགུ་པ།]인 선혜지善慧地를 증득합니다. 일체 대상[ཤེས་བྱ།]에 대해 집착하지 않고[ཆགས་པ་མེད་པ།], 걸림 없이[ཐོགས་པ་མེད་པ།] 통찰할 수 있고, 그 부분[部分, ཡན་ལག]을 원만하게 수행하기에 일체종지의 경계[ཐམས་ཅད་མཁྱེན་པའི་གོ་འཕང་།]를 증득證得하는데 이것이 곧 제10지[ས་བཅུ་པ།]인 법운지法雲地입니다. (이처럼) 수행을 통해 제10지의 경계에 들어가 (부처님의 경지[佛地]를) 체득합니다. (만약) 당신들 돈문파가 주장하는 대로 곧바로 일체종지의 경계를 증득하면 당신들은 배우지도 않고, 수행도 하지 않았기에 세간의 일 모두를 알지 못하는데 일체종지의 오명[五明, རིག་པའི་གནས་ལྔ།][111]을 어떻게 듣고 알며 (또한) 모든

109) 대상[境]에 대해 조작造作하고 움직이도록 충동하는 마음을 말한다.

110) 마음을 움직여 대상으로 향하도록 하는 것을 말한다.

111) 수행자들이 공부해야 되는 다섯 가지 분야. 공예학工藝學བཟོ་རིག་པ།, 의학醫學གསོ་བ་རིག་པ།, 성명학聲明學སྒྲ་རིག་པ།, 인명학因明學གཏན་ཚིགས་རིག་པ།, 불

지식의 대상[ཤེས་བྱ།]을 어떻게 알 수 있겠습니까? 만약 아무 것도 하지 않으면 나 자신의 음식도 만들 수 없기에 굶을 수밖에 없습니다. 무상정등각[བླ་ན་མེད་པ།]의 부처님을 누가 볼 수 있겠습니까? 나 자신에게도 이익되지 않는데 다른 사람의 일[དོན།]을 어떻게 할 수 있겠습니까? 보살[བྱང་ཆུབ་སེམས་དཔའ།]은 먼저 보리심을 낸 후 중생[སེམས་ཅན།]의 일을 위해 노력하기에 복덕자량[福德資糧, བསོད་ནམས་ཀྱི་ཚོགས།]이 생깁니다. 세 가지 지혜[ཤེས་རབ་རྣམ་པ་གསུམ།][112]에 의지하므로 지혜자량[ཡེ་ཤེས་ཀྱི་ཚོགས།]을 얻을 수 있습니다. 번뇌장[ཉོན་མོངས་པ།]과 소지장[ཤེས་བྱའི་སྒྲིབ་པ།]을 없애므로 윤회[འཁོར་བ།]에서 벗어나며 지혜가 있기에 번뇌[ཉོན་མོངས་པ།]에 물들지 않습니다. 결국, 부처님 역시 윤회의 끝에 이르기까지 불가사의한 원력을 실행해 중생을 위한 일을 함으로 윤회에서 벗어나 일체종지의 경계에 안착합니다. 배우지 않고 수행하지 않으면 나와 다른 사람의 일도 처리하지 못합니다. 아무 것도 생각하지 않고 계란처럼 있으면 깨달을 수 있습니까? 관찰하지 않고 보지 않으면 평범하게 변해 '계율도 제대로 준수하지 않는 출가자[རབ་འཚོས།]' 가 될 것입니다.

학佛學ནང་དོན་རིག་པ། 등 다섯 가지가 그것이다. 이를 대오명大五明이라 한다. 수사학修辭學སྙན་ངག, 사조학辭藻學མངོན་བརྗོད།, 운율학韻律學སྡེབ་སྦྱོར།, 희극학戲劇學ཟློས་གར།, 성상학星象學སྐར་རྩིས། 등을 소오명小五明이라 하며 이들 열 가지 분야를 십과십명十科十明이라 한다. 십과십명에 모두 능통한 수행자를 티베트에서는 빤디타པཎྜི་ཏ།, 즉 대학자라 한다.

112) 문소성혜聞所成慧ཐོས་པ་ལས་བྱུང་བ།, 사소성혜思所成慧བསམས་པ་ལས་བྱུང་བ།, 수소성혜修所成慧བསྒོམས་པ་ལས་བྱུང་བ།를 가리킨다.

신불맹서비信佛盟誓碑.
삼예사 대전 정문
오른쪽에 서있다.

따라서 깨달음을 증득하기 위해서는 지[止, ཞི་གནས།]와 관[觀, ལྷག་མཐོང་།]을 수행해야 됩니다. 누구라도 지와 관을 닦지 않으면 '사물의 끝[དངོས་པའི་མཐའ།]'을 체득하지 못하고 사유[思惟, བསམ་པ།]가 원만해지지 못합니다. 공성[空性, དེ་ཁོ་ན་ཉིད།]을 명징明澄하게 깨달을 때 지와 관을 함께 닦는 수행법으로 (깨달음을) 성취합니다. 수행한다면 그렇게 수행해야 됩니다."

돈문파가 점문파의 이런 말에 대답[ལན་གསུམ།]하지 못했기에 꽃을 바치고 패배를 인정했다. 그리하여 짼뽀가 "돈문파의 '일시一時에 갑자기 들어가는 법[ཅིག་ཅར་འཇུག།]'을 수행하면 십법행[十法行, ཆོས་སྤྱོད་རྣམ་པ་བཅུ།]에 어긋나므로 행하지 마십시오. 게다가 나와 다른 사람의 배움과 수행의 문을 막게 되며, 마음이 가라앉아 흐리멍덩하게 되며[བྱིང་།] 부처님 가르침[ཆོས།] 역시 쇠퇴해집니다. 따라서 불교를 보는 관점[ལྟ་བ།][113]은 나가르주나[ནཱ་གཱ་རྫུ་ན།][114] 논사의 그것을 따르고 수행은 세 가지 지혜[三慧][115]에 의지해 지止와 관觀을 닦도록 하십시오!"라는 칙령을 내렸다.

---

113) 여기서 말하는 관점은 불교의 기본삼위[基本三位, གཞི་ལམ་འབྲས་གསུམ། ལྟ་སྒོམ་འབྲས་གསུམ།]인 견見ལྟ། · 수修སྒོམ། · 과果འབྲས། 가운데의 견見을 말한다. 견은 정견正見을 결택抉擇하는 것, 수는 수행법, 과는 깨달음을 뜻한다. 이 세 가지로 불교의 모든 것을 포괄한다.

114) 인도불교 중관파의 개조 용수(대략 150-250) 논사를 가리킨다.

115) '세 가지 지혜[三慧]'가 구체적으로 무엇을 말하는지 분명하지 않다. 듣고 성취한 지혜[聞所成慧, 聞慧], 생각해 성취한 지혜[思所成慧, 思慧], 수행해 성취한 지혜[修所成慧, 修慧]를 삼혜라고 한다. 승의제를 깨

29. 이전에 예세왕뽀ཡེ་ཤེས་དབང་པོ། 스님과 보디사따 스님이 제안한 대로 마침내 이뤄졌다. 역경원[སྒྲ་བསྒྱུར་གླིང]이 건립됐으며 학경원[學經院, སློབ་སྦྱོང་།], 둥부[ལྷུང་འབྲུལ།][116], 수행원[སེམས་ཆོས་ཀྱི་གླིང] 등도 세워졌다. 여섯 명의 역경사들이 삼장[三藏, མཚན་ཉིད་སྡེ་སྣོད་གསུམ།]으로부터 경장[མདོ་སྡེ།]과 대승논장[大乘論藏, ཐེག་པ་ཆེན་པོའི་མངོན་པ།]의 전적[བསྟན་བཅོས།]들을 티베트어로 옮겼다. 전적[ཏན་ཏྲ།] 가운데 마하요가[མ་ཧཱ་ཡོ་ག]는 외도들을 불교로 인도하기 위해 '깨끗함[གཙང་།]과 더러움[ཆི།]이 없는 것' 임을 보여주는 것이나 '진실한 법계를 파악하는 관점[ཆོས་ཀྱི་དབྱིངས་རི་ལྟ་བ།]' 을 오해할 우려가 있어 번역하지 않았다. 또한 밀교수행법[སྔགས་གཡོག]을 닦을 수 있는 티베트인이 없어 (마하요가를) 번역하지 않았다. 바라문들을 불교로 인도하기 위한 사부[事部, ཀྲི་ཡ་གསུངས་པ། བྱ་རྒྱུད།][117]와 행부[行部, ཨུ་པ་ཡ། སྤྱོད་རྒྱུད།][118]는 토번에 적합하다고 예세왕뽀ཡེ་ཤེས་དབང་པོ། 스님이 말했기에 번역했다. 4부 율장[འདུལ་བ་ལུང་སྡེ་བཞི།][119] 가운데 인[因, རྒྱུ།]과

달은 지혜[了勝義慧], 세속제를 깨달은 지혜[了世俗慧], 중생을 이롭게 하는 지혜[饒益有情慧]를 삼혜라고 하기도 한다. 여기서는 전자를 가리키는 듯하다.

116) 이것은 무엇을 위한 건축물인지 분명하지 않다.

117) 주로 목욕과 청결 등 몸을 깨끗이 하는 행동을 통해 수행하는 밀교수행법을 말한다.

118) 행동과 말을 삼가고 마음을 고요하게 유지하는 것을 주요하게 수행하는 밀교수행법을 가리킨다.

119) 4부 율장은 율분별律分別, 율본사律本事, 율잡사律雜事, 율상분律上分 등을 말한다.

삼예사 역경원 전경.

과[果, འབྲས་བུ།]를 먼저 보여주는 설일체유부[ཐམས་ཅད་ཡོད་སྨྲའི་སྡེ།]의 것이 토번에 적절하다며 티베트어로 번역했다. 『장아함경ལུང་རིང་པོ།』, 『일백인연경གང་པོ་རྟོགས་པ་ལྔང་དུ།』, 『구사론མངོན་པ་ཀོ་ཤ』 등도 토번어로 옮겨졌다. 중앙과 변방의 모든 티베트 사람들은 불교를 믿고 학습했다. 모든 마을에는 불교를 가르치는 사람이 임명됐다. 대신大臣인 샹론ཞང་བློན།과 왕비བཙུན་མོ།들도 '나무로 만든 덮개가 있는 책[ཀ་པ་ལི།]'을 들고 불교를 공부하도록 (짼뽀가) 칙령을 내렸다. 옛날 다섯 명의 짼뽀가 다스릴 때[གདུང་རབས་ལྔ་།] 토번 지역에 불교가 없었다. 짼뽀 치송데짼, 친교사 보디사따 스님, 예세왕뽀 스님, 바상씨 등 4인은 삼보三寶의 상像을 세웠고 사찰을 건립했다. 토번 땅에 부처님 가르침이 널리 퍼졌다.

30. 예세왕뽀 스님이 죽기 전 사람이 아닌 존재들이 (그를) 영접했고 감미로운 향기가 공중에서 (그에게) 공양하는 등의 상서로운 모습이 나타났다. 예세왕뽀 스님이 성자[འཕགས་པ།]에게 의문 사항을 물을 때 마침 짼뽀가 와서 죽[འབྲས་ཐུག]을 내렸다. 예세왕뽀 스님이 "신神이 주신 음식을 받았기에 이후로는 음식을 먹지 않겠습니다. 선정을 음식으로 삼겠습니다. 법식[法食, ཆོས།]과 몸[ཕུང་པོ།]을 바꾸겠습니다."라고 말하고는 숨을 거두었다. 짼뽀가 "친교사가 열반에 들었기에 나의 수명도 얼마 남지 않았다."며 비통[悲痛, ཐུགས་ངན།]해 했다. 그 후 출가자들은 돈문파의 말을 듣지 못하게 되었고, 그들로부터 배우거나 그들을 모범[དཔེ།]으로 삼지도 못하게 되었다. 인도불교의 전적[དར་མ།]들을 모두 구해 번역했다. 그러나 나란다[ན་ལེ་ལེན་དྲ།]가 불에 타

버려 (인도의 모든 불교 전적들을 번역하는 일을) 완성하지 못했다. 1200년 후 중국 땅에 불교의 가르침 이 나타나 경전이 완비되었다. 그러나 중국의 전적들이 티베트어로 번역되지 않아 마음이 불안하다. 이것이 (이 기록의) 끝이다.[120)]

짼뽀 치쭉데짼(ཁྲི་གཙུག་ལྡེ་བཙན། 랄빠-잰རལ་པ་ཅན། 806-817-841) 통치 시기 인도의 많은 현자賢者들이 티베트로 초청되었다. '까, 족 등 3인[ཀ་ཅོག་ཞང་གསུམ།]' 이 이전에 번역하지 않은 전적들을 (티베트어로) 옮겼다. 이전에 번역된 것들도 새로운 단어로 (의미를) 확정했다. 건립된 사찰은 108곳에 달했다. 불교의 계율이 번성했는데 마치 비단 끈으로 다시 묶은 듯했다. 불법佛法이 체계화됐다.

부처님 가르침이 어떻게 토번에 전파됐는지에 대해 손으로 쓴 문서 문서인 『바세དབའ་བཞེད།』는 (여기서) 끝을 맺는다.[121)] 교정했다.

---

120) 『바세』의 내용은 일단 여기서 끝난다. 그러나 뒤에 많은 내용들이 첨부되어 있다. 이는 후세의 사람들이 덧붙인 것으로 보인다.

121) 각주 120번 다음에 덧붙여진 내용이 끝났다. 이 부분은 대략 9세기 전반기에 덧붙여진 것으로 보인다.

Ⅱ. 음식을 올리며 천도하는 의식의 역사

31. 친교사 예세왕뽀 스님이 입적한 후 그의 딸 바사잰리시 དཔའ་ཟ་སྨན་རས་གཟིགས།는 조무춥ཇོ་མོ་བྱུབ།[122)]에게 요청해 왕실과 백성의 복덕을 위해 경학원[經學院, ཆོས་སློབ།]을 세웠다. 잰리시가 차마르마마공 བྲག་དམར་མ་མ་གོང་།[123)]에 불탑 108기基를 세울 때 용龍이 샘물과 좋은 흙으로 도움을 주었다. 산스크리트어가 새겨진 돌도 출토되었다. 친교사 바랫나དཔའ་རད་ན། 스님이 『십만송반야경』을 처음으로 상세하게 번역해 토번에 소개했다. 당시 바랫나 스님은 "『반야경』을 번역한 가피加被로 이 세계의 모든 이들이 대승大乘의 가르침을 실행할 것이며 청정불토清淨佛土에 태어날 것이다."라는 예언을 꿈에서 들었다고 한다. 친교사 바만주དཔའ་མཉྫུ 스님이 짼뽀에게 『십만송반야경』을 강의했다. 짼뽀는 "감사하다."며 친교사 바만주 스님의 머리를 만지고 많은 상금을 내렸다. 조무하개ཇོ་མོ་ལྷ་རྒྱལ།[124)]가 "그렇게 가르침을 설명하

---

122) 짼뽀 치송데짼의 다섯 명의 왕비 가운데 한 명으로 출가해 비구니가 된 최초의 왕비이다. 삼예논쟁 당시에는 돈문파를 지지했다.

123) 삼예사 부근에 있는 지명이다.

124) 짼뽀 치데송짼(ཁྲི་ལྡེ་སྲོང་བཙན། 764-817)의 정비正妃. 치데송짼에 대해서는 ①치송데짼의 3번째 아들인 무띡 짼뽀མུ་ཏིག་བཙན་པོ།, ②치송데짼의 4번째 아들, ③치송데짼의 손자인 치쭉데짼(ཁྲི་གཙུག་ལྡེ་བཙན། 랄빠잰རལ་པ་ཅན། 803-815-841) 이라는 설 등 세 가지 학설이 있다. 여기서는 ①번을 따랐다.

는 데 뛰어난 사람에게는 그가 원하는 대로 먹을 것과 마실 것을 드려야 합니다."라고 말했다. 후일 바상씨འབའ་སང་ཤི가 입적할 즈음 챈상འགྲན་བཟངས།지역에 있는 불당佛堂의 여의륜보살[ཡིད་བཞིན་འཁོར་ལོ།]이 눈물을 흘렸다고 한다. 사람이 아닌 존재들이 울음소리를 냈다고도 한다. 부처님 가르침[教法, དམ་པའི་ཆོས།]은 처음 이렇게 토번에 전파되었다.

32. 말의 해 봄의 첫 번째 달에 짼뽀 치송데짼ཁྲི་སྲོང་ལྡེ་བཙན།이 붕어했다. 왕자 무네짼뽀སྨུ་ནེ་བཙན་པོ།는 아직 나이가 어렸다. 불교의 법식[法式, ཆོས་སྤྱོད་པ།]을 그렇게 좋아하지 않았다. 아버지 짼뽀의 천도의식[འདད།]을 행하기로 결정할 때 침짼세렉시མཆིམས་བཙན་བཞེར་ལེགས་གཟིགས།, 나남개차སྣ་ནམ་རྒྱལ་ཚ།, 하낭ལྷ་སྣང་།, 갠람닥라루공ངན་ལམ་སྟག་ར་ཀླུ་གོང་། 등 불교를 싫어하는 대신들이 불법佛法을 억누르고 본교를 부흥시키고자 자마초무구བྲག་དམར་མཚོ་མོའི་འགུར།에 큰 장막[རེའུ་ཆེན་པོ།]을 설치했다. 칩ཆིབས།에서 온 기사騎士와 (말을 타고) 빨리 달리는 사람 등이 (그곳에) 많이 모였고, 장막과 말의 마구간 등이 사방에 가득 찼다. 팬유འཕན་ཡུལ།[125] 지방의 아쎈ཨ་གཤེན།[126], 치부ཁྱི་སྦུ།[127], 체족མཚེ་ཙོག[128], 야갈

125) 라싸 부근에 있는 지명. 고래로 이 지역은 본교 세력이 강성했다.
126) 왕실에서 본교의 제사 업무를 관장하던 관리의 명칭인 듯하다.
127) 본교에 소속된 어떤 파派의 제사를 관장하는 제관을 가리킨다.
128) 본교를 신봉하던 유명한 씨족의 명칭인 듯하다.

ཡ་ངལ།[129] 등 127명의 본교도들은 본교 방식의 천도의식을 거행하고 싶어했다. 짼뽀 무네짼뽀는 대신들의 회의인 둔사མདུན་ས།에 조서를 내려 말했다. "어제 밤 짐朕의 꿈에 색구경천色究竟天의 양류궁[楊柳宮, འོག་མིན་གྱི་གནས་ལྷུང་ལོ་ཅན་གྱི་ཕོ་བྲང་།]에서 세존 대일여래[རྣམ་པར་སྣང་མཛད།], 금강수 보살[ཕྱག་ན་རྡོ་རྗེ།], 문수 보살[འཇམ་དཔལ་གཞོན་ནུ།], 아버지인 짼뽀 치송데짼 등 네 분이 함께 모여 경전적인 근거와 전적의 전고典故들을 많이 말씀하고 계셨습니다. 이런 징조들에 비춰보면 아버지 짼뽀의 천도의식은 본교 방식으로 해서는 안되고 불교 방식으로 거행해야 됩니다. 세존의 법식[རིང་ལུགས།]과 역경사譯經師, 그리고 크고 작은 회의에 참석하는 대신 여러분들이 깊이 논의해 의견이 일치되면 그 방식에 따르겠습니다."

33. 그리하여 코래왕뽀འགོན་ཀླུའི་དབང་པོ།와 현자 나차잰རྣ་ཆ་ཅན། 두 사람이 며칠 밤낮을 걸려 차바차쑈ཚ་བ་ཚ་ཤོད།라는 곳에 도착해 빠고비로짜나པ་གོར་བཻ་རོ་ཙ་ན།, 개무유자닝뽀རྒྱལ་མོ་གཡུ་སྒྲ་སྙིང་པོ། 등 두 사람을 초청해 불교의 스님들과 하룽훈기뻴ལྷ་ལུང་ལྷུན་གྱི་དཔལ།, 역경사 침샤캐자바མཆིམས་ཤཱག་ཀྱ་པྲ་བྷ།, 아짜라빠고비로짜나ཨ་ཙ་ར་པ་གོར་བཻ་རོ་ཙ་ན།, 나남에세데སྣ་ནམ་ཡེ་ཤེས་སྡེ། 등이 논의했다. 오른쪽 줄에는 본교 지지파들이 앉고 왼쪽에는 대신들이 앉았다. 중앙에는 왕자가 앉았다. 스님들에게는 자리를 주지 않아 (스님들은) 모욕감을 느꼈는데 법식에 맞는 좌석이

129) 본교를 신봉하던 성씨를 가리킨다.

없었다. 아사리 비로쨔나가 대나무로 만든 큰 모자를 쓰고, 긴 지팡이를 짚고, 금실로 짠 외투를 입고 쩬뽀에게 깊은 예경을 표시했다. 쩬뽀의 오른쪽 밑 첫째 자리에 침쩬세렉시མཆིམས་བཙན་བཞེར་ལེགས་གཟིགས།가 앉아 있었고 그 뒤에 있던 비로쨔나 스님이 지팡이[འཁོར་བ།]에 의지한 채 일어섰다. 쩬세렉시는 마음이 불안해 뒤돌아보았다. 비로쨔나 스님의 수염[སྨ་ར།] 사이로 흰 색 겨자씨[ཁྲོ་ཆུ་ཆུངས་དཀར།] 몇 개가 빛에 반짝거렸다. 매우 놀라 급하게 일어났는데 그 곳에 비로쨔나 스님이 착석하자 오른쪽 자리 전체는 스님들이 앉게 됐다.

이처럼 회의가 소집되어 (모두들) 자리에 앉았을 때 짐승 가죽으로 포장된 쩬뽀의 편지가 새겨진 나무토막이 준비되어 샹쩬세렉시ཞང་བཙན་བཞེར་ལེགས་གཟིགས།가 말했다. "흠ཨུམ་ལགས།! 불교의 고승들과 아사리 여러분! 대체적으로 우리들이 상세하게 말할 필요는 없습니다. 사방과 서로 통하고 비밀의 문이 열려 티베트 왕국의 군왕과 백성 그리고 백성의 왕 냐치쩬뽀གཉའ་ཁྲི་བཙན་པོ།께서 일어나 머리 검은 무리들의 군왕이 되었을 때 크고 작은 소라 껍질[དུང་དཀར།], 데동ཉེ་མདོངས།이라는 옥돌과 야생양의 뿔, 무룩རྨུ་ཞུགས།이라는 투구, 솔무ཞོལ་མོ།라는 갑옷, 랑둥རང་བརྡུངས།이라는 활, 상야ཟང་ཡག라는 긴 창, 쎈기라초གཡེན་གྱི་བླ་མཚོ།라는 긴 칼, 공차གོང་ཁྲ།라는 방패 등 신기한 기물器物들이 많았습니다. 그때 쩬뽀는 꾸세སྐུ་གཤེགས།[130]를 담당한 체ཆེ། 씨氏와 촉ཆོག 씨氏 등과 만족하며 함께 지냈습니다. 나무들은 몸을 숙였고, 넓

130) 본교 제례祭禮를 주관하던 왕실의 제관祭官을 가리킨다.

은 돌은 위로 솟아올라 탄탄했고, 신변神變과 신기한 일들이 있었습니다. 그때 사람이 죽어도 땅에 천도의식을 하지 않았고[묻지 않았다], 무덤도 만들지 않았습니다. 그 후 왕자는 말을 탈수 있고 아버지는 하늘로 날아간 이래 천도하는 의식이 시작됐습니다. 하토토리낸샬 쌀ལྷ་ཐོ་ཐོ་རི་སྙན་ཤལ།이 창룽ཕྱིང་ཡུང་།의 궁맨ཀྱང་སྨན།과 결혼하고 (짼뽀가 붕어崩御하셨을 때) 천도의식을 치른 것도 창룽의 궁맨이었습니다. 제사 지내는 것을 하두르ལྷ་འདུར།라고 불렀습니다. 짼뽀를 천도하는 의식이나 백성이 행한 두르འདུར། 의식도 그때부터 시작됐습니다. 천도의식을 실행한 이래 왕궁인 짼탕고시བཙན་ཐང་སྒོ་བཞི를 건축했고, 경사스러웠고 운이 좋았습니다. 가까이 모신 신은 야라 쌈뽀ཡར་ལ་ཤམ་པོ།였으며, 붕어한 짼뽀 들의 무덤은 라바탕ར་བ་ཐང་།에 만들었습니다. 야라 쌈뽀ཡར་ལ་ཤམ་པོ།는 매우 엄하고 힘이 있었습니다. 치루라바탕ཕྱི་ལུག་ས་ར་བ་ཐང་།에는 상서祥瑞로운 기운이 감돌았습니다. 그때 국토는 요루맷 གཡོ་རུ་སྨད།의 좁은 계곡에 불과했으나 시빼제치팡숨ཟི་པོའི་རྗེ་ཁྲི་འཕང་གསུམ།, 쌍숭ཞང་ཞུང་།, 냐슈라미གཉའ་ཞུར་ལག་མིག 등 작은 나라들을 영토로 만들었습니다. 나라의 힘은 커지고 정치권력은 공고해졌으며 법률에 의한 통치가 이뤄졌습니다. 짼뽀가 붕어하셨을 때 꾸셴체족닥སྐུ་གཤེན་ཚེ་ཅོག་དག이 행한 관점과 행동을 아주 좋았습니다. 파바큐셴닥ཕ་བ་སྐུ་གཤེན་པ་དག이 주관한 장례의식은 대단했고 상서로웠습니다. 지금은 이런 전통과 달리 천도의식을 스님들이 주관하며, 인도의 종교[불교] 혹은 그 장례법葬禮法에 따라 행하고 있습니다. 만약 좋지 못한 일들이 일어나면 국가체계가 쇠퇴해질 것이 틀림없기에 불교의 대덕들과 대신들께서는 의견을 하나로 모아 본교 방식으로 천도법식을 실행하는 것에 마땅히 동의하셔야 합니다."

34. 그러자 비로짜나 스님이 "그 말씀은 맞지 않습니다. 오른쪽의 루뽀[གྲུ་བོ།]의 글자를 읽어보십시오!"라고 말했다. 비로짜나 스님이 계속 말했다. "흠[ཧྲཱུྃ]! 보살의 후예, 불부佛部·연화부蓮華部·금강부金剛部가 의지할만한 분의 화신, 대자대비의 주인, 백성이 주인이자 신의 자손인 짼뽀께서 마치 금으로 만든 멍에[གཉའ་ཤིང་།][131]처럼 지금 가운데 높은 자리에 앉아 계십니다. (짼뽀의) 부하인 우리 백성이 맞는 듯 맞지 않는 듯한 이런 말들을 많이 해서는 안됩니다. 조금 말씀을 드릴 테니 들어주기 바랍니다. 운명이 좋지 않은 제가 인연이 있어 남쪽 지방의 말[132] 들을 배웠고, 변방의 국가[ཉི་འོག་གི་རྒྱལ་རིགས།]들을 돌아다녔습니다. 이[虱]가 우글거리는 구덩이와 독한 뱀들이 가득한 구덩이에 빠져 살이 물리고 감각은 무뎌 졌습니다. 그래서 (지식을 받아들이는) 문은 작았지만 많이 듣고 배우는 방식으로 기본을 익혀 조금이나마 (번역해 짼뽀에게) 올렸습니다. 말씀드리고 싶은 것은 '세간이 어떻게 윤회[སྲིད་པ།]하는가' 입니다. 예를 들면 허공의 금강석은 스스로 굴러 여기서 저기로 가지만 변하지 않는 것처럼 어떤 한 사람이 동쪽으로 향해 보며 산을 넘고 물을 건너고 평원을 가로질러 끝까지 가도 사람과 마을이 없는 곳에 이르지는 못합니다." 이에 대

131) 통치자나 엄격한 법률을 소 목에 거는 멍에에 비유한 것이다. 여기서는 짼뽀를 암시하는 말이다.

132) 네팔, 인도, 캐시미르 지방의 언어를 가리킨다.

해 샹짼세ཞང་བཙན་བཞེར།가 "짼뽀께서 머무는 곳은 짼탕고시 བཙན་ཐང་སྒོ་བཞི이고, 의지하는 신은 야라 샴보ཡར་ལ་ཤམ་པོ།이며, 머무는 무덤을 라바탕ར་བ་ཐང་།에 마련했기에 상서롭고 마음먹은 대로[ཤོ་པེ་བ།] 이뤄진 것입니다."라고 말했다.

35. (비로짜나 스님이 반박했다.) "그것보다 더 상서로운 것은 인도의 나란다[ཤྲི་ན་ལེན་དྲ།] 사원寺院입니다. 불교를 마음으로 받아들이고 불법佛法을 믿은 가피加被로 국왕 다나따루라ད་ན་ཏ་སོ་ལ།, 왕자 투레자하띠ཐུ་རེ་ཛ་ཏ་ཧི།, 공주 사라니ས་ལ་ནི། 등과 25명의 뛰어난 학자པཎྜི་ཏ།들은 수명이 1천5백 살 혹은 1천3백 살이 될 때까지 살았습니다. 또한 인도의 왕 달마라자དྷརྨ་ར་ཛ།, 파키스탄 오장나[ཨུ་རྒྱན།]의 왕 인다부띠ཨིན་དྲ་བྷུ་ཏི། 등은 14대까지 부왕과 숙부 등의 왕통이 바뀌지 않았습니다. 손자 또한 혈통이 끊어지지 않고 좋은 공덕을 한 몸에 받아 제2의 원만한 불국토佛國土를 만들었습니다. 또한 수미산 정상에 신들의 거주처인 33천이 있는데 그곳의 도솔천에 있는 존승궁[尊勝宮, རྣམ་པར་རྒྱལ་བའི་ཁང་།]에 신들의 왕인 제석천[བརྒྱ་བྱིན།]이 머물고 있습니다. 큰 네 곳의 족ཚོག에는 4명의 야차[གནོད་སྦྱིན།]가 머물고 있습니다. 32곳의 누각에 권속인 범천[ཚེ་དབང་།] 32명이 즐거움을 누리고 있습니다. 부드러운 모포가 깔린 무량궁[無量宮, གཞལ་ཡས་ཁང་།]의 의자는 앉으면 부드러워지고 일어나면 재빨리 부풀어 오릅니다. 색구경천[འོག་མིན།]의 법계궁[法界宮, ཆོས་ཀྱི་དབྱིངས་ཀྱི་ཕོ་བྲང་།] 및 부처님의 극락정토[ཞིང་ཡོངས་སུ་དག་པ་བདེ་བ་ཅན།]와 연화정토[པད་མ་ཅན།]에는 삶과 죽음, 모임과 헤어짐이 없는 매우 상서祥瑞로운 곳입니다. 야하 샴뽀[ཡར་ལྷ་ཤམ་པོ།]가

위력 있는 신神이라는 소리는 근거 없는 말입니다. 따라서 위력 있고 강력한 신은 사대천왕四大天王입니다. 위덕[威德, མཐུག་སྟོབས།]의 주인 금강수 보살 등 밀교삼존[불부佛部 · 연화부蓮華部 · 금강부金剛部]의 보호자이자 대자대비하고 방편과 지혜를 구비한 세존 대일여래는 불신佛身을 앞뒤로 잘 드러내지 않지만 윤회하는 세간의 모든 존재들을 다스리고 있습니다. 본교의 관점과 법술法術 그리고 경전이 좋다는 것도 말이 안됩니다. 싱배왕王ཟིང་པོའི་རྒྱལ་པོ།인 치팡숨ཁྲི་འཕང་གསུམ།은 자비심 없는 탕하야하ཐང་ལྷ་ཡང་ལྷ།에게 기도했고, 팬유འཕན་ཡུལ། 지방의 아ཨཞག와 셴ཤེག་ཤེན། 두 사람은 검은 양과 말 등 많은 짐승들을 살해해 체친འདྲེད་འགྲིན།과 쪼메གཙོ་མེ། 등 불로 귀신들을 숭배하는 체숭འདྲེ་གསུང་།과 본작བོན་ལུགས། 등을 많이 거행했지만 앞의 죄악에 뒤의 죄악을 보태는 등 그릇된 가르침을 행했기에 신하인 냥ཉང་། · 배སྦས། · 논གནོན། · 체뽕친ཚེ་སྤོངས་འཕྲིན། 등 네 명의 씨족들에게 배신을했습니다. 그래서 성곽인 쿵룽갭부낭ཁྱུང་ལུང་རྒྱལ་བུ་སྣང་།과 채내부개ཚས་ནས་སྤུ་རྒྱལ།는 티베트의 아리མངའ་རིས། 지역에 병합되었습니다. 이런 행동이 운이 좋은 것입니까? 썅숭의 왕 냐슈락믹གཉའ་ཞུར་ལག་མིག은 자비심 없는 게고ཀྱི་གོད།와 무투མུ་ཐུར།를 숭배했으며, 썅숭의 네 가지 종교는 모두 본교 방식으로 천도의식을 거행했지만 샹숭의 국정[國政, རྒྱལ་སྲིད།]은 쇠망해지고 성곽 쩨토རྩེ་མགོ།와 고다ཁོད་ལྷ། 등은 부개སྤུ་རྒྱལ།왕국인 아리 지역에 병합되고 말았습니다. 조카인 아샤འ་ཞ།왕은 자비심 없는 신인 십치깔뽀སྲིབ་དྲེ་དཀར་པོ།를 숭배했습니다. 본교 방식으로 천도의식을 거행했기에 아샤의 국정은 쇠망해지고 부개왕국인 아리 지역에 병합되고 말았습니다. 침개뽀མཆིམས་དགས་པོ།의 왕은 본교 방식의 천도의식을 거행했기에 침མཆིམས།의 국정이 쇠퇴해져 지금 샹짼세닥ཞང་བཙན་བཞེར་དག 역시 백성[부하]이 되고 말았습니다. 눕제십뽀སྣུབས་རྗེ་སྲིབས་པོ། 역시 자비심 없는 신인 눕하톤축སྣུབས་ལྷ་མཐོན་དྲུག을 숭배해 어쩔 수 없이 본교 방식의 천도의식을 거행했는데 눕སྣུབས།의 국정이 쇠퇴해져 눕སྣུབས།의 성곽 깨모སྐྱི་མོ། 등은 티베트의 아리 지역에 흡수되고 말았습니다. 이 정도로도 잘못이 큰 이유가 충분하기에 본교 방식으로 천도의식을 거행해서는 안 될 것입니다. 부처님 가르침에 따르는 것은 경전적인 근거가 확실하고 좋은 일을 실행하는 것이기에 선취[善趣, མཐོ་རིས།]인 하늘나라에 태어나는 것이며, (본교 방식은) 목숨을 죽이는 등의 나쁜 일을 하는 것이기에 악취[惡趣, ངན་སོང་།]에 떨어지는 원인이 될 것입니다. 우리들의 짼뽀인 치송데짼은 일시적으로 인간의 몸으로 태어났지만 그 생각은 깨달음에 머무르기에 108 모양의 만다라를 만들고 『반야경』 108부를 사경해 (짼뽀 치송데짼의) 덕행이 드러나는 방식으로 천도의식을 거행했으면 합니다. 그릇된 행동방식에 나쁘게 유혹되면 이는 마치 흰 말의 등에 검은 안장을 까는 것과 같은 어긋난 인연[ཀེགས།]과 장애가 될 것이 분명하므로 짼뽀 치송데짼의 천도의식은 불교식으로 거행하기를 요청합니다."

36. 침짼세렉시མཆིམས་བཙན་བཞེར་ལེགས་གཟིགས།가 말했다. "스님들의 변론辯論의 원천은 텅 빈 허공입니다. 시간은 내세來世를 향하고 있습니다. 결정[ཁ་ཟེན།]은 짼뽀께서 하실 일입니다. 우리들의 협의대로 결정되지 않으면 (짼뽀가) 무엇을 더 좋게 결정할 수 있겠습니까? 궁전의 회의에 스님들이 참여하고, 짼뽀를 모시는 것도 스님들이 하고, 변

경의 전망대에서 국토를 지키는 것도 스님들이 하십시오.” 그리곤 격노해 몸을 흔들었다. 다른 사람들은 몸을 움직이지도 말하지도 않았다. 아사리 비로짜나가 “저희 스님들이 이 일을 하겠습니다.”라고 말하자 짼뽀는 매우 기뻤다. 그래서 스님들이 『천자무구경ལྷའི་བུ་དྲི་མ་མེད་པའི་མདོ།』, 『정계무구경གཙུག་ཏོར་དྲི་མེད་པའི་མདོ།』 등에 의거해 천도의식[འདད་ཤིད།]을 불교법식으로 거행했다. 그때 금강계만다라རྡོ་རྗེ་དབྱིངས་ཀྱི་དཀྱིལ་འཁོར།를 만들고 하늘의 아들인 치송데짼을 천도했다. 비로짜나 스님은 밀교의 법사法師가 되고 유차닝뽀གཡུ་སྒྲ་སྙིང་པོ།가 의식을 집행했다. 갠람개바초양ངན་ལམ་རྒྱལ་བ་མཆོག་དབྱངས།, 콘래왕뽀འཁོན་ཀླུའི་དབང་པོ།, 눕남카닝뽀སྣུབས་ནམ་མཁའ་སྙིང་པོ། 등이 삼종三種『반야경』을 읽었다. 짼뽀의 천도의식은 장엄하게 이뤄졌다. 그런 후 짼뽀 무네짼뽀, 비로짜나 스님, 개모유차닝뽀རྒྱལ་མོ་གཡུ་སྒྲ་སྙིང་པོ། 등 세 사람은 핸까르다모라ལྷན་དཀར་ཏ་མོ་ར། 궁전에 모여 ‘부처님이 말씀하신 비밀스러운 경전의 가르침’을 산스끄리트어에서 티베트어로 옮겼다. 짼뽀 무네짼뽀는 심오한 ‘비밀의 가르침’을 근기가 되는 사람들에게 전했다. 일부는 옻칠한 검은색 상자에 넣어 우쩨상དབུ་རྩེ་ཟངས། 궁전에 숨겨 놓았다. 그런 후 유차닝뽀གཡུ་སྒྲ་སྙིང་པོ།는 차바ཚ་བ། 지방에 갔으며, 비로짜나 스님은 서쪽 개ཀྱིད། 지방에 있는 마가다의 석굴에서 오랫동안 선정에 들었다. 어떤 사람이 “비로짜나 스님은 동쪽 리ལི། 지방에 있는 백색의 수정왕궁을 방문해 리 지방 왕의 딸 리사추침초ལི་ཟ་ཚུལ་ཁྲིམས་མཚོ།를 데리고 북쪽의 사찰을 수리하러 갔다.”라고 말했다. 그 후 『정치악취밀경淨治惡趣密經ངན་སོང་སྦྱོང་རྒྱུད་མདོ།』에 의거해 보명대일여래[ཀུན་རིག] 및 정계분노구명왕頂髻忿怒九明王གཙུག་ཏོར།의 만다라를 만들어 천도의식을 거행했다. 칼에 맞아 죽은 사람은 분노명왕[ཁྲོ་བོ་ཉི་མ།]의 만다라를 만들어 천도의식을 실행했는데 경전의 의미 · 이치[]와 배합해 거행했다. 여전히 본교의 천도의식을 따르는 어리석은 이들은 재물을 죽은 이와 함께 묻었다고 한다. 재물을 함께 묻는 이것은 손실은 크고 이익은 적다고 생각해 불교교리에 밝은 사람들이 '음식을 (사자死者에게) 올리며 천도하는 의식[ཟས་གདད།]' 을 정립했다고 한다. 이것이 '음식을 올리며 천도하는 의식' 이 생긴 유래이다. (『바세』 이야기는 여기서) 끝이다.

དཔའ་བཞེད།

དང་པོ། སངས་རྒྱས་ཀྱི་ཆོས་བོད་ཁམས་སུ་ཇི་ལྟར་བྱུང་བའི་བཀའ་མཆིད་ཀྱི་ཡི་གེ་
དབའི་བཞེད་པ་བཞུགས་སོ།།

གཉིས་པ། ཟས་གཏད་ཀྱི་ལོ་རྒྱུས།

༄༅། །སངས་རྒྱས་ཀྱི་ཆོས་བོད་ཁམས་སུ་ཇི་ལྟར་བྱུང་བའི་བཀའ་མཆིད་ཀྱི་ཡི་གེ་དཔའི་བཞེད་པ་བཞུགས་སོ། །

༡ ༄༅། ། ། ། སངས་རྒྱས་ཀྱི་ཆོས་བོད་ཁམས་སུ་ཇི་ལྟར་བྱུང་བའི་བཀའ་མཆིད་ཀྱི་ཡི་གེ བོད་ཁམས་སུ་དང་པོ་དམ་པའི་ཆོས་བཙན་པོ་ལྷ་ཐོ་ཐོ་རི་སྙན་བཙན་གྱི་སྐུ་རིང་ལ་དབུ་བརྙེས། བཙན་པོ་ཁྲི་སྲོང་བཙན་གྱི་སྐུ་རིང་ལ་ལྷ་ཆོས་མཛད་པའི་སྲོལ་བཏོད། བཙན་པོ་ཁྲི་སྲོང་ལྡེ་བཙན་གྱི་སྐུ་རིང་ལ་དར་ཞིང་རྒྱས་པར་མཛད། བཙན་པོ་ཁྲི་གཙུག་ལྡེ་བཙན་ (རལ་པ་ཅན་) གྱི་སྐུ་རིང་ལ་ (སྐད་གསར་ཆད་ 〈བཅད་〉 ཀྱིས་) ཤིན་ཏུ་གཏན་ལ་ཕབ་པ་ལགས་པ་ལས།

༢ ལྷ་ཐོ་ཐོ་རི་སྙན་བཙན་གྱི་སྐུ་རིང་ལ་དབུ་བརྙེས་པ་དེ་ལ་ (རྒྱ་གར་གྱི་ཡི་གེ་དྲུག་པ་མ་ཎི་པད་མེ་གསེར་ལས་བྲིས་པ་སྒྲོམ་བུར་བཅུག་ནས་ནམ་ཁའ་ལས་མངའ་བདག་གི་དྲུང་དུ་བབས་པ་ཆོས་དང་བོན་དུ་ངོ་མ་ཤེས་ཏེ་དེ་ལ་) གཉན་པོ་གསང་བ་ཞེས་མིང་བཏགས་ཏེ་གཡུ་ (ཇོ་ཟེར་ཏེ་ནས་ཡིན་) མདོན་དང་གསེར་སྐྱེམས་ཀྱིས་མཆོད། (ཡུན་བུ་བླ་སྣང་གཉན་གྱི་མཛོད་དུ་སྦས་ཏེ་) བཙན་པོ་ཉིད་ཀྱང་དུས་དུས་སུ་ཞལ་ཕྱེ་ཞིང་གཟིགས། (དེ་ལ་མཆོད་པ་བྱས་པས་རྒྱལ་པོ་དགུང་ལོ་བརྒྱད་བཅུ་པ་སྐུ་འགྲེ་ 〈བགྲེས་〉 པོ་བ་གཅིག་དགུང་ལོ་བཅུ་དྲུག་པ་ལྟ་བུར་གྱུར་ཏེ་) ཞལ་ཆེམས་སུའང་ངའི་དབོན་སྲས་ཆབ་སྲིད་ཆེན་ཡང་འདི་ཞལ་ཕྱེ། ཆབ་སྲིད་ཆུང་ནའང་འདི་ཞལ་ཕྱེ་ཤིག 〈ཞིག་〉 ཅེས་བཀའ་བསྩལ་ཏོ། །

༣ དབོན་སྲས་ཀྱི་སྐུ་རིང་ལ་ཆབ་སྲིད་ཆེ་རབ་ཏུ་གྱུར་ཏེ། གཉན་པོ་གསང་བ་ཞལ་ཕྱེ་བ་ལས་ཟམ་ཏོག་གི་སྙིང་པོ་ (ཡི་གེ་དྲུག་པ་) རྒྱ་གར་གྱི་ཡི་གེ་གསེར་གྱིས་བྲིས་པ་ཅིག 〈གཅིག་〉 དང་མུ་ཏྲའི་ཕྱག་རྒྱ་ (གཙུག་ཏོར་དྲི་མེད་) ཅིག 〈གཅིག་〉 བྱུང་ངོ་། །

༤ དེ་ནས་བཙན་པོ་ཁྲི་སྲོང་བཙན་གྱི་སྐུ་རིང་ལ་བལ་རྗེའི་བུ་མོ་ (ཁྲི་བཙུན་) ཁབ་ཏུ་བཞེས་ནས་གཙུག་ལག་ཁང་ར་སའི་ཕེ་ཐར་གླིང་བརྩིགས། གཞན་ཡང་རུ་བཞིའི་གཙུག་ལག་ཁང་ (༤་བཅུ་རྩ་གཉི

ས་) བཞེངས་སུ་གསོལ། བྲག་ལྷ་བགྱིས། རྒྱ་གར་གྱི་ཆོས་དང་ཡི་གེའི་དཔེ་ལེན་པར་འཐོན་མི་གསམ་པོ་ར་ལ་བཀའ་སྩལ་〈བསྩལ་〉ཏེ་བཏང་ནས།ཡིག་མཁན་རྒྱ་གར་གྱི་ལི་བྱིན་ཞེས་བགྱི་བ་ཞིག་ཀྱང་ཁྲིད་དེ་མཆིས། ཆོས་དཀོན་མཆོག་སྤྲིན་དང་(པད་མ་དཀར་པོ། རིན་པོ་ཆེ་ཏོག གཟུགས་གྲྭ་ལྔ་དང་) དགེ་བ་བཅུ་བཅའ་ནས་མཆིས་ཏེ། ཆོས་ནི་ (སྐུར་བྱེད་ཀྱི་ལོ་ཙ་〈ཙྪ་〉མེད་ནས་) ཕྱིང་པའི་ཕྱུག་མཛོད་དུ་ཕྱུག་རྒྱས་སྩལ་〈བསྩལ་〉ཏེ་བཞག་ནས། ངའི་གདུང་རྒྱུད་ལས་དབོན་སྲས་ཀྱི་མི་རབས་ལྔ་ན་སངས་རྒྱས་ཀྱི་ཆོས་རྒྱས་པར་བྱེད་པ་ཅིག་〈གཅིག་〉འབྱུང་གིས། དེའི་ཚེ་སྒྲོམ་བུ་འདི་ཁ་ཕྱེ་ཅིག་〈ཞིག་〉ཅེས་བཀའ་སྩལ་〈བསྩལ་〉ཏེ།

༥ ཡི་གེ་ནི་ (ལི་བྱིན་དང་གསམ་པོ་རས་རྒྱ་ཡིག་བོད་ཡིག་ཏུ་བསྒྱུར་) ཞ་〈ཞབས་〉འབྲིང་ནང་པ་བཞི་ལ་བསླབས། དེའི་ (ཚེ་) རྒྱལ་པོ་ཕོ་བྲང་ན་བཞུགས་ཏེ་དགུང་ལོ་བཞིའི་བར་དུ་ཆབ་སྒྲོར་ཡང་མ་གཤེགས་པ་ (མཆམས་མཛད་དང་།འབངས་ཀུན་གྱི་མཆིད་ནས་བཙན་པོ་ནི། ཕོ་བྲང་[གི་]སྒོར་ཡང་མི་གཤེགས་ཏེ། ཅིའི་ཆ་ཡང་མེད་པ་ཞིག བློན་པོ་ནི། འཇངས་〈མཛངས་〉པ་ཞིག་གོ་ཞེས་འབངས་བྱིན་གྱིས་གཡར་ནས་གླེངས་〈གླེང་〉ཞེས་བཙན་པོའི་སྙན་དུ་གདས་ནས་ཞ་〈ཞབས་〉འབྲིང་ནང་ཡི་གེ་བསླབས་ (པ་) བཞི་དང་མོལ་ཏེ། བཙན་པོས་དགོངས་ནས་ཟླ་བ་བཞིའི་བར་དུ་ (སྲོག་གཅོད་སྤང་བའི་ཕྱིར་སྟོང་གསོས། རྐུ་འཕྲོག་སྤང་བའི་ཕྱིར་རྐུ་འཇལ། ལོག་གཡེམ་སྤང་བའི་ཕྱིར་སྣ་མིག་ཆལ། བརྫུན་སྤང་བའི་ཕྱིར་མནའ་དར་སོགས་) བཀའ་ཁྲིམས་དགེ་བ་བཅུ་ལས་གཞི་བླངས་པ་ཞིག་མཛད་དེ་ཡི་གེ་བྲིས་སོ།།

༦ དེ་ནས་ནང་ཅིག་〈གཅིག་〉འབངས་ཀུན་བསོགས་〈བསགས་〉ཏེ་བཀའ་སྩལ་〈བསྩལ་〉པ། ངས་ཕོ་བྲང་འཕོ་སྐྱུས་མ་བྱུས་པར་མལ་ད)ན་འདུག་སྟེ་བྱ་བ་བསྐྱངས་ཏེ་འབངས་རྣམས་དལ་ཞིང་སྐྱིད་པར་འདུག་པ་ལས། ཁྱེད་ན་རེ་བཙན་པོ་ནི། ཕོ་བྲང་[གི་]སྒོར་ཡང་མི་གཤེགས། ཅིའི་ཆ་ཡང་མེད་པ་ཞིག བློན་པོ་ནི། འཇངས་〈མཛངས་〉པ་ཞིག་ཟེར་བ་བློན་པོ་འཇངས་〈མཛངས་〉པ་ངས་བསྒོས་ས་མ་ཁྱེད་ཀྱིས་བསྒོས་པ་ཡིན། དེ་ལྟར་འབངས་ཁྱེད་མི་དགའ་ན། ངས་ཟླ་བ་བཞིར་བཀའ་ཁྲིམས་བཅ

ས་པ་ཞིག་ཡོད་ཀྱིས་དེ་བཞིན་དུ་གྱིས་ཤིག དེ་ལྟར་མ་བྱས་ན་ད་ལྟར་རྒྱལ་ཕྲན་བཅུ་༢་སྲིད་ཁྲིམས་པ་ཡང་བཀའ་ཁྲིམས་མེད་པ་ལས་གྱུར་པས། ཕྱི་རྗེས་སུ་ཉེས་པ་མང་བར་འགྱུར་ཞིང་། ངའི་དབོན་སྲས་རྗེ་འབངས་ཁྲིམས་སྲིད་ཀྱང་མེད་པར་འགྱུར་བས་བཀའ་ཁྲིམས་བརྟན་〈བཙན་〉པར་གྱིས་ཤིག་ཅེས་བཀའ་སྩལ་〈བསྩལ་〉ཏོ། བཀའ་ཁྲིམས་དང་བཀའ་ནན་གྱིས་རྗེས་མགོ་དང་ཆོས་ལུགས་བཟང་པོ་རིལ་མོ་ནར་བར་སྟེ་དྲི་ཐོག་ཐག་འབངས་འཚོགས་པ་ལ་བཀའ་ཞལ་གྱིས་སྩལ་〈བསྩལ་〉ཏོ།། དེ་ནས་འབངས་ཡོངས་ཀྱིས་གཏང་རག་བཏང་སྟེ། བཙན་པོ་ཁྱོད་ལས་བསླམ་〈སླམ་〉པ་མི་བཞུགས་པས་མཚན་ཡང་ཁྲི་སྲོང་བཙན་བསླམ་〈སླམ་〉པོ་ཞེས་བགྱི་འོ་ཞེས་འབངས་ཀྱིས་མཚན་གསོལ་ཏོ།། ཞང་བློན་གྱི་བུ་ཚ་ལ་སོགས་པ་ཀུན་འཐོན་མི་གསམ་པོ་ར་དང་། རྒྱ་གར་གྱི་ལི་བྱིན་ལ་ཡི་གེ་སློབ་ཏུ་སྩལ་〈བསྩལ་〉ཏེ་ཡི་གེ་ནི་དེ་རྩུན་ཆད་བོད་ལ་གདའ་བ་ལགས།

༧ སློད་ཀྱི (ས) རྒྱ་རྗེའི་ (ཏིང་ང་དིང་བཙུན) སྲས་མོ་ (ཨོང་ཅོ་) ཁབ་ཏུ་བཞེས་པའི་མཛལ་དུམ་གྱི་ལོ་ཉར་འགར་སྟོང་བཙན་ཡུལ་ཟུངས་ནི་དེའི་ཁོད་དབོན། སྐྱེ་བ་སྔ་དོ་རེ་སྣང་བཙན་གྱི་〈གྱིས〉སྤྱན་དབང་།འབྲོ་ལྟེ་རུ་གྱུང་སྟོན་ནི་འོག་དཔོན་དུ་བསྐོས་པ་ལ་བཀའ་འཕྲིན་གྱི་སྒྲོམ་གསུམ་བསྐུར་ཏེ་ལོ་ཉ་བཙོན་གཡོག་སུམ་བརྒྱ་བཏང་བ་ལས། གེང་ཤིར་ཕྱིན་ནས་རྒྱ་རྗེ་ལ་བཀའ་སྒྲོམ་གཅིག་ཕུལ་བ་དང་། རྒྱ་རྗེས་ལན་ཕྲིས་འདི་ཡར་ཁྱེར་ལ་འདིའི་ལན་ཅི་ཟེར་བ་དང་སྤྱོར་གསུང་〈གསུངས་〉བ་དང་། ལོ་ཉས་གསོལ་པ། འདི་ཡར་བསྐུར་མི་འཚལ་ཏེ་དེའི་ལན་འདི་ལགས་སོ་ཞེས་དེའི་ལན་༢པ་ཕུལ་བ་དང་། ཡང་རྒྱ་རྗེའི་ཞལ་ནས་དེའི་ལན་འདི་ཡིན་པས་འདི་ཡར་བཀྱེར་〈བསྐྱལ་〉མི་འཚལ་ཏེ་དེའི་ལན་འདི་ལགས་སོ་ཤེས་གསོལ་ནས་སྒྲོམ་བུ་གསུམ་པ་ཕུལ་བ་ལས་ལས་དེ་བཀླགས་ནས་རྒྱ་རྗེ་ཡ་མཚན་ཆེར་སྐྱེས་ནས་རྒྱ་རྗེའི་ཞལ་ནས་ངའི་བུ་མོ་དབུལ་ཞེས་བཀའ་སྩལ་〈བསྩལ་〉ནས་སྟོང་བཙན་ཡུལ་ཟུངས་ལ་རྒྱ་རྗེས་བློན་ཆེ་བའི་ཐབས་སྩལ་〈བསྩལ་〉ནས། ལོ་ཉ་རྣམས་ཟླ་བ་༤་ཀྱི་བར་དུ་བཏོན་ཏེ།སྨོ་ཤང་ཨོང་ཅོ་རྗེ་འབངས་སུ་བརྒྱ་ཡར་བཟུངས།རྒྱ་རྗེའི་དབོན་མོ་སུ་བཅུ་ཡང་ (སྟོང་བཙན་ལ་) མཆིས་འབྲང་དུ་སྩལ་〈བསྩལ་〉ཏེ། རྒྱ་རྗེའི་ཞལ་ནས་ (བུ་མོ་ལ་)བོད་ཀྱི་བཙན་པོ་དང་རྒྱ་རྗེའི་༢་འདྲ་བར་གྱིས་ཤིག་ཅེས་བཀའ་སྩལ་〈བསྩལ་〉ནས་བྲོ་ཡང་སྩལ་〈བསྩལ་〉ཏེ་ (སྟོང་བཙན་ལ་སོགས་) བཟུངས་ནས་སླར་བོད་

ཡུལ་དུ་མཆིས་ཏེ་སུཾ་ཤང་ཨོང་ཅོ་ཁབ་ཏུ་ཕུལ། དེ་ནས་བཙན་པོ་ཕོ་བྲང་ལྷན་ཀར་ཏ་མོ་ར་ན་བཞུགས། ཨོང་ཅོ་ནི་ཕོ་བྲང་ལྷ་ས་ར་མོ་ཆེ་ན་བཞུགས། ཨོང་ཅོས་གསེར་གྱི་ལྷ་ཤཱཀྱ་མུ་ནེ་ཅིག་<གཅིག་>རྒྱ་ཡུལ་ནས་སྤྱན་དྲངས་པ་ཡང་ར་མོ་ཆེར་བཞུགས་ཏེ། མེས་སྲོང་བཙན་བསྒམ་<སྒམ་>པོ་(ས་) ནི་དམ་པའི་ཆོས་མཛད་པའི་སྲོལ་དེ་ཙམ་ཞིག་བཏོད་དོ།།

༢ ལི་རྣམས་ནི་བཙན་པོ་ཁྲི་སྲོང་བཙན་ཨཙྪ་པ་ལོ་ལགས་སོ་ཞེས་མཆི་སྟེ། དེ་ལྟར་ཅི་མངོན་ཞེ་ན། སངས་རྒྱས་མྱ་ངན་ལས་འདས་ནས་ལོ་བརྒྱ་ན་ལི་ཡུལ་དུ་དམ་པའི་ཆོས་འབྱུང་། དེའི་ཚེའིའི་བན་དེ་༤་གྱིས་འཕགས་པ་སྤྱན་རས་གཟིགས་ཀྱི་ཞལ་མཐོང་བར་འཚལ་ཏེ། དགུང་ལོར་མཆོད་པ་དང་བསྙེན་པ་བགྱིས་པ་ལས། འཕགས་པ་འཇམ་དཔལ་བྱོན་ནས་རིགས་ཀྱི་བུ་དག་ཅི་འདོད་ཅེས་གསུང་<གསུངས་>ནས། བདག་ཅག་འཕགས་པ་སྤྱན་རས་གཟིགས་ཀྱི་ཞལ་མཐོང་བར་འཚལ་ལོ་ཞེས་གསོལ་པ་དང་། བཀའ་སྩལ་<བསྩལ་>པ། བོད་ཀྱི་རྒྱལ་པོ་འཕགས་པ་སྤྱན་རས་གཟིགས་ཡིན་པས་བོད་ཡུལ་དུ་སོང་ཤིག་<ཞིག་>ཞལ་མཐོང་བར་འགྱུར་རོ་ཞེས་གསུང་<གསུངས་>ནས། མོད་ལ་གསེག་ཤང་རེ་རེ་ཐོགས་ནས་ཡས་ཀྱིས་མཆིས་ཏེ་བོད་ཡུལ་བཙན་པོའི་ཕོ་བྲང་དུ་མཆིས་ན། བཙན་པོའི་བཀའ་ཁྲིམས་དང་པོ་འཆའ་བའི་དུས་སུ་ཕྱིན་ཏེ་ལ་ལ་ནི་བཀུམ། ལ་ལ་ནི་སྣ་མིག་ལ་ཕབ་པ་མཐོང་སྟེ། ལི་བན་དེ་༤་དེ་ལ་མ་དད་པར་གྱུར་ཏེ་འདི་འཕགས་པ་སྤྱན་རས་གཟིགས་ཅང་མ་ཡིན་པས་སླར་འདོང་ཞེས་རང་ཡུལ་དུ་འགྲོ་བར་བགྱིས་པ་ལས། བཙན་པོས་དེ་མཁྱེན་ནས་བཀའ་ལུང་སྩལ་<བསྩལ་>ཏེ་ཕོ་བྲང་གི་ནང་དུ་སྤྱི་ན་སྟེར་མཆི་ཞེས་ནང་དུ་བཀུག་ནས་སྤྱན་སྔར་ཕྱག་འཚལ་བ་དང་།ཁྱེད་འདིར་ཅི་ལ་འོངས་ཤེས་བཀའ་རྨས་<སྨྲས་>པ་དང་། བདག་ཅག་འཕགས་པ་སྤྱན་རས་གཟིགས་ཀྱི་ཞལ་མཐོང་བར་འཚལ་ཏེ་འདིར་མཆིས་པ་ལགས་ཅེས་<ཞེས་>གསོལ་པ་དང་། བཙན་པོ་བཞེངས་ནས་འདེང་ཞེས་གསུངས་པ་དང་། ལི་བན་དེ་གཉིས་༤་ཁྲིད་དེ་གཤེགས་ནས་ཐང་དབེན་པ་ཞིག་ཏུ་བྱོན་ནས་འཕགས་པ་སྤྱན་རས་གཟིགས་སྐུ་བསྟན་པ་དང་། དེ་༤་དགའ་སྟེ་ཕྱག་འཚལ་བ་དང་། ད་ཁྱེད་ཅི་འདོད་ཅེས་བཀའ་སྩལ་<བསྩལ་>པ་ན་བདག་ཅག་སླར་ལིའི་ཡུལ་དུ་ཕྱིན་པར་འཚལ་ལོ་ཞེས་གསོལ་པ་དང་། བཙན་པོའི་ཞབས་ལ་བཟུང་སྟེ་དུས་ནས་ཕོ་བྲང་དུ་གཉིད་ལོག་སྟེ་འདུག་པ་དང་ལྡན་པ་ལ་ཉི་མ་དྲོ་བགྱིད་དེ་སད་པ་དང་། འཕགས་པ་

ནི་སྤྱན་རས་གཟིགས་མ་ལགས་སྐམ་ནས་སླར་ལི་ཡུལ་དུ་འགྲོ་བ་འབའ་ཞིག་སེམས་པ་བལྟས་ནས་དངོས་
གྲུབ་གཞན་མ་སྤྱོབས་པ་ལས། ཐེ་ཚོམ་མ་མཆིས་པར་འཕགས་པ་སྤྱན་རས་གཟིགས་ལགས་ངེས་ཟེར་
རོ།། ལུང་བསྟན་ཆེན་པོ་ལས་ཀྱང་ལེགས་པར་འབྱུང་ 〈བྱུང་〉 ངོ།།

༩ དེ་ནས་བཙན་པོ་འདུས་སྲོང་མང་པོ་རྗེ་རླུང་ནམ་གྱི་སྐུ་རིང་ལ། (ཕིམས་སུ་) གླང་ (གླིང་ཟེར་)
གི་རི་ (ཁྲི་ཟེར་) རྩེ་བཞེངས་སུ་གསོལ། དེ་ནས་དེའི་སྲས་བཙན་པོ་ཁྲི་ལྡེ་གཙུག་བརྟན་གྱི་སྐུ་རིང་ལ་
ཁབ་ཏུ་རྒྱ་ཟ་གྱིམ་ཤིང་ཨོང་ཅོ་བཞེས་ནས་འཆིང་ 〈མཆིམས་〉 བུ་ནམ་ར་དང་། བྲག་དམར་དུ་ཀུ་ཧུད
ང་། འགྲན་བཟངས་དང་། འཁར་ 〈མཁར་〉 བྲག་དང་། སྐྱས་གོང་དུ་ལྷ་ཁང་རེ་རེ་བཞེངས་སུ་གསོལ།
གྱིམ་ཤང་ཨོང་ཅོ་ལོ་རེ་ཞིང་ལྷ་ས་ར་མོ་ཆེར་ལྷ་ཤཱཀྱ་མུ་ནེ་ལ་བསྐོར་བ་མཛད། ནེ་ནེ་མོ་སུཾ་ཤང་ཨོང་ཅོ་
ནི་ཞལ་ལྷ་གསོལ། ལྷ་མི་སྟོང་ལ་ཆོས་སྟོན་གསོལ། བོད་ཁམས་སུ་གྲུམ་པ་རྣམས་ཀྱི་བསོད་ནམས་སུ་
འཚལ་མ་མི་གསོལ་དུ་མི་གནང་། དེའི་མིང་ནི་ཚེ་ཞེས་བགྱི། བཙན་པོ་ཁྲི་ལྡེ་གཙུག་བཙན་གྱི་སྐུ་རིང་
ལ་ལྷ་ཆོས་དེ་ཙམ་ཞིག་མཛད་དེ། བཙན་པོ་དང་ཨོང་ཅོ་ནི་སྐུ་འདས་སོ།།

༡༠ སྲས་པོ་ཁྲི་སྲོང་ལྡེ་བཙན་གྱི་སྐུ་རིང་ལ། དགུང་ལོ་བཅུ་གསུམ་ལོན་པ་ན་ཆབ་སྲིད་ཕྱག་ཏུ་བཞེས་
མ་ཐག་ཏུ་ (སྣ་ནཾ་མ་ཞང་ཁྲོམ་པ་སྐྱེས་དང་། ཁྲི་ཐོག་རྗེ་བཙན་ཐང་ལ་འབར་དང་། ཅོག་རོ་སྐྱེས་བཟ
ང་རྒྱལ་གོང་༢་ལས་ངན་གྱི་དབང་དང་བདུད་ཀྱི་ 〈ཀྱིས་〉 བྱིན་གྱིས་བརླབས་པས་སྣ་ནཾ་ཅོ་རོ་༢་གྲོས་
བྱས་ཏེ་དང་པོར་) སྣ་ནམ་མ་ཞཾ་ཁྲོམ་པ་སྐྱེས་ཀྱིས་ཐང་ལ་འབར་ལ་བསྒྱོན་ཕབ། (བོད་ལ་བཀྲ་མི་ཤི
ས་པ་བྱུང་བ་ཤཱཀྱ་མུ་ནེ་དང་། ཆོས་བྱས་པས་ལན་ཟེར་ནས་) ལྷ་ས་ར་མོ་ཆེ་ནས་རྒྱའི་ལྷ་རྒྱ་ཡུལ་དུ་བསྐྱ
ལ་དགོས་མཆི་ནས་བཏེག་ 〈བཏེགས་〉 པས་དང་པོ་རྟ་པ་༢་གིས་པང་དུ་ཐེག་པ་ལས། འབྲིང་བའི་དྲ་བ
ར་བཅུག་སྟེ་མི་སུམ་བརྒྱས་སྐོར་ཕྱུང་སྟེ་དེ་ནས་མི་སྟོང་གིས་དྲུད་བཀལ་ནས་ (མཁར་བྲག་གི་ཐང་གྲོང་
གི་ཐད་ཀར་ཕྱིན་པ་དང་། མི་སྟོང་གིས་ཀྱང་མ་ཐེག་པ་དང་། དེ་ཉིད་དུ་དོང་གི་ནང་དུ་སྦས་ནས་) འབ
ལ་རྗེ་ཁོལ་ལ་གཏད་དེ་བཞག་ནས་ནུབ་མོ་སས་གཡོགས་ཏེ་བཞག་ན་ནང་པར་སྐུ་སྟོད་ཡན་ཆད་ཟང་ངེ་
བྱུང་ཞིང་གདའ་བར་གྱུར། རྒྱའི་ཧྭ་ཤང་རྒད་པོ་ཞིག་ཡོང་ན་ 〈ཞབས་〉 འབྲིང་དུ་ཕྱིན་པ་དེ་ར་མོ་ཆེ་ན་མ

ཆེས་པ་ཡང་སླར་རྒྱ་ཡུལ་དུ་བཏང་བ་རྒྱ་བོད་ཀྱི་འཚམས་〈མཚམས་〉སུ་ཕྱིན་པ་དང་ཏྲ་ཤང་གི་ལྷམ་ཡ་ཅིག་〈གཅིག་〉ཁར་སང་གི་དྲོ་ལམ་དུ་ལུས་པར་གྱུར་ཏེ། ཏྲ་ཤང་དེའི་མཆེད་ནས་ངའི་ལྷམ་ཡ་༡)བོད་ཡུལ་དུ་ཁར་སང་གི་དྲོ་ལམ་དུ་ལུས་པའི་ལྟས་ཀྱིས་ད་རུང་བོད་ཡུལ་དམ་པའི་ཆོས་མེ་སྟག་ཙམ་ཞིག་འབྱུང་ངོ་ཞེས་མཆི་སྐད། གཞན་ཡང་། རས་འཕར་〈མཁར་〉བྲག་གི་ལྷ་ཁང་དང་། བྲག་དམར་འདྲེན་བཟང་གྱི་ལྷ་ཁང་བཞེངས་ནས་གཙོང་〈ཙོང་〉འཆིང་〈མཆིམས་〉བུའི་གཡའ་ལ་སྦྲས་ཏེ་ད་ལྟ་བསམ་ཡས་ཀྱི་གཙོང་〈ཙོང་〉ལགས། ཞང་མ་ཞང་གིས་ཆོས་བཞིག་པའི་ཚེ་རས་པེ་ཏར་དུ་བཟོ་གྲྭ་ཆེན་མོ་བགྱིས་ཏེ་སྐུ་གཟུགས་ལྡེར་ཅོ་〈ཚོ་〉ཀུན་གྱི་ཕྱག་ལ་ནི་ལུག་ཁོག་བཀལ། སྐྱེ་〈སྐྱེ་〉ལ་སྐྱུ་མ་དགྲིས། ཞང་གིས་(འབངས་) ཡོངས་ལ་བསྒོ་བ། ད་ཕྱིན་ཆད་མི་ཤི་ཚེ་བགྱིད་དུ་མི་གནང་། བརྒྱ་ལ་ཆོས་བྱེད་ན་ཅིག་〈གཅིག་〉ཡོད་ན་ཕོ་རེང་དུ་གཏན་སྦྱུག་གོ་ཞེས་ལུང་སྤུལ་〈བསྒྲུལ་〉ཏེ་དམ་པའི་ཆོས་བཞིག་གོ།
དེ་ནས་རིང་པོ་མ་ལོན་པར་ཞང་སྣ་ནམ་ཁྲི་ཐོག་རྗེ་ཐང་ལ་འབར་ནི་ཐང་ལྷའི་རྒྱར་བསྒྱུལ་〈བརྒྱལ་〉ཏེ་ཀྱ་ཀྱ་ཞེས་ཡུན་རིང་དུ་འབོད་དེ་གུམ། ཅོག་རོ་སྐྱེས་བཟང་རྒྱལ་གོང་ནི་ལྤེ་དང་རྐང་ལག་ཀུན་སྐམས་〈སྐམ་〉ནས་གུམ། ཞང་མ་ཞང་ནི་འཆི་ལྟས་ཆེན་པོ་བྱུང་ནས་བླའི་སྐུ་ཕྱུ་ངན་ནོ་ཞེས་མོ་མ་ལ་ཛྙན་པ་སྤུལ་〈བསྒྲུལ་〉ཏེ་སྐུ་གླུད་ཀྱི་ཚུལ་བསྟན་ཏེ་གསོན་ཁྲུང་དུ་སྤུལ་〈བསྒྲུལ་〉། བླ་འོག་ཀུན་གྱི་མོ་དང་ལྟས་འཐུན་〈མཐུན་〉པར་རྒྱའི་ལྷ་སྲིག་གམ་གནོད་ཅེས་མཆི་སྟེ། རྒྱའི་མེས་པོ་དང་ཕྱི་མོ་དང་པོ་རྒྱ་གར་ཡུལ་ནས་འོངས་སོ་ཞེས་གྲགས་པས། ལྷ་ཤཱཀྱ་མུ་ནེ་མེས་པོའི་ཡུལ་དུ་རྒྱ་གར་ཡུལ་དང་ཉེ་བའི་བལ་ཡུལ་དུ་(བསྐྱལ་བར་མོ་བཟང་མཆི་ནས་མང་ཡུལ་དུ་) དྲེའུ་༢་ལ་ཁྱོགས་བགྱིས་ཏེ་བསྐྱལ་བའི་ཚེ་ནི་ཡུལ་ངན་ཆེན་པོ་བྱུང་།

༡༡ མི་གྲུམ་པ་རྣམས་ལ་ཅི་ཡང་བྱེད་དུ་མ་གནང་བར་〈བའི་〉ལུང་སྤུལ་〈བསྒྲུལ་〉། དེའི་རྗེས་ལ་དབའ་གསལ་སྣང་གི་བུ་ཚ་མིང་སྲིང་༢དུས་༡)ཀྲུ་གྲུམ་པའི་དུས་སུ་སྒོར་ནི་བོན་བགྱིད་དུ་སྤུལ་〈བསྒྲུལ་〉། ནང་དུ་གྲོད་དང་བསྔོས་ཏེ་ལྷ་མི་སྟོང་འཚལ་མ་སྤུལ་〈བསྒྲུལ་〉ཏེ་ཚེ་བགྱིས། རམོ་ཆེན་〈ནས་〉ཏྲ་ཤང་ཆད་པོ་ཅིག་〈གཅིག་〉བཀུག་ནས་བུ་ཚ་༢ (ལ་ལྔ་) བསྟན་པར་གསོལ་བ་ལས། ཏྲ་ཤང་ན་རེ། བུ་(ཚ་) ཀུན་ལྷར་སྐྱེ་བ་དགའམ་སླར་ཁྱེད་རང་གི་བུར་སྐྱེ་བར་དགའ་ཞེས་གསུངས། ཕས་ནི་ལྷ

ར་གཏང་བར་གསོལ། མས་ནི་སླར་བདག་རང་གི་བུར་སྐྱེ་བར་གསོལ་བ་དང་། ཏྲ་ཤང་གིས་བུ་མོའི་ཁར་སྨུ་ཏིག་ལྡན་ཡོན་སྲན་མ་ཙམ་ཞིག་ལ་རྫས་གཅིག་ཏུ་མཚལ་ཆུ་བསྐུས་པ་ཅིག་〈གཅིག་〉སྐྱལ་〈བསྐྱལ་〉ཏེ་ཚིག་བགྱིས་ནས། ཏྲ་ཤང་གི་ཞལ་ནས་ཁྲིའུ་ནི་ལྷ་ཡུལ་དུ་སོང་། བུ་མོ་ནི་སླར་ཁྱེད་རང་གི་བུར་སྐྱེ་ཞེས་ལུང་སྐྱལ་〈བསྐྱལ་〉རྟགས་དང་མཚན་མ་ཡང་མང་དུ་བྱུང་། ཁྲིའུའི་རུས་བུ་ལ་གདུང་ཤ་རི་རཾ་མང་དུ་བྱུང་། དེ་ནས་དགུང་ལོ་[༡]ན་གསས་སྣང་གི་བུ་ཁྲིའུ་ཞིག་བཙས་(པ་)ན། དེའི་གཉིལ་(སྐྱི་ལ་)གྱི་སྟེང་ན་མུ་ཏིག་ལྡན་ཡོད་རྫས་ཅིག་〈གཅིག་〉དམར་བ་ཅིག་〈ཞིག་〉གདའ་བ་ཀུན་གྱིས་མཐོང་། བཙས་ནས་ཞག་བཞི་བཅུ་ལོན་ནས་ནེ་ནེ་མོ་ཡང་ངོ་འཚལ། མི་གཞན་དག་ཀྱང་སོ་སོར་ངོ་འཚལ་ཏེ་སྔོན་མ་གྲུམ་པ་བཞིན་དུ་འབོད།

༡༢ ཏྲ་ཤང་དེ་ལ་དབའ་གསས་སྣང་གིས་སློམ་ལུང་མནོས། ཏེ་གསང་ཞིང་རྟག་ཏུ་བསྒོམས་ཏེ་གསང་ཞིང་རྟག་ཏུ་སྒོམ་སྒྲུབ་པའི་རྗེས་ལ་སངས་རྒྱས་ཀྱི་ཆོས་བཙལ་〈འཚོལ་〉བའི་སླད་དུ་རྒྱ་གར་གྱི་ཡུལ་དང་བལ་ཡུལ་དུ་ཕོ་ཉར་མཆི་བར་ངོས་སྐྱན་དུ་གསོལ་བ་ལས་ཐུགས་དཔག་མཛད་ནས་མང་ཡུལ་གྱི་སོ་བློན་དུ་བསྐོས་ཏེ་མང་ཡུལ་དུ་མཆིས། དེ་ནས་སྤྱར་མ་ཞཾ་གྱིས་ལྷ་ཆོས་བགྱིད་དུ་མི་གནང་བའི་ལུང་ཡང་བཙག་ནས། རྒྱ་གར་ཡུལ་དུ་མ་ཧཱ་བོ་དྷི་དང་ཤི་ལེ་ན་ལེན་ཏྲ་ལ་མཆོད་པ་བགྱིས། ཡོན་ཕུལ་ནས་དགུན་ཟླ་འབྲིང་པོ་ལ་ཆར་བབ། མ་ཧཱ་བོ་དྷིའི་བྱང་ཆུབ་ཀྱི་ཤིང་ལ་ལོ་འདབ་བྱུང་། བལ་ཡུལ་དུ་སནྟ་ཤང་སེ་བ་གྱིས། རྗེ་ཁང་གཙུག་ལག་ཁང་དུ་ཡོན་ཕུལ་ནས་མཆོད་པ་བགྱིས་པའི་ཚེ་ནི་ནམ་ཁའ་ལས་དགེའོ་ཞེས་བྱ་བའི་སྒྲ་དང་འོད་བྱུང་། མང་ཡུལ་དུ་གཙུག་ལག་ཁང་༢་བརྩིགས། རྐྱེན་རིས་བཅད། རྒྱ་གར་དང་བལ་པོའི་མཁས་པ་ཀུན་ལ་ཆོས་བསླབས། བལ་རྗེས་ངོ་ཆེན་བགྱིས་ནས་མཁན་པོ་བོ་དྷི་ས་ཏྭ་མང་ཡུལ་དུ་སྤྱན་དྲངས་ཏེ། གསས་སྣང་གི་ཁྱིམ་དུ་བཤོས་གསོལ་ནས་ཆོས་ཞུས། དེའི་རྗེས་ལ་བོད་ཀྱི་རྒྱལ་པོའི་དགེ་བའི་བཤེས་གཉེན་མཛད་ཅིང་བོད་ཡུལ་དུ་གཤེགས་པར་ཅི་གནང་ཞེས་གསོལ་བ་ལས། ཡོན་ཕུལ་ཅིག་ཅེས་གསུང་〈གསུངས་〉ནས་ཟྭ་རིད་དང་ཟ་འོག་དང་དར་དང་གསེར་ཏུལ་〈དངུལ་〉དང་སྣམ་གོས་ལ་སོགས་པ་ངོ་ཙོག་མ་ལུས་པར་ཕུལ་བ་ལས། ད་རུང་ཕུལ་ཅིག་གསུང་〈གསུངས་〉ནས་ལུས་ལ་འཚལ་བའི་གོས་དང་ཐོད་དང་སྐྲ་རགས་ཀུན་ཡང་ཕུལ་བས། མཁན་པོའི་ཞལ་ནས་ཁྱོད་ཀྱི

བཙན་པོ་ཁྲི་བཙན་པོ་དང་ཁྱོད་༢ནར་སོན་ཏེ་དུས་ལ་བབ་པས་ཆུ་བོ་ལོ་ཧི་ཏའི་འགྲམ། རི་ཁས་པོ་རིའི་དྲུང་། བྲག་དམར་དུ་བསམ་ཡས་ལྷུན་གྱིས་གྲུབ་ཅེས་བྱ་བའི་གཙུག་ལག་ཁང་རྩིགས་ཤིག ཁྱེད་ཅག་གི་དགེ་བའི་བཤེས་གཉེན་ངས་བྱའོ།། ཁྱོད་ནི་ཚེ་འདི་ལ་གདོད་ཤེས་ཤིང་སེམས་བསྐྱེད་པ་མ་ཡིན་གྱི། ཚེ་རབས་དུ་མའི་སྔོན་རོལ་ནས་སེམས་བསྐྱེད་པའི་ངའི་སྲས་ཀྱི་ཐུ་བོ་ཡིན་ཏེ། མིང་ཡང་ཡེ་ཤེས་དབང་པོ་(དབང་པོར་གདགས་ཟེར་) དབྱངས་སུ་གདགསོ་ཞེས་གསུང་〈གསུངས་〉ནས་ཕྱག་གིས་སྤྱི་བོ་ལ་བྱུགས་ཏེ་གནང་བ་སྩལ་〈བསྩལ་〉ཏོ།། དེའི་ཚེ་ནམ་མཁའ་ལ་དགེའོ་ཞེས་བྱ་བའི་སྒྲ་དང་འོད་བྱུང་ངོ་།། དེ་ནས་ཡོན་ཀུན་སྣར་ཚུར་གནང་སྟེ། ༡་ཀྱང་མ་བཞེད་〈བཞེས་〉པར་མཁན་པོ་ནི་སླར་བལ་ཡུལ་དུ་གཤེགས་སོ། །དེ་ནས་གསས་སྣང་ནི་བཙན་པོའི་ཞལ་མཐོང་དུ་ཅིག་(ཅར་) མཆི་བར་མཁན་པོའི་སྣ་ན་དུ་ཞུ་བ་གསོལ་ནས་གནང་སྟེ། སྤྱངས་ཚུགས་པོ་བྲང་དུ་མཆིས་ཏེ་བཙན་པོའི་སྤྱན་སྔར་ཕྱག་འཚལ་མ་ཐག་ཏུ་ཁྱོད་ཀྱིས་ཆོས་ཤ་སྟག་(སྤྱད་) ཟེར་ན་ཁོང་གིས་མ་སྤྱུགས་སམ་ཞེས་བཀའ་སྩལ་〈བསྩལ་〉པ་དང་། བལ་ཡུལ་གྱི་ཁ་ན་མཆིས་པས་སྤྱུགས་པ་དང་འདྲ་ལགས་ཞེས་གསོལ། དེ་ནས་ཕན་ཕབས་གནང་བའི་ཚེ། དཔེན་གནས་སུ་དམ་པའི་ལྷ་ཆོས་བཟང་པོ་མཛད་པར་རིགས་པ་དང་། ལྷ་ཆོས་བཟང་བ་དང་། དེ་ལྟར་མཛད་པ་དང་། ཟ་ཧོར་གྱི་མཁན་པོ་བོ་དེ་〈ཏྲི་〉ས་ཏྭ་ཞེས་བགྱི་བ་ད་ལྟར་བལ་ཡུལ་ན་མཆིས་ཏེ། ཚེ་སྟ་མ་དྲན་པ་〈པ་〉དང་ཡོན་ཏན་ཞིབ་ཏུ་བརྗོད་ནས་བཙན་པོའི་དགེ་བའི་བཤེས་གཉེན་དུ་ཞུས་པ་ཡང་ཞིབ་ཏུ་གསོལ་ནས། མཁན་པོའི་སྤྱན་སྔར་མཆིར་འཚལ་བའི་རིགས་ཅེས་〈ཞེས་〉གསོལ་བ་ལས། བཙན་པོའི་ཞལ་ནས་ཁྱོད་ལྟར་བྱས་ན་ཞང་བློན་རྣམས་ཀྱིས་ཁྱོད་བསད་པར་འོང་བས་ཉ་བཟང་ལ་བསྒོ་སྟེ་གསོལ་དུ་གཞུག་གིས་ཁྱོད་རེ་ཞིག་ཡུལ་དུ་སོང་ཞིག་ཅེས་བཀའ་སྩལ་〈བསྩལ་〉པ་དང་། གསས་སྣང་ཡུལ་དུ་མཆིས།

༡༣ ཇེ་བློན་འཚོགས་ཤིང་གདན་འཛོམ་པའི་དུས་ཤིག་གི་ཚེ། ཞང་ཉ་བཟང་གིས་སྔན་དུ་གསོལ་བ། མེས་སྲོང་བཙན་དང་ལྷ་སྲས་ཀྱི་ཡབ་ཀྱིས་དམ་པའི་ལྷ་ཆོས་སྲོལ་བཏོད་ནས་མཛད་པ་ལས་ནོངས་པའི་འོག་ཏུ་ཞང་བློན་གདུག་པ་ཅན་གྱིས་བཤིག་སྟེ་རྒྱའི་ལྷ་ཤཱཀྱ་མུ་ནེ་དང་ (པོ་) སྤྱན་དྲངས་པའི་ཚེ་ཧ་པ་ཅིག〈གཅིག་〉གིས་ཐེག་པ་ལས་སླར་རྒྱ་ཡུལ་དུ་བསྐྱལ་བར་ཆད་〈ཆས་〉པའི་ཚེ་ན་མི་སྟོང་གིས་ཀྱང་མ

ཐེག མང་ཡུལ་དུ་བསྐྱལ་བའི་ཚེ་ན་ནི་ཧ་དྲེའུ་ར་ཀྱིས་ཐེག ཆོས་འཇིག་འཇིག་པའི་ཞང་བློན་རྣམས་ཀྱ ང་ཚེ་འདི་ལ་ཡང་སྡུག་བསྔལ་མི་བཟད་པས་གུམ་ཞིང་བཀྲ་མི་ཤིས་པ་ཡང་མང་དུ་བྱུང་། བླ་འོག་ཀུན་ གྱི་ཕྱུག་སྐྱིད་དང་མོ་ལྟས་ཀུན་མཐུན་པར་ཡང་རྒྱའི་ལྷ་ཁྲོས་ཞེས་མཆི་སྟེ། དེ་དང་སྦྱར་ན་སྐྱ་དང་ཆབ་སྲི ད་ལ་ཡང་གནོད་པ་མཆི་ངེས་པར་གློ་ (བ་) ཆུང་བས། རྒྱའི་ལྷ་ཡང་སླར་བླངས་ལ་མཆོད་ཅིང་། སྔོན་ ལྷ་སྲས་ (ཀྱི་) ཡབ་ཀྱིས་དམ་པའི་ཆོས་མཛད་པ་བཞིན་དུ་མཛད་པ་ལེགས་སོ་ཞེས་གསོལ་བ་དང་། བཙན་པོའི་ཞལ་ནས་ཞང་ཟེར་བ་ལྟར་བདེན་ཏེ། ང་ཡང་དེ་ལྟར་དགོངས་པས་ཞང་བློན་དག་གི་སེམས་ ལ་ཡང་དེ་ལྟར་ཞོག་ལ་གྲོས་དེ་ལྟར་བྱ་དགོས་སོ་ཞེས་བཀའ་སྩལ་〈བསྩལ་〉། ཡང་སླད་ཀྱིས་རྗེ་བློན་ཆོ གས་〈འཚོགས་〉པ་དང་བཙན་པོའི་ཞལ་ནས་ཞང་མ་ཞི་ཁྲོམ་པ་སྐྱེས་ཀྱིས་ལྷ་ཆོས་བཤིག་པ་དེས་ཤིན་ ཏུ་མ་ལེགས་པར་གྱུར་པ་དང་། ད་ཞང་ཉ་བཟང་ཡང་དེ་སྐད་ཟེར་བས་རྒྱའི་ལྷ་ཡང་སྤྱན་དྲང་〈འདྲེན་〉 དགོས། རྒྱ་གར་དང་། བལ་པོ་ (འབིན་རྗེལ་) ཆོས་མཁས་པ་སུ་ཡོད་ཊ་〈སྟ་〉དགོས་ཀྱིས་དབའ་ག སས་སྣང་ཁྲུག་ཅིག་"ཅེས་བཀའ་བསྩལ་ཏེ།

༡༥ དེ་ནས་གསས་སྣང་བཀུག་ནས་སྤྱི་ངར་〈སྤྱན་སྔར་〉མཆིས་པ་ལ་བཀའ་རྒྱས་〈སྒྲས་〉པ་དང་། གསས་སྣང་གིས་གསོལ་པ་། ཟ་ཧོར་གྱི་རྒྱལ་པོའི་ (སྲས་) བུ་བོ་དྷི་ས་ཏྭ་ཞེས་བགྱི་བ་མཁས་པ་ཞིག་ སྔོན་རྒྱ་གར་ཡུལ་ན་མཆིས་པ་དེ་ད་ལྟ་ནི་བལ་ཡུལ་ན་མཆིས་སོ་ཞེས་གསོལ་པ་དང་། ཁྱོད་ཀྱིས་དེ་མི་ད གུག་ཏུ་མི་རུང་གིས་ཡུལ་དུ་མ་འགྲོ་བར་བལ་ཡུལ་དུ་སོང་ལ། བལ་རྗེ་ལ་ཁྱོད་ཀྱིས་ཀུང་གཏམ་གྱིས། ངའི་བཀའ་སྒྲོམ་འདི་ཡང་ཕྱིན་ལ། ཟ་ཧོར་གྱི་མཁན་པོ་དེ་ཅི་ཁྱུགས་སུ་སྐྱབས་〈བསྐྱབས་〉ལ་ཆ་ལན་ཁྱེ ར་ལ་ཤོག་ཤིག་〈ཅིག་〉ཅེས་བཀའ་སྩལ་〈བསྩལ་〉ནས། གསས་སྣང་གིས་ཐལ་བྱུང་དུ་བལ་ཡུལ་དུ་ཕྱི ན་ཏེ་བཀའ་སྒྲོམ་ཡང་བལ་རྗེ་ལ་ཕུལ་ནས། མཁན་པོ་ལ་བོད་ཡུལ་དུ་གཤེགས་པར་ཞུས་པས་གནང་ན ས་མང་ཡུལ་དུ་སྤྱན་དྲངས་སོ། དེ་ནས་ཡོ་བྱད་དུ་ཡོ་ཉ་བརྫངས་ཏེ། མཁན་པོ་བྱོན་པར་གནང་སྟེ་ད་ལྟ་ མང་ཡུལ་ན་སྡོད་ཅིང་བདོག་ཅེས་གསོལ་པ་དང་། བཙན་པོས་ནང་འཁོར་ལང་འགྲོ་སྣང་ར་ལ་བཀའ་ ལུང་བརྫངས་ཏེ་ཁྱེད་གསས་སྣང་དང་ར་ཀྱིས་མཁན་པོ་ལ་རིམ་གྲོ་ཆེར་གྱིས་ལ་ལྷ་ས་པེ་ཧར་དུ་ཤོག་ཤིག 〈ཅིག་〉ཅེས་བཀའ་སྩལ་〈བསྩལ་〉པ་དང་། དེ་བཞིན་དུ་ཡས་ཀྱིས་བལ་པོའི་ལོ་ཙ་〈ཙྭ་〉བ་ཞ་〈ཞབ

ས〉འབྲིང་དུ་ཁྲིད་དེ་བྱོན། མཁན་པོ་〈ནི〉ལང་གྲོ་སྣང་ར་ཞ་〈ཞབས〉 འབྲིང་དུ་ཁྲིད་དེ་རས་པ་ཧར་དུ་བཞུགས། དེའི་ཚེ་བཙན་པོ་ནི་ཕོ་བྲང་བྲག་དམར་ན་བཞུགས་ཏེ། མཁན་པོས་བཙན་པོའི་སྤྱན་སྔར་མཇལ་ཞིང་ཕྱག་འཚལ་བའི་ཕོ་ཉ་བཏྱངས་ཏེ་སྔན་དུ་གདངས་ནས་མཁན་པོ་ད་ལྟ་ཁོ་ན་མཇལ་བ་རྣུ་ཅེ་ལགས་གཏོལ་མ་མཆིས་ཏེ། རས་པ་ཧར་དུ་ཙུང་ (ཞིག་) བཞུགས་སུ་གསོལ་ (ཏེ)། ལྷོ་བལ་གྱི་ངན་སྔགས་དང་ཕྲ་མེན་དག་ཡོད་པར་ཐུགས་འཕྲིག་བཞེས་ནས། ཞང་བློན་ཆེན་པོ་སྣང་རྒྱལ་སྦྲ་ལེགས་གཟིགས་དང་། སེང་འགོ་ལྷ་ལུང་གཟིགས་དང་། འབའ་སང་ཤི་དང་གསུམ་ལ་བཀའ་སྩལ་〈བསྩལ〉པ། བློན་པོ་ཁྱེད་གསུམ་རས་པ་ཧར་དུ་སོང་ལ། ཨ་ཙ་རྱ་བོ་དྷི་ས་ཏྭའི་ཞལ་སྔར་ཕྱག་འཚལ་ཞིང་མཇལ་ནས། ལྷོ་བལ་གྱི་བན་སྔགས་དང་ཕྲ་མེན་ལྷ་བུ་ཡོད་དཾ་མེད་ཐུགས་འཕྲིག་བཞེས་དགོས་སམ་མི་དགོས་ཁྱེད་ཀྱིས་རྟོགས་ཤིག་ཅེས་བཀའ་སྩལ་〈བསྩལ〉ནས། དེ་གསུམ་གྱིས་རས་པ་ཧར་དུ་མཆིས་ཏེ། ལོ་ཙ་〈ཙཱ〉བ་མ་མཆིས་ཏེ་ཚོང་འདུས་ཁ་དྲུག་ཏུ་ཁ་ཆེ་དང་ཡང་ལེའི་ལོ་ཙ་〈ཙཱ〉བ་འཚལ་བ་སུ་མཆིས་ཞེས་ཚོང་དཔོན་སོ་སོར་རྨས་〈སྨྲས〉ནས། རས་པའི་ཚོང་འདུས་ནས་ཁ་ཆེ་ལྷས་བྱིན་ཆེ་ཆུང་ ༢ དང་། ཁ་ཆེ་ཨ་ནནྟ་དང་གསུམ་རྙེད་པ་ལས། ལྷས་བྱིན་ཆེ་ཆུང་ ༢ ཀྱིས་ནི་ཚོང་གི་ལོ་ཙ་〈ཙཱ〉བ་ཙམ་ལས་རྟོ་མ་ཐོག་〈ཐོགས〉། ཨ་ནནྟ་ནི་ཕ་བྲམ་ཟེ་སྐྱེས་བཟང་བྱ་བ་༡ ཁ་ཆེའི་ཡུལ་དུ་ཉེས་པ་རྣམས་ཆེན་ཞིག་བྱས་པ་ལས་ལྷོ་བལ་ཁ་ཆེའི་ཆོས་ལུགས་ཀྱིས་བྲམ་ཟེ་དགུམ་དུ་མི་རུང་ནས་བོད་ཡུལ་དུ་སྐྱུགས་པའི་བུ་ལགས་ཏེ་བྲམ་ཟེའི་གཙུག་ལག་དང་སྒྲ་དང་སྐད་བསླབས་པས་ཆོས་སྒྱུར་བའི་རྗེ་ཐོག་〈ཐོགས〉ནས། དེས་ལོ་ཙ་〈ཙཱ〉བ་བགྱིས་ཏེ་དགུང་ཟླ་ ༢ ཀྱི་བར་དུ་དམ་པའི་ཆོས་བརྟགས་ན། དམ་པའི་ཆོས་ནི་མདོ་སྡེའི་ལུགས་སུ་ལགས་ངེས་ཏེ། ཉེས་སོ་ཅོག་ནི་མི་གཏང་〈གཏོང་〉བ་མེད། ལེགས་སོ་ཅོག་ནི་མི་བྱ་བ་མེད། སྲོག་ཆགས་ཀུན་ལ་ཕན་པ་ནི་ལྷུར་བྱའོ་ཞེས་བྱ་བ་ལ་སོགས་པའི་དོན་རྒྱ་ཆེར་བཤད་པས་སང་ཤི་ལ་སོགས་པ་ཡིད་ཆེས་པར་གྱུར་ཏེ། བཙན་པའི་སྤྱན་སྔར་ཕྱིན་ནས་མཁན་པོ་འདི་ལ་ཕྲ་མེན་ནམ་སྔགས་སུ་གྱུར་བའི་བག་ཙུང་ཟད་ཀྱང་མ་མཆིས་ཏེ་ཐུགས་འཕྲིག་བཞེས་མི་འཚལ་ཞེས་གསོལ་ནས། བོ་དྷི་ས་ཏྭ་བྲག་དམར་དུ་སྤྱན་དྲངས་ཏེ་ལོ་ཙ་〈ཙཱ〉བཙལ་ནས་བཙན་པོ་དང་ཕྱག་མཇལ་མ་ཐག་ཏུ་མཁན་པོའི་ཞལ་ནས་བདག་ངོ་མཁྱེན་ནམ་ཞེས་གསུང་〈གསུངས〉། བཙན་པོའི་ཞལ་ནས་སྔར་ཞལ་མ་འཛོམ་ཞེས་བཀའ་སྩལ་〈བསྩལ〉པ་དང་། མཁན་པོའི་ཞལ་ནས་སངས་རྒྱས་འོད་སྲུང་གི་བསྟན་པ་ལ་འོ་སྐོལ་གྱི་གཙུག་ལ

ག་ཁང་གི་རྒྱན་སྤྲུངས་བགྱིས་པའི་ཚེ་བོད་ཡུལ་དུ་དམ་པའི་〈ལྷ་〉ཆོས་གཅིག་གཟིགས་པར་སྨོན་ལམ་བཏབ་པ་མཉེལ་〈བསྙེལ་〉ཏམ་ཞེས་གསུངས་པས། གདོད་སྟོན་གྱི་སྐུ་ཚེ་(སྔ་མ་དག་) དགོངས་ནས་དེ་ལྟར་མད་ཅེས་གསུང་ངོ་〈གསུངསསོ〉||

༡༥ དེའི་ཚེ་ཁ་ཆེ་ཨ་ནན་ཏས་ལོ་ཙ་〈ཙྪ་〉བགྱིས་ནས་དགུང་ལོ་ཕྱེད་ཀྱི་བར་དུ་དགེ་བ་བཙུ་དང་ཁམས་ཙྪ་〈བཙུ་〉བརྒྱད་ལ་སོགས་པ་མ་ནོར་བར་གསོལ་ན་བཟང་བར་ཐུགས་ཤིན་ཏུ་ཆེས་ཏེ། རྒྱ་གར་གྱི་དར་མ་མང་དུ་བསྒྱུར་བར་དགོངས་པ་ལས། འཕང་ཐང་དུ་ཆུ་བོ་ཆེ་བྱུང་། ལྷ་སའི་མཁར་དུ་ཐོག་བབ་ས་ནས་སྐྱ་མཁར་ཆིག སྲུ་གེ་ཆེན་པོ་དང་། མི་ནད་དང་ཕྱུགས་ནད་ཀྱང་བྱུང་ནས་བོད་ཀྱི་ཞང་བློན་ཆེན་པོ་རྣམས་ཆོས་སྤྱོད་པས་ལན་པར་གླེང་ཞིང་རྗོག་པ་སྐྱེས་པས་ཆོས་བཞག་སྟེ་རེ་ཞིག་མི་མཛད་པར་ཆད་པ་ལས། ཞང་ཉང་བཟང་དང་སེང་འགོ་ལྷ་ལུང་གཟིགས་ཞ་〈ཞབས་〉འབྲིང་དུ་ཁྲིད་དེ། མཁན་པོ་བོ་དྷི་ས་ཏྭ་གཟིམས་ས་གུར་ཁང་ན་སྨོར་པ་ལ་ཕྱག་བཞེས་ལན་གསུམ་བསྐོར་བ་མཛད། དཔྱར་ལག་ནས་གསེར་ཕྱེ་བྲེ་གང་མཁན་པོ་ལ་ཕུལ་ཏེ། མཁན་པོས་པང་དུ་བླངས་ཏེ་བསྔོ་མཛད། དེ་འདྲ་བ་ནུབ་གསུམ་མཛད་པའི་རྗེས་ལ་མཁན་པོ་ལ་བཙན་པོའི་ཞལ་ནས་བདག་སྐལ་བ་ཆུང་སྟེ། བོད་རིལ་ནག་པོ་ལ་ཡུན་རིང་པོར་ཞེན་པས་དེ་ལས་བཟློག་པ་རབ་ཏུ་དཀའ་སྟེ་ཐབས་ནོངས་ན་མི་འགྲུབ་ཀྱང་སྲིད་པས་རེ་ཤིག་〈ཞིག་〉སླར་མཁན་པོ་བལ་ཡུལ་དུ་བཞུད་ཅིག བདག་གིས་སླད་ནས་ཞང་བློན་དག་ལ་ཆོས་མི་བགྱིར་མི་རུང་བར་ཐབས་ཀྱིས་དལ་བུས་གླེངས་ལ་བཏུབ་མ་ཐོག་〈ཐག་〉སྤྱན་འདྲེན་གཏང་ངོ་ཞེས་བཀའ་སྩལ་〈བསྩལ་〉ཏེ། སུཾ་ཤང་ཡོང་ཙེའི་ལྷ་ཤཱཀྱ་མུ་ནེ་དང་མཁན་པོ་ར་ (བལ་ཡུལ་དུ་གཤེགས་པའི་ཚེ་) སྣམ་ཕྱི་བ་སེང་འགོ་ལྷ་ལུང་གཟིགས་ཀྱིས་གླང་སྣའི་གྲུ་ཚུགས་སུ་བསྐྱལ་ཏེ། སེང་འགོ་ཤ་ཆང་མི་འཚལ་བ་ལས་མར་ཡང་མི་འཚལ་བའི་ཁྲིམས་མནོས། དེ་ནས་ལང་གྲོ་སྣང་ར་དང་དབའ་གསས་སྣང་གཉིས་ཀྱིས་མཁན་པོ་བལ་ཡུལ་དུ་བསྐྱལ།

༡༦ སླར་ལོག་ནས་ཆོས་ཀྱི་སླད་དུ་གསས་སྣང་རྒྱ་ཡུལ་དུ་ཕོ་ཉར་བཙན་པོས་བཀའ་སྩལ་〈བསྩལ་〉ནས། མཆིད་ཀྱིས་འཚལ་ཏེ་སླད་ནས་དགོངས་པ་བཞིན་དུ་གྲུབ་ན་དཔུལ་ཆེན་པོ་སྩལ་བར་གཅིགས་ག

ནང་། བཙན་པོས་ཞང་བློན་རྣམས་ལ་ཡང་ཆོས་མཛད་པར་ཐབས་ཀྱིས་མོལ་ནས། སྤྲང་གཙང་བཞེར་པོ་ཉའི་ཁད་དཔོན་འབའ་སང་ཤི་ནི་འོག་དཔོན། དབའ་གསས་སྣང་སྤྱན་དབང་། སྤྱིར་དཔོན་གཡོག་སོཾ་བཙུ་མཆི་བར་ཆད་དེ་བོད་ཡུལ་ན་སྤྱགས་ཏེ་མཆི་བ་ཙམ་གྱི་དུས་ཚོད་ན། ཀྲུའི་མཁན་པོ་ཧྭ་ཤང་བདུན་ཀྲུད་ཀྱི་ཕ་ལྷག་གྱིམ་ཧྭ་ཤང་བྱ་བ་ཅིག་ 〈གཅིག་〉 ཨེག་ཆུ་ན་བཞུགས་པའི་ཞལ་ནས་ད་སྐྱེ་ཟླ་བ་བཞི་ན་ཨེག་ཆེའི་དབང་པོའི་ (ཐད་དུ་བོད་ཀྱི་ཕོ་ཉ་དག་འོང་། ཕོ་ཉ་དེ་རྣམས་ཀྱི་ནང་ནས་བྱང་ཆུབ་སེཾས་དཔའི་སྤྲུལ་པ་༢་བྱོན་པར་འགྱུར་ཏེ། དེའི་ཆ་ལུགས་དང་ཤ་ཚུགས་འདི་འདྲའོ་ཞེས་སང་ཤི་དང་གསས་སྣང་གི་གཟུགས་འདྲ་འབག་ཏུ་བགྱིས་ཏེ་བཞག་གོ། ཕུམ་སངས་ཀྱི་དབང་པོའི་) དྲུང་ན་གཙུག་ལག་མཁན་མཁས་པ་ཞིག་ (མཆིས་པ་) ཉེན་རེ་ཞིང་གཙུག་ལག་རྩི་ 〈བརྩི་〉 བའི་སྐད་ནས་ཀྱང་། དབང་པོ་ལ་གསོལ་པ། ནུབ་ཕྱོགས་ནས་ཕོ་ཉ་དག་ཅིག་དེང་སང་ཤུལ་དུ་ཞུགས་ཏེ། ཟླ་བ་དང་ཉི་མའི་དུས་འདི་ཙཾ་ན་ཕུཾ་སངས་སུ་ཕྱིན་པར་མཆི། ཕོ་ཉ་དེ་རྣམས་ཀྱི་ནང་ནས་བྱང་ཆུབ་སེཾ་དཔའི་སྤྲུལ་པ་༢་ཤིག་བྱོན་པའི་ཤ་ཚུགས་འདི་འདྲའོ་ཞེས་འབག་ཏུ་བྲིས་ཏེ་གསོལ་ཏེ། ཕུཾ་སངས་ཀྱི་དབང་པོས་རྒྱ་རྗེའི་སྤྱི་དར་ 〈སྤྱི་ན་སྤུར་〉 ཕོ་ཉ་བཏང་སྟེ་གཙུག་ལག་མཁན་མཆི་བ་༥་ན་གསོལ་པ་དང་། བཀའ་ལན་སྐུལ་ 〈བསྐུལ་〉 པ། འབག་དང་འཐུན་ 〈མཐུན་〉 པར་བོད་ཀྱི་ཕོ་ཉ་དེ་ (༢) འོངས་ན་བསྙེན་བཀུར་སྙེད་ལ་ཐོང་ཤིག་ 〈ཞིག་〉 ཅེས་བཀའ་སྐུལ་ 〈བསྐུལ་〉 པ་དང་། བོད་ཀྱི་ཕོ་ཉ་རྣམས་རྒྱ་ཡུལ་དུ་ཕྱིན་པ་དང་། གྱིམ་ཧྭ་ཤང་དང་གཙུག་ལག་མཁན་མཆི་བའི་འབག་ཏུ་བགྱིས་པ་༢་དང་ཕོ་ཉ་རྣམས་གང་འཐུན་ 〈མཐུན་〉 བསྟུར་བས་འབའ་སང་ཤི་དང་དབའ་གསས་སྣང་༢་གྱིས་ 〈ཀྱི་〉 ཤ་ཚུགས་དང་འཐུན་ 〈མཐུན་〉 ནས་བསྙེན་བཀུར་ཆེར་བགྱིས། ཤིང་ཏ་ལ་བསྐྱོན་དར་གྱི་ལྡིང་ཁང་དུ་བཙུག ཁད་དཔོན་དང་ཕོ་ཉ་གཞན་ནི་ཏ་འཚལ་ཏེ་མཆིས་ཏེ་ཨེག་ཆུར་ཕྱིན་ནས་ཨེག་ཆུའི་དབང་པོ་ལ་ཕྱག་འཚལ་ཏེ་གཏམ་བགྱིས་ནས་ཕྱི་རོལ་དུ་བྱུང་བ་དང་། གྱིམ་ཧྭ་ཤང་དང་མཇལ་ཏེ། གྱིམ་ཧྭ་ཤང་གིས་སང་ཤིའི་རྐང་པ་ལ་བཟུང་ནས་ཕྱག་བཞེས། སང་ཤིས་ཀྱང་ཧྭ་ཤང་གི་ཞབས་ལ་བཟུང་སྟེ་ཕྱག་འཚལ་བ་དང་། ཧྭ་ཤང་གིས་སང་ཤི་ལ་ལུང་བསྟན་པ། ཁྱོད་ནི་ཧ་རྒོད་ (སྐད་ཟེར་) ཅེས་བྱ་བའི་བྱང་ཆུབ་སེམས་དཔའི་ (སྤྲུལ་པ་) ཡིན་ཏེ། ཁྱོད་ཀྱིས་བོད་ཁིཾ་སུ་ཐེག་པ་ཆེན་པོའི་ཆོས་རྒྱས་པར་བྱེད་དེ་བྱང་ཆུབ་སེཾས་དཔའ་ཁྱོད་ཀྱིས་ (དམ་པའི་ཆོས་) ཚུགས་པའི་ཕྱིར་ཁྱོད་ལ་ཕྱག་འཚལ་ལོ་ཞེས་ལུང་བསྟན་པ་དང་། སང་ཤིས་ཀྱང་ཧྭ་ཤང་ལ་ཕྱག་འཚལ་ཏེ་སླར

གསོལ་པ། བོད་ཁམས་སུ་དམ་པའི་ལྷ་ཆོས་མཛད་པར་ལྷ་སྲས་ཀྱི་སྙན་དུ་ཞུ་བར་བདག་གི་བློ་བ་ལ་དགོངས་ཏེ། ཀེང་ཤེར་རྒྱ་རྗེའི་སྙན་དུ་གསོལ་ནས་ཐེག་པ་ཆེན་པོའི་ཆོས་མདོ་སྡེ་པཾ་པོ་སྟོང་ཙམ་ཞིག་ཀྱང་མཆོས་ནས་བོད་ཡུལ་ཕྱུང་ནས་མཆིས་ན། ད་ལྷ་ཁ་ན་བཙན་པོའང་སྐུ་གཞོན་པས་གསོལ་དུའང་མི་རུང་། སྐུ་ནར་སོན་ནས་ལྷ་ཆོས་མཛད་པར་མཆིད་གྲོས་གསོལ་ན་བདག་སྐབས་ལས་འགྱུམ་མི་འགྱུཾ་ཞེས་ཞུས་པ་ལས་ཧྭ་ཤེང་གིས་ལུང་བསྟན་པ། ཁྱེད་ཀྱི་བཙན་པོ་ནི་བོད་ཡུལ་དུ་དམ་པའི་ཆོས་འབྱེན་པའི་བྱང་ཆུབ་སེཾ་དཔའ་ཡིན་ཏེ། དཔྱིན་ཆད་ལོ་གྲངས་འདི་ཙམ་ཞིག་ན་བཙན་པོའི་〈པོ་〉སྐུ་ནར་སོན་པ་ན་མུ་སྟེགས་ཀྱི་ཆོས་ཤིག་བཀས་རྨྱེད་པར་འགྱུར་གྱིས། དེ་ལ་ཁྱོད་ཀྱིས་ཤགས་འདི་སྐད་ཐོབ་ཤིག་〈ཅིག་〉པའི་ལུང་མང་པོ་ཞིག་སང་ཤིས་ཐོབ་པོ་〈བོ་〉།། སྦ་ནམ་ཉ་བཟང་དང་། མཆིམས་མེས་སླེབས་དང་། སེང་མགོ་ལྷ་ལུང་གཟིགས་དང་ ༣་དེའི་ཚེ་གནང་ཆེན་དུ་འགྱུར་ལ། མི་འདི་ ༣་ཀ་ལ་ཚེ་སྔ་མའི་ལས་འབྲོ་ཡོད་པས། ཁྱོད་ཀྱིས་མི་དེ་ ༣་ (ལ་) སྔ་ནས་ཆོས་ཤོད་ལ། དེ་ ༣་དད་པ་སྐྱེས་པ་དང་ཁྱེད་ ༤་སྡོངས་ལ་བཙན་པོ་སྐུ་ནར་སོན་པ་དང་། མུ་སྟེགས་ཀྱི་ཆོས་བཀས་རྨྱེད་པའི་ཚེ་དེའི་ལན་ཐོབ་ལ། དེ་ནས་ཐོག་མར་ལས་རྣམ་པར་འབྱེད་པ། བར་དུ་ས་ལུ་ལྗང་པ། ཐ་མ་རྡོ་རྗེ་གཅོད་པ་སྙན་དུ་གསོལ་ཅིག འོན་ཀྱང་ཐུགས་དད་ནས་ལྷ་ཆོས་མཛད་པ་ལ་དགེས་པར་འགྱུར།། དགེས་པར་གྱུར་མ་དག་〈ཐག་〉ཏུ་ཟ་ཧོར་གྱི་མཁན་པོ་བོ་དྷི་ས་ཏྭ་ཞེས་བྱ་བ་བལ་ཡུལ་ན་རྟག་ཏུ་བཞུགས་ཀྱིས། དེ་བོད་ཀྱི་དགེ་བའི་བཤེས་གཉེན་དུ་སྤྱན་དྲོངས་ཤིག བོད་ཀྱི་འདུལ་སྐལ་མཁན་པོ་དེ་ཡིན་ནོ་ཞེས་ལུང་ཕོག་གོ། དེ་ནས་ཕོ་ཉ་དེ་རྣམས་ཀེང་ཤེར་མཆི་བའི་ཚེ་སྔར་བྱང་ཆུབ་སེམས་དཔའི་སྤྲུལ་པ་ ༢་ཤིག་མཆི་བར་གྲགས་པས་ཤུལ་ཐོག་ཐག་ཏུ་ཧྭ་ཤང་དང་རྒྱ་འབངས་དད་པ་ཅན་ཀུན་སྤྲིན་བཞིན་དུ་འདུས་ནས། ཕོ་ཉ་ལྷིང་ (ཁང་) ཅན་ལ་མཆོད་པ་བྱེད་ཞེས་གྲགས་སོ། ཀུན་གྱིས་མཆོད་པ་བགྱིས་ཏེ་ཀེང་ཤེར་བསྐྱལ་ལོ།། དེའི་ཚེ་རྒྱ་རྗེས་རྩིག་པ་དང་ཀྱ་བ་དང་ནམ་མཁའ་ཀུན་དར་གྱིས་གཡོགས་ཏེ་བསུ་〈བསུས་〉ནས་བདུག་སྤོས་དང་རོལ་མོས་མཆོད་དེ་ཅི་དགའ་དང་ཉམས་རངས་སུ་གནང་ངོ་།། རྒྱ་རྗེས་བཀའ་སྩལ་〈བསྩལ་〉པ། ཁྱེད་ ༢་བྱང་ཆུབ་སེམས་དཔའ་ཡིན་པར་ངེས་ཏེ། གེའུ་ལིའི་གླུངས་ལ་ཕྱིན་ན་ཡང་གེའུ་ལིས་མ་ཟློས་པར་རིམ་འགྲོ་བྱས། ཕུང་སངས་ཀྱི་གཙུག་ལག་མཁན་ན་རེ་ཡང་བྱང་ཆུབ་སེམས་དཔའ་ ༢་ཤིག་དུས་འདི་ཙན་འོང་ཟེར་བ་ཡང་ཁྱེད་ཡིན། གྱིམ་ཧྭ་ཤང་ཡང་ཁྱེད་ལ་སྔོན་བསུ་སྟེ་ཕྱག་འཚལ་བ་དང་། ཁྱེད་ཀྱི་སྤྱོད་ལམ་དང་སྦྱར་ན་སརྒྱ

ས་ཀྱི་ལུང་བསྟན་པ་ལས་ལྔ་བརྒྱ་ཐ་མ་ལ་ཉེ་བའི་དུས་སུ་གདོང་དམར་གྱི་ཡུལ་དུ་དམ་པའི་ཆོས་འབྱིན་པའི་
དགེ་བའི་བཤེས་གཉེན་ཅིག་〈གཅིག་〉འབྱུང་བར་གྲགས་པ་ཡང་གོར་མ་ཆག་པར་ཁྱེད་ཡིན་ (པར་དེ
ས་) ཞེས་བཀའ་སྩལ་〈བསྩལ་〉པ་དང་། གསས་སྣང་གིས་གསོལ་པ། རྗེའི་ཞལ་མཐོང་སྟེ་གློ་བ་དག
འ་བའི་སྐེང་དུ་གཞན་དང་མི་འདྲ་བར་བཀའ་སྐྱན་པ་གནང་བ་དེ་ལས་བྱ་དགའ་ཆེ་བ་མ་མཆིས་ན།
གཞན་ནི་མི་མཆལ། སྒོམ་ལུང་འབོགས་པའི་ཧྭ་ཤང་ཅིག་〈གཅིག་〉དང་སྤྲད་པར་ཅི་གནང་ཞེས་གསོ
ལ་ཏེ། ཕོ་ཉ་སྤུར་བ་ཅིག་〈གཅིག་〉རྒྱ་རྗེའི་གོར་བུ་ལ་བསྐྱོན་ཏེ་བཏང་བ་དང་། ཨེག་ཆུ་ནས་ཀྱིམ་ཧྭ་ཤ
ང་བཀུག་སྟེ་མཆིས་པ་དེ་ལས་སྒོམ་ལུང་དང་མན་ངག་མནོས་སོ། དེ་ནས་སང་ཤི་དང་གསས་སྣང་༢་ལ་ཕོ་
ཉ་གཞན་པས་སྤྱགས་ཏེ། རྒྱ་པེའུ་ཤོག་གི་ཁྲབ་ཅིག་〈གཅིག་〉དང་། དར་ཡུག་ལྔ་བཅུ། ཕྲ་མེན་གྱི་བྱ་
དང་གཞོང་པ་སྲང་བརྒྱ། སུ་ཏིག་གི་ཕྲེང་བ་འདོམ་རེ་བ་བཅུ། ཟ་འུག་པེའུ་ཆེན་ཡུག་༡། སླ་འོར་གྱི་ག
ཞོང་པ་སྦྱོམས་སུ་འདོམ་དོས་འཁོར་ (བ་) བོག་རེ་ཅན་ལ་རིན་པོ་ཆེ་ལྔས་སྤྲས་པ་ལ་སོགས་པ་སྩལ་〈བ
སྩལ་〉ཏེ་ཕོ་ཉ་དེའི་ལན་དང་སླར་བོད་ཡུལ་དུ་མཆིས།

༡༧ བཙན་པོས་ཀྱང་ཞང་བློན་དག་དང་ཐབས་ཀྱིས་མོལ་ནས་སྦྱིར་ལྷ་ཆོས་མཛད་པར་ཆད་དེ།
གསས་སྣང་ཡང་རྒྱ་ཡུལ་ནས་མཆིས་ཏེ་ཞ་〈ཞལ་〉སྔར་ཕྱག་བགྱིས་པ་དང་། བོ་དྷི་ཧྭ་སྤྱན་དྲང་〈འདྲེ
ན་〉བར་ཆད་ནས་ཡང་མང་ཡུལ་དུ་ཕྱིན་པ་དང་། བོ་དྷི་ས་ཏྭས་པད་མ་ས་〈སཾ་〉བྷ་བ་བོད་ཡུལ་དུ་སྤྱན་
དྲངས་ནས་བཞེས་པ་དང་། བསམ་ཡས་རྨང་རྩིག་པ་དང་། ལྷེ་ཧི་སྒོ་མངས་རྩིག་པའི་ཕྱ་མཁན་གསས་
སྣང་གིས་རླུངས་ལ་དྲངས་ནས་གཤེགས་པར་གསོལ་བ་དང་། སླེ་མོ་ཐོད་ཀར་དུ་གཤེགས་ཏེ། པད་མ
ས་〈སཾ་〉བྷ་བའི་ཞལ་ནས་སང་གི་དྲི་ལམ་ན་ཉི་ཚེ་བའི་དམྱལ་ཅིག་〈གཅིག་〉ཡོད་དེ། དེར་སྙིང་རྗེ་ཞི
ག་བྱ་བ་དགོས་ཞེས་བཀའ་སྩལ་〈བསྩལ་〉ཏེ་སྣམ་གྱི་ཆུ་ཁོལ་ཏུ་ཕྱིན་ཏེ། དེར་སྤྲ་དྲི་ཅིག་〈གཅིག་〉
དགོ ངས་པ་མཛད་ནས་གཏོར་མ་ཆུར་བཏང་བས་ཆུའང་འཇམ་ཙམ་ཏུ་རེད། རླངས་པ་ཡང་ཞག་༣་དུ
(མ་) ཆད། དེ་ནས་གལ་ཏ་ལ་ལ་གཤེགས་པ་དང་། མཁན་པོའི་ཞལ་ནས་བོད་ཁམས་སུ་ཆོས་མཛད་
དུ་མི་སྟེར་བའི་ཀླུ་དཀར་པོའི་ཕྲུག་གུ་མི་སྲུན་〈བསྲུན་〉པ་ཅིག་〈གཅིག་〉ཡོད་དེ་དེ་དམ་འོག་ཏུ་གཞུག
〈བཙུག་〉ཅིང་གདུལ་〈བཏུལ་〉། དེའི་དྲུང་ན་ཡང་ཉི་ཚེ་བའི་དམྱལ་བ་ཞིག་ཡོད་དེར་ཡང་སྙིང་རྗེ་ཅིག

〈ཞིག་〉བྱ་དགོས་གསུང་〈གསུངས་〉ནས་སླིང་དྲུང་དུ་བྱོན་པ་དང་། སྟུང་ཚ་བ་རྣམས་ཀྱིས་མཁན་པོ་ལ་ཐབ་བལྟའོ་ཞེས་གསོལ། མཁན་པོས་ཟངས་ཁལ་ཚད་མ་ཅིག་〈གཅིག་〉གི་ནང་དུ་ལུང་བོང་༡)་གི་རོ་བཙོས་ནས་ཟངས་ལ་རྫོག་པ་ཅིག་〈གཅིག་〉བསྟུན་ཏེ་སྦུབ་པས། དཀུན་ཟླ་འབྲིང་པོ་ལ་ཐང་ལྷའི་(གངས་) རྩེ་ནས་སྤྲིན་ཅིག་〈གཅིག་〉ཀྱང་ཆགས། གློག་〈གློག་〉དང་འབྲུག་སྒྲ་དྲག་པོ་ཡང་བྱུང་། སེར་བ་དང་ལུ་འབབས་བབ་པ་ཅིག་〈ཞིག་〉ཀྱང་བྱུས། དེ་ཚུན་ཆད་ཡུལ་ཕྱོགས་དེ་ཐུལ་ཏེ། ཐབ་ཀྱང་སྔར་བས་གཡུང་བར་གྱུར། དེ་ནས་དེ་ཉིད་དུ་དགུང་༢་དགོངས་པ་མཛད་དེ་གཏོར་མ་བཏང་བས་སླིང་དྲུང་གི་ཆུ་ཁོལ་ཡང་རླངས་པ་ཆད་ནས་འཛམ་ཙམ་དུ་རེད། ཟླ་བ་༡)་ཙམ་གྱིས་དེ་ནས་མཁན་པོ་པོ་བྲང་དུ་གཤེགས་ཏེ་བཙན་པོ་ལ་ཕྱག་བྱས་ནས།

༡༨ བཙན་པོའི་སྐན་དུ་བོ་དྷི་ཏྭས་གསོལ་པ། སྟོན་བཅོམ་ལྡན་འདས་འཇིག་རྟེན་ན་བཞུགས་པའི་ཚེ་འཛམ་བུའི་གླིང་གི་ལྷ་ཀླུ་ཐཾད་སངས་རྒྱས་ཀྱི་བཀའི་དམ་འོག་ཏུ་མ་ཆུད་པ་ཡང་མ་མཆིས་པར་རིགླ་པ་ལས། བོད་ཡུལ་འདིར་ལྷ་ཀླུ་དམ་འོག་ཏུ་མ་ཆུད་པར་གྱུར་ཏེ། བཙན་པོའི་ཞ་〈ཞལ་〉སྔ་ནས་ལྷ་ཆོས་མཛད་དུ་སྩེར་བ་ཡང་མི་འདྲ་ན་གསུང་བས་〈གསུངས་པས་〉། ད་ལྟའི་དུས་ན་དབུ་རྒྱན་གྱི་མཁན་པོ་པད་མས་〈སཾ་〉བྷ་བ་ཞེས་བྱ་བ་འདི་ལས་ (སྔགས་ཀྱི་) མཐུ་ཆེ་བ་འཛམ་བུའི་གླིང་ན་མི་བཞུགས་ཏེ། སྔགས་མཁན་འདིས་ནི་ན་ནིང་འཕང་ཐང་དུ་ཆུ་བོ་ཆེ་བྱུང་བ་དང་ལྷ་སའི་སྐུ་མཁར་མེས་ཚིག་པ་ལ་སོགས་ཏེ། ལྷ་ཀླུ་གནག་ཅིང་མི་སྒྲུན་〈བསྒྲུན་〉བ་རྣམས་ཀྱིས་བཙན་པོའི་ཞ་〈ཞལ་〉སྔ་ནས་ཆོས་མཛད་དུ་མི་སྩེར་བ་གང་ལགས་པ་རྒྱལ་པོ་ཆེན་པོ་བཞིའི་ཕྲ་ཕབ་སྐྱེ་དྲི་བ་དང་། ཕྲ་སེན་ལྷ་བ་དང་། ལྷ་ཀླུ་མི་སྒྲུན་〈བསྒྲུན་〉པ་ཕལ་ (ཆེ་) བ་གནད་ལ་དབབ་ཅིང་དམ་འོག་ཏུ་སྩལ་〈བསྩལ་〉ཅིང་མནའ་བསྒྲག་པ་དང་། བསྒོ་ཞིང་ནན་ཏུར་བགྱིས་ན་ཡུལ་ཞི་སྐྱེ་སླན་ཆད་ལྷ་ཆོས་མཛད་པར་སྔགས་མཁན་འདིས་རྗེ་ཐོག་〈ཐོགས་〉ན་དེ་ལྟར་མཛད་པའི་〈པར་〉རིགས། སྟོན་ཡང་རྒྱ་ཡུལ་དུ་ (ཆོས་) བྱུང་བའི་ཚེ། རྒྱ་རྗེ་ཨེ་ག་མེན་ཏེའི་རིང་ལ་རྒྱ་གར་གྱི་མཁན་པོ་འབའ་ཏེང་དང་། ཛྷ་སྟན་ཏ་དང་། གཾ་ཤང་༢་གྱིས་གེ་གསར་དུ་ཆོས་བསྟན་པའི་ཚེ་རྒྱའི་རྒྱའི་མུ་སྟེགས་ཀྱིས་ཕྲག་དོག་བགྱིས་པ་ལས། རྒྱ་གར་གྱི་མཁན་པོ་རྣམས་དང་། རྒྱའི་མུ་སྟེགས་རྣམས་ཆོས་ཀྱི་གཏན་ཚིགས་དང་རྫུ་འཕྲུལ་གྱི་སྟོབས་དག་འདྲན་〈འདྲན་〉ཏེ་

རྒྱ་གར་གྱི་མཁན་པོ་ལ་གཉེ་གསམ་ཐུབ་སྟེ་སངས་རྒྱས་ཀྱི་ཆོས་བཟང་བར་བྱེ་བྲག་ཕྱེད་དེ་ཀུན་ཡིད་ཆེས་པས་ལྷ་ཆོས་འདི་དེང་སང་གི་བར་དུ་རྒྱ་ཡུལ་དུ་བརྟན་པར་གྱུར་པ་ལགས། ད་བོད་ཡུལ་འདིར་ཡང་དམ་པའི་ལྷ་ཆོས་ཞིག་མཛད་ན་ཚུལ་དེ་༥་ན་དུ་བགྱིས་ན་བོད་ཁཾས་ཀུན་ཡིད་ཆེས་པས་ལྷ་ཆོས་འདི་ནམ་ཞར་ཡང་བརྟན་པར་འགྱུར་ཏེ། བོད་ཀྱི་མུ་སྟེགས་ཀུན་དང་གཏན་ཚིགས་ནི་བདག་དང་འདྲན་〈འགྲན་〉ལ། རྫུ་འཕྲུལ་ནི་ཨུ་རྒྱན་ (གྱི་) སྔགས་མཁན་པད་མ་ས་〈སཾ་〉བྷ་བ་དང་འདྲན་〈འགྲན་〉ཏེ་ལྷ་ཆོས་མཛད་ན་ (བློ་འོག་ཀུན་ཐུགས་ཡིད་ཆེས་པས་ནཾ་ཞར་ཡུན་དུ་དཾ་པའི་ཆོས་བརྟན་པར་འགྱུར་བ་) ལགསོ།། དེ་ལྟར་ལྷ་ཆོས་མཛད་པར་ཆད་ནས་དཀོན་མཆོག་༣་གྱི་རྟེན་གཙུག་ལག་ (ཁང་) ཞིག་ཀྱང་བརྩིག་འཚལ་ཏེ། དེའི་བཟོ་བོ་ནི་བལ་པོའི་ཕྱུ་མཁན་འདི་ཙམ་ལས་བཟོ་བ་མ་མཆིས་ཏེ། གཙུག་ལག་ཁང་དང་ལྷེ་ཏེ་མཚན་དང་ལྡན་པ་ལ་མཁསོ་ཞེས་མཁན་པོ་༢་གྱིས་གསོལ་པ་དང་། དེ་༥་ན་དུ་མཛད་པར་ཆད་ནས་མཁན་པོས་དེའི་གདུགས་ལ་གཟིམས་མལ་བ་གནང་ཆེན་སེང་མགོ་ལྷ་ལུང་འཚོ་བཞེར་གཉན་ལེགས་ལ་རྒྱལ་པོ་ཆེན་པོ་༥འི་ཕྲ་ཕབ་སྟེ་སྙུར་སྐུལ་〈བསྐུལ་〉། གཞི་〈གཞིས་〉ནིར་〈ཉིན་〉འཕང་ཐང་དུ་ཆུ་བོ་ཆེ་འབེབས་པ་དང་། ར་སའི་ (སྐྱུ་) མཁར་མེས་ཚིག་པར་བྱེད་པ་དང་། མི་ནད་ཕྱུགས་ནད་དང་མུ་གེ་གཏོང་བའི་རྒྱུ་བགྱིད་པའི་ལྷ་ཀླུ་གང་ལགས་པ་རྨས་〈སྨྲས་〉ནས། མི་སྲུན་〈བསྲུན་〉པ་ཀུན་གྱི་མིང་རུས་བཟུང་དངོས་སུ་བཀུག་སྟེ། མི་ལ་ཕབ་ནས་བསྡིགས་ཤིང་ནན་ཏུར་བགྱིས་པ་ནི་པད་མ་ས་〈སཾ་〉བྷ་བས་བགྱིས། དེ་རྣམས་ལ་རྒྱུ་འབྲས་ཀྱི་ཆོས་བཤད་ཅིང་བདེན་པ་བདར་བ་ནི་ (ཨ་ཙརྱ་) བོ་དྷི་ས་ཏྭས་ལོ་ཙ་〈ཙཱ་〉བ་ལ་སྒྲིར་སྟེ་བོད་སྐད་དུ་ཆོས་བཤད་ཅིང་བསྒོ། དེའི་རྗེས་ལ་མཁན་པོ་པད་མ་ས་〈སཾ་〉བྷ་བས་སྔན་དུ་གསོལ་བ། ད་སླན་ཆད་བོད་ཁམས་སུ་ལྷ་ཆོས་ཅི་དགྱེས་པར་མཛོད་ཅིག ལྷ་ཀླུ་དམ་འོག་ཏུ་ནི་ཆུད་ལགས་ན། འོན་ཀྱང་ལྷ་ཀླུ་ལ་བསྒོ་ཞིང་དམ་འོག་ཏུ་སྐུལ་པའི་ཆོ་ག་འདི་དང་འདྲ་བ་ད་རུང་ལན་༢་ཤིག་བགྱི་འཚལ་ལོ་ཞེས་བཀའ་གསོལ་ཏོ།།

༡༨ དེའི་རྗེས་ལ་དེ་རིང་བཙན་པོ་དབུ་བྲེས་མཛད་པར་མཁན་པོས་ཐོས་ནས། བཙན་པོའི་དབུ་བྲེས་མཛད་པའི་ཆུ་གང་ནས་བཅུས་ཤེས་རྨས་〈སྨྲས་〉པ་དང་། བཞེས་བླས་འོམ་བུ་ཚལ་གྱི་རྩང་〈གཙང་〉ཆབ་ལས་བཅུས་ཤེས་བགྱིས་པ་དང་། མཁན་པོའི་ཞལ་ནས་དེས་མི་ཕན་ཏེ་རི་རབ་ཀྱི་རྩེ་ན་ཆུ་མིག་ཧྲ

རྣ་ཞེས་བགྱི་བ་མཆིས་ཏེ། དེ་ལས་བླངས་ཏེ་དབུ་བསིལ་ན་སྐྱ་ཆེ་རིང་ཞིང་ཆབ་སྲིད་མགོ་ལ་སྐྱ་འཕན་〈ཕན་〉པར་འགྱུར་རོ་ཞེས་གསོལ་ནས་མཁན་པོ་པད་མ་ས་〈སཾ་〉བྷ་བའི་ (ན་བཟའི་) ག་ཤའི་འོག་ཏུ་དངུལ་གྱི་བྱ་ཐུཾ་སྟོང་པ་བཀྲ་ཤིས་ཀྱི་རྫས་བརྒྱད་འབུར་དུ་བརྡོད་པ་ཅིག་〈གཅིག་〉སྦུལ་〈བསྟུལ་〉ཏེ། འཛབ་བགྱིས་ནས་ནམཁའ་ལ་འཕངས་ཏེ་བཏང་བས་ཛེ་མགོ་ཛེ་མགོ་ལ་བྱུང་ཕྱོགས་ལྷར་ཕྱུད་ཀྱིས་སོང་། དེའི་རྗེས་ལ་མཁན་པོ་བཞེས་པ་གསོལ་ནས་སྟུ་དྲྀ་སྟུགས་ཀྱི་འཛབ་པར་བཞུགས་པ་དང་། ད་ནང་གི་བཀྲ་ཤིས་ཀྱི་ཐུཾ་པ་སླར་ཁྱུགས་ནས་ཁ་ཕྱེ་སྟེ་བལྟས་ན་ཆབ་འོམ་འདྲ་བ་སླ་བ་ཅིག་〈ཞིག་〉གིས་བཀང་སྟེ་བྱུང་ནས་ཆབ་དེས་དབུ་བསིལ་ཞེས་གསུངས་པ་དང་། ཞང་བློན་ཆེན་པོ་རྣམས་ཀྱི་གཡར་སྟར་བྲིམས་ན་ཞང་བློན་རྣམས་ཀྱི་མཆིད་ནས་འདི་མོན་གྱི་བསྟོན་〈སྨོན་〉ཆུ་ནམཁའ་ལ་〈ལས་〉ཁྱུགས་ཏེ་འོངས་པ་འདི་དགོས་པ་མེད་ཀྱིས་ཕོ་སྐྱེ་ཕོང་ཤིག་〈ཞིག་〉ཅེས་མཆི་ནས་ཕོ་སྐྱེ་བཏང་བའི་རྗེས་ལ། སྟགས་མཁན་པད་མ་ས་〈སཾ་〉བྷ་བས་གསོལ་པ། ངམ་ཤོད་སྟོད་སྨད་ཀྱི་བྱེ་མ་འདི་ཀུན་གསེང་ཚལ་དུ་བགྱི། དྭ〈གྲ་〉དང་དོལ་དང་གཞུང་གི་ཞུག་ཤོད་དང་སྟག་ལ་མན་ཆད་ཆུ་མིག་ཆེར་ཕྱུང་ལ་བོད་ཞིང་གིས་མི་བྲེལ་ཞིང་འཚོ་བར་བྱ། གཙང་པོ་དང་མཚོ་ཀུན་སྒྲོམ་བུར་བཙུག་ལ་མཆོང་དུ་ཐར་པར་བྱ། བོད་ཡུལ་ངན་པ་བཟང་པོར་བྱས་ལ་ཉམས་དགའ་བར་བྱ་བ་ལ་སོགས་ཏེ་མཁན་པོས་རྒྱ་ཆེར་གསོལ་པ་དང་། མད་དམ་ཤོའི་ (བདེན་ནོ་བརྫུན་) རྟགས་སུ་ཟུ (ར) མཁར་གྱི་མདར་བྱེ་མ་ལ་འཛབ་བརླབས་ཏེ་དགུང་༡་ཆོག་བགྱིས་པས་བྱེ་མ་ནེའུར་གྱུར་ཏེ་ཆུ་མིག་སྟ་དྲྀ་བྱུང་། ཕྱི་འབྲེད་ཅིག་〈གཅིག་〉བསྒོམས་པས་མཆོ་མོ་མགུར་གྱི་ཞབས་དང་བླ་བ་ཚལ་གྱི་སྨད་ནར་གྱུར། གླུ་སྡིངས་ཞེས་བྱ་བ་སྐམ་སར་ཆུ་རྫོལ་བ་དང་། མདུན་ས་ཆུ་རྡུ་ནས་ (བློན་པོས་མཛད་དུ་མ་སྟེར་ཏེ་) འགྲོ་བཀུམ་སྟེ། ཞང་བློན་དག་གིས་ (འདི་ནི་མཐུ་ཆེ་བས་སྲིད་འགྲོག་ཅེས་) སྐན་དུ་ཞུས་པས་བཙན་པོ་ཐུགས་འཁྲིག་བཞེས་ཏེ། གོང་དུ་མཁན་པོས་གསོལ་པའི་ལྷ་ཀླུ་ཀུན་ད་རུང་ལན་༢་དམ་རྩལ་〈བསྟུལ་〉པ། མཁན་པོ་ཕྱིད་ཀྱིས་བོད་ཁམས་སུ་དམ་པའི་ཆོས་འབྱུང་བ་དང་། ངའི་ཡིད་ལ་བསམས་པ་ཅན་བསྒྲུབས་ཏེ། ལྷ་ཀླུ་དམ་འོག་ཏུ་གཞུག་པ་ལ་སྒོགས་པ་ཡང་ (སྔར་བྱས་པ་) དེས་ཆོག་སྐྱེ་ཡུལ་ངམ་ཤོད་ཀྱི་བྱེ་མ་ཚལ་དང་ནེའུ (སིང་) དང་ཆུ་མིག་ཀྱང་དབྱུང་མི་དགོས་ཏེ་ངའི་ (ཡུལ་) ཡར་ཁྲིམ་ཆུ་བོ་ཞེས་བྱ་བས་ཆོག་སྟེ། ཨ་ཙ་ར་སླར་ཡུལ་དུ་བཞུད་ཅིག་ཅེས་ལུང་སྦུལ་〈བསྟུལ་〉བ་དང་ཨ་ཙ་ར་ (པད་མ་) ས་〈སཾ་〉བྷ་བའི་ཞལ་ནས་ངའི་བསམས

པ་ལ་ནི་བོད་ཡུལ་དུ་དམ་པའི་ཆོས་རབ་ཏུ་བརྟན་ཞིང་། བོད་ཁམས་ཡོངས་དགེ་བ་ལ་གནུད་པ་དང་། ཡུལ་ཡང་བཟང་ཞིང་བདེ་བར་དགོངས་པ་ན། བོད་ཀྱི་བཙན་པོ་སེམས་ཆུང་ལ་ཕྲག་དོག་ཆེ་བས་སྐལ་བ་ཆུང་བ་དག་གི་སེམས་ལ་ངས་རྒྱལ་སྲིད་ཕྲོགས་ཀྱིས་དོགས་པར་ (ལྟ་) སྟེ། ང་རྒྱལ་པོ་འདི་འདྲ་བའི་རྒྱལ་སྲིད་པས་འཁོར་ཡོས་སྒྱུར་བའི་རྒྱལ་སྲིད་ཀྱང་མི་འདོད་དོ་ (ཞེས་) གསུང་ 〈གསུངས་〉 ནས་རྒྱ་གར་ཡུལ་དུ་ཆས་པ་ན་བཙན་པོས་མཁན་པོའི་ཐུགས་བསྲུང་བའི་སླད་དུ་ལན་ ༣ བསྐོར་བ་མཛད་ནས་གསེར་ཕྱེ་མང་པོ་ཞིག་མཁན་པོ་ལ་ཕུལ་བས། གསེར་ཕྱེ་འདོད་ན་འདི་རེ་གསུང་ 〈གསུངས་〉 ནས་བྱེ་མ་ཕྱ་དུང་གང་བླངས་ཏེ་བྱེ་མ་རིལ་གསེར་ཕྱེར་བསྒྱུར། བཙན་པོའི་ཐུགས་བསྲུང་བའི་སླད་དུ་གསེར་ཕྱེ་ཁྱོར་གང་ཞིག་སྣོམས་ 〈བསྣམས་〉 ནས་རྒྱ་གར་ཡུལ་དུ་གཤེགས་སོ།།

༢༠ དེ་ནས་མདུན་ས་ཆུ་དྭངས་ནས་བགྲོས་ནས་ (པད་མ་ས་ 〈སཾ་〉 བྷ་བ་) མ་བསད་ན་བོད་ལ་གནོད་པ་བགྱིད་པར་དཔྱད་དེ་གསོད་མི་བཀྱེ་སྟེ། ངོང་འཕམས་ཀྱི་འཕྲང་དུ་བསྒུགས་པ་དང་མཁན་པོའི་ཞལ་ནས་སང་ནི་ང་ལ་གནོད་པ་བྱེད་པ་འོང་ངོ་ཞེས་སློབ་མ་རྣམས་ལ་གསུང་ 〈གསུངས་〉། དེ་ནས་ངོང་འཕམས་ཀྱི་འཕྲང་དུ་བྱོན་པ་དང་། གསོད་མི་རྣམས་ཀྱིས་མདའ་བཀང་བ་ལས་མཁན་པོས་ཕྱག་རྒྱ་ 〈རྒྱས་〉 བསྡིགས་པས་ (མི་) ཉི་ཤུ་ཙམ་སྤྲ་ཡང་མ་ཤེས་འགྲོ་ཡང་མ་ནུས་ཏེ་འབབ་ལ་བྲིས་པ་ཙན་དུ་འདུག་པའི་ནང་ནས་ཡར་གཤེགས་ཏེ། དེ་ནས་མང་ཡུལ་ཁར་བྱོན་ནས་སློབ་མ་རྣམས་སླར་བཀྱེ་སྟེ། མཁན་པོའི་ཞལ་ནས་བོད་ཁམས་སུ་ལྷ་ཀླུ་དང་འདྲེ་སྲིན་དམ་འོག་ཏུ་ལན་ ༣ བཙུག་ན་བཙན་པོ་ཡང་སྐུ་ཚེ་རིང་། དབོན་སྲས་ཀྱང་ཆབ་སྲིད་ཆེ། བོད་ཁམས་སུ་འཁྲུག་པ་ཡང་མེད་པར་འགྱུར། སངས་རྒྱས་ཀྱི་ཆོས་ཀྱང་ཡུན་རིང་དུ་གནས་པ་ཞིག་ན་འཕྲོ་ལུས་པ་ཐུགས་ལ་གཅགས་ 〈བཅགས་〉། བོད་ཁམས་སུ་ཆོས་ལྟ་བརྒྱ་ཐམ་ལ་ཉེ་བ་ན་བྱུང་བ་མུ་སྟེགས་ཀྱི་རྒོལ་བ་ནི་མི་འབྱུང་། (ནཾ་ཞིག་) སངས་རྒྱས་པ་ཉིད་རྩོད་པ་ཞིག་ཏུ་འགྱུར། བོད་ཁམས་སུ་འཁྲུག་པ་ཆེན་པོ་ཞིག་ཀྱང་འབྱུང་བར་འགྱུར་ཞེས་བཀའ་སྩལ་ 〈བསྩལ་〉 ནས། སློབ་མ་ལ་ཡུངས་ཀར་ཞིག་བརྫངས་ཏེ་ང་ལ་མདའ་འཕེན་པ་རྣམས་ལ་ (འདི་) ཐོབ་ཤིག་ 〈ཅིག་〉 དང་འགྲོ་ནུས་པར་འགྱུར་རོ་ཞེས་གསུང་ 〈གསུངས〉། ངོང་འཕམས་ཀྱི་གསོད་མི་འབབ་ (ཏུ་བྲིས་པ་) བཞིན་དུ་འདུག་པ་ལས་ཡུངས་ཀར་བཏབ་པ་དང་གདོད་འགྲོ་ནུས་པ་དང་སྣ་ཤེས་པར་གྱུར་ཏོ།།

སྐྱེལ་མ་རྣམས་སླར་ལོག་ནས་ལོ་རྒྱུས་རྣམས་སྙན་དུ་གསོལ་བ་དང་། བཙན་པོ་ཐུགས་ལ་རབ་ཏུ་གཅགས་〈བཅགས་〉པར་གྱུར་ཏོ།།

༢༡ དེ་ནས་ཆོས་ཀྱི་མདུན་སའི་བྲག་དམར་མཆོ་མོའི་གུར་དུ་ཕེབ། གསས་སྣང་ནི་སྣམ་ཕྱིའི་ས་གཡས་ཀྱི་ཚུགས་དཔོན་ཆོས་ཀྱི་བླར་བསྐོས་སོ།། སླད་ཀྱི་ཆོས་དང་བོན་འདྲན་〈འགྲན་〉པར་ཆད་ནས་ཕག་གི་ལོ་ལ་ཕོ་བྲང་ཟུངས་ཕུག་སྐྱིད་བུ་ཚལ་དུ་འདུས་ནས། ཆོས་ཀྱི་ཤགས་མཁན་ནི་མཁན་པོ་བོ་དྷི་ས་ཏྭ་དང་། སྤྱང་ཤ་མི་གོ་ཆ་དང་། ཞང་རྒྱལ་ཉ་བཟང་དང་། ཞང་ (མཆིམས་) མེས་སླེབས་དང་། སྐྱེར་སྐག་བཙན་ལྷོང་གཟིགས་དང་། སེང་མགོ་ལྷ་ལུང་གཟིགས་དང་། རྗེག་ཙ་ཙ་རྣམས་ཀྱིས་བགྱིས། བོན་གྱི་ཤགས་མཁན་ནི་སྟག་ར་ཀླུ་གོང་དང་། རྗེས་པ་ཆེན་པོ་ཁྲུང་པོ་དུན་ཙུག་དང་། རྟུད་དཔོན་ཆེན་པོ་ (ཁྲུང་པོ་) ཆོ་ཟེ་དང་། གཟིམས་མལ་བ་གཙོ་སྒྲོན་ཙ་ར་ལ་སོགས་པས་བགྱིས་ནས་གཏན་ཚིགས་འདྲན་〈འགྲན་〉པར་བགྱིས། ཧཱུ་འཕྲུལ་གྱིས་འགྲན་པར་མ་བགྱིས་ན་ (འང་) ཁྱད་ཆེ་ཞིག་ཆོས་གཏན་ཚིགས་ཆེ་བར་གྱུར་ཏེ། བཟང་ལ་རྒྱ་ཆེ། ཟབ་ལ་གཏིང་རིང་སྟེ་བོན་པོ་ཤགས་ངན་པར་གྱུར་ཏོ།། འཕན་ཡུལ་གྱི་བྲི་བོན་པོས་བདུར་བ་རྣམས་བསེ་རིགས་སུ་གྱུར་ཏེ། ཕྱིན་ཆད་ (བདུར་ཤིད་) བོན་ (གྱིས་) བགྱིད་དུ་མི་གནང་བར་བཅད། གཤིན་གྱི་ཕྱིར་གནག་རྟ་མང་པོ་དང་སྲོག་ཆགས་མང་པོ་གསོད་ཅིང་སྡུས་སུ་ཤ་འབེབས་སུ་མི་གནང་བར་བཅད། མཁན་པོ་པད་མ་ས་〈སཾ་〉བྷ་བས་ཆོག་ལན་༡་བགྱིས་པས་ཀྱང་སྣན་པར་གྱུར་ཏེ། དེ་ཚུན་ཆད་ཆར་ཡང་དུས་སུ་བབ། མི་ནད་ཕྱུགས་ནད་རྒྱུན་ཆད་ནས་བསམ་ཡོས་བུའི་ལོ་ལ་དཔྱིད་ཨ་ཙཪྻ་བོ་དྷི་ཏྭས་སྣང་བཏིང་བ་ཡང་བལ་པོའི་ཕྱྭ་མཁན་གྱིས་ཆོག་བགྱིས་ཏེ་རྟགས་དང་མཚན་མ་དག་བརྟགས་ན། བོད་ཡུལ་དུ་ལྷ་ཆོས་ཚུགས་པའི་ལྟས་བཟང་པོ་ (ས་) འོག་ནས་རིན་པོ་ཆེའི་གཏེར་བྱུང་བ་ལ་སོགས་པ་དང་། ལྷ་ཆོས་བོད་ཡུལ་དུ་དར་བར་འགྱུར་བའི་བཟང་ལྟས་ཕལ་ཆེར་བྱུང་ངོ་།། བོད་ལ་དགེ་སློང་གི་མིང་ཡང་མ་མཆིས་པ་ལས་དབའ་ལྷ་བཙན་བན་ཧྲེར་ཕྱུང་ནས་མིང་ཡང་དབའ་དཔལ་དབྱངས་སུ་བཏགས། ཤཱཀྱ་མུ་ནེ་བལ་ཡུལ་དུ་བསྐྱལ་བ་ཡང་སླར་སྤྱན་དྲངས་སྟེ〈ཏེ〉། རྟ་པ་གཅིག་གི་བར་དུ་བླངས་ཏེ་སླར་ར་མི་ཆེར་བཞུགས། དེ་ནས་གསས་སྣང་གིས་བླའི་གཙུག་ལག་ཁང་མ་བརྩིགས་པར་གླག་གི་ལྷ་ཁང་བཞེངས་སུ་གསོལ། དབའ་ཕ་ཚན་བོན་བཞག་ནས་ཆོ

ས་བགྱིད་དུ་སྐྱུལ་〈བསྐྱལ〉། དབའ་ལྷ་གཟིགས་ཀྱིས་གྲོགས་པོ་མྱང་རོས་གོང་གི་དགེ་བའི་བཤེས་གཉེན་བྱས། ཆོས་བསླབྲ་ཁྲིམས་ལྟ་ཡོག རོས་གོང་གིས་ཀྱང་ཞུ་ནུ་བོའི་དགེ་བའི་བཤེས་གཉེན་བྱས་ཏེ་དཀར་པོར་བསྒྱུར་རོ།།

༢༢ དེ་ནས་ཡོས་བུའི་ལོ་ལ་བསམ་ཡས་རྩིག་པར་བཅད་དེ། གཙུག་ལག་ཁང་རྨང་འདིངས་〈འདིང་〉པའི་ཚེ་མཁན་པོ་བོ་དྷི་ས་ཏྭ་དང་། བཙན་པོ་དང་། འབའ་སང་ཤི་དང་། སློར་སྟག་བཙན་ལྫོང་གཟིགས་དང་དེ་རྣམས་བྲག་དམར་ཁས་པོ་རིའི་རྩེ་མོར་ཕྱིན་ཏེ་མཁན་པོས་བལྟས་ན། དེ་ཙམ་ན་སྒྲུང་པ་དང་། སྒྲུང་ཀལ་མ་དང་། རྩེ་སྐྱུ་ཅན་དུ་མཆིས་པ་ལས། སློར་སྟག་བཙན་ལྫོང་གཟིགས་རྩྭའི་གྲོ་ཡོར་བགྱིད་དུ་སྐྱུལ་〈བསྐྱལ་〉ཏེ་ས་བཅད་ནས། སྐད་ནི་ཆིབས་བྲེས་ཀྱི་ར་བ་རྩིག་ཅེས་གླེངས་ཏེ། རྩའི་〈རྩྭའི་〉གྲོ་ཡོར་གྱིས་པ་བཀུམ་༤ན་ཕྱིའི་ལྷ་(གས་) རི་བརྩེགས། ས་བརྟགས་པ་དང་ས་གཞི་བྱིན་གྱིས་རློབ་པའི་ཆོག་བགྱིས་པའི་ཚེ་ཞང་བློན་གྱི་བུ་ཚ་ཕ་མ་འཆམ་པ་༩་དང་།བཙན་པོ་ཉིད་དང་ལྟས་སེར་གྱི་ནན་ཏེ་བཙན་པོ་སྐྱུ་ལ་གསོལ་ཏེ་གསེར་གྱི་གཞོར་ཕྱུག་ཏུ་བཞེས་ནས་བཙན་པོའི་ཞ་〈ཞལ་〉སྔ་ནས་ཕྱུག་དར་དེ་གཞོར་ཐབས་བདུན་ཞིག་བརྐོས། དེ་ནས་ཞང་བློན་གྱི་བུ་ཚ་༩ས་རེ་མོས་སུ་བརྐོས་པ་དང་། ཕྱུག་ང་གྲུ་༩ར་ཕྱིན་པ་དང་། འབྲས་དཀར་མོ་དང་། ནས་དཀར་མོ་ཕུལ་དོ་ཙམ་འདུག་པ་དག་བྱུང་སྟེ། གྲམ་པ་དང་། རྣས་པ་དང་། གྲོ་མོ་དང་། སོལ་བ་ལྷ་བུ་ནི་མ་བྱུང་། སང་ཡང་ས་ཞག་སྐྱུ་སྣར་དུ་མང་པོ་ཞིག་བྱུང་སྟེ། མཁན་པོ་འང་དགའ་སྟེ། བཙན་པོའི་སྤྱི་བོ་ལ་བྱུགས་ཏེ་སི་ཏི་སི་ཏི་པ་ལ་བཟང་པོ་གྲུབ་པོ་ཞེས་གསུང་སྟེ། ཐོག་མར་ཨཏྩ་པ་ལོའི་གླིང་བརྩིགས། གཟུགས་མཁན་མེད་ཅེས་བཙན་པོའི་བཀའ་སྐྱུལ་〈བསྐྱལ་〉པ་དང་། མཁན་པོའི་ཞལ་ནས་དཔལ་ལྷ་བཙན་པོ་ཡོ་བྱད་སྟོགས་ཤིག་དང་། གཟུགས་མཁན་འོང་ངོ་ཞེས་གསོལ་པ་དང་། རྒྱ་ཚལ་བུ་ཅན་ཞིག་ཚོང་དུས་〈འདུས་〉ན་མར་བོད་ཀྱི་བཙན་པོ་ལྷ་ཁང་རྩིག་ཟེར་ན་ང་ནི་སྐྱུ་གཟུགས་ལ་མཁས་སོ་ཤེས་མཆི་བ་དེ་བཀུག་སྟེ། མཁན་པོའི་ཞལ་ནས་རྒྱ་ཡ་གར་དང་བོད་ཀྱི་གཟུགས་གང་ལྟར་བྱ་ཞེས་གསུང་〈གསུངས་〉བ་དང་། བོད་ཀྱི་གཟུགས་ཀྱི་ཆ་ལུགས་དང་འཐུན་〈མཐུན་〉པར་བྱས་ན་ནག་པོའི་ཕྱོགས་པ་ཐོད་དད་པ་སྐྱེ་བར་ཐུགས་རེ་ཞེས་ཀའ་སྐྱུལ་〈བསྐྱལ་〉ཏེ། བཀའ་སྐྱུལ་〈བསྐྱལ་〉པ་༤ན་དུ་བོད་ཀྱི་ཞང་བློན་རྣམས་ཀྱི་གཟུགས་ཀྱི་ཆ་ལུགས་བགྱི

ས་པའི་དཔེ་ནི་བོད་འབངས་ལ་ (གཟུགས་ཀྱི་དཔེ་བླང་བའི་ཕྱིར་ཐོད་བསོགས་〈བསགས་〉ཏེ་སྐྱེས་པ་ལ་) བཟང་སྡུག་ཆེ་བ་ཁྲུ་སྡུག་ཚབ། ཐག་བཟང་ལྷག་ཡོད། རྨ་གསས་གོང་དེ་༣་ལ་དཔེ་བླངས། ལྷ་མོའི་དཔེ་ནི་ (བུད་ཏ་〈མེད་〉ལ་གཟུགས་བཟང་བ་ཙོ་རོ་ (ཟ་) ལྷ་བུ་སྨན་ལ་དཔེ་བླངས་ཏེ་བགྱིསོ།། སྐུ་གཟུགས་དང་རི་མོ་དང་བཟོ་ཀུན་ལགས་ནས་དྲལ་ཆོས་ཉི་ཤུ་དགུའི་གདུགས་ལ་ཞལ་བསྒྲོ་བགྱི་བར་བགྱིས་པ་ལས། ཕྱི་འབྲེད་དགུང་རྫོངས་པ་དང་། ལྷ་ཁང་གི་སྟེང་ནས་འོད་ཅིག་ཧེ་ཆེ་ཧེ་ཆེ་བྱུང་སྟེ། ཕྲ་ག་དམར་གྱི་ཕྱུ་མདངས་ཀྱི་ཤུ་〈མདའ་ཧུ་〉འོད་ཀྱིས་ཁྱབ་པར་ཟླ་བ་ཤར་བ་ཇན་དུ་སྣང་ (སྐྱེ་མཁན་པོའི་ཞལ་ནས་འོད་འདི་ནི་ཨ་མི་ད་བ་གཤེགས་པའི་འོད་ཡིན་ཏེ། སང་གི་ཉི་མ་ལ་ལྷང་གི་དབུ་རྩེའི) སྟེང་དུ་ཨ་མི་ད་བའི་ལྷ་ཁང་ཡང་ཐོག་ཏུ་བྱས་པ་ཅིག་〈གཅིག་〉རྩིག་དགོས་སོ་ཤེས་〈ཞེས་〉གསུང་〈གསུངས་〉ནས། དེ་ཇན་དུ་ལྷ་ཁང་ཆུང་དུ་ཡང་ཐོག་ཅིག་〈གཅིག་〉མོད་ལ་བརྩིགས་ནས་སྟོད་ཞལ་བསྒྲོསོ། །ཨཙ་པ་ཡོའི་ཞལ་བསྒྲོ་ཆེན་པོའི་ཚེ་སྐུ་གཟུགས་མཁན་རྒྱ་ཚལ་བུ་ཅན་ལ་འཚལ་མ་དང་བྱ་དག་འསྐྱལ་བར་བགྱིས་ཏེ། སྟན་པེག་ཅེ་བཏིང་ནས་གཡར་འདྲེན་དུ་བཏང་བ་ལས། གར་ཐལ་གཏོལ་མ་མཆིས་ཏེ་སྨྲུལ་པ་ཞིག་ལགླ་པར་དབྱུད་དོ། ། མཁན་པོའི་ཞལ་ནས་བཙན་པོ་ཁྱོད་དང་པོ་བྱང་ཆུབ་ཏུ་སེམས་བསྐྱེད་པའང་ལྷ་མོ་སྒྲོལ་མས་བྱས། ནམ་ཞིག་སངས་རྒྱས་ནས་རྡོ་རྗེའི་གདན་ལ་བཞུགས་པའི་ཚེའང་ཆོས་ཀྱི་འཁོར་ལོ་སྐོར་བའི་སྐུལ་མ་ཡང་ལྷ་མོ་སྒྲོལ་མས་བྱེད་པས། ད་ཡང་ལྷག་པའི་བསམ་པ་ལ་བགེགས་དང་བར་ཆད་མི་འབྱུང་བར་ལྷ་མོ་སྒྲོལ་མ་དེ་ལ་གསོལ་བ་དབ་པ་བསྙེན་པ་གྱིས་ཤིག་པར་གསུང་སྟེ་〈གསུངས་ཏེ〉། བཙན་པོས་མཁན་པོ་ལ་ལུང་མནོས་ནས་འང་ཨཙ་པ་ལོ་གླིང་དུ་བསྒོམས་པའི་ཚེ་ཉིན་ལན་༣་མཚན་ལན་༣་དུ་འཕགས་པ་ཏ་མགྲིན་གྱིས་ཏ་སྐད་ཕྱུང་བ་ཞ་〈ཞབས་〉འབྲིང་ནང་པ་དང་། ལྷ་ཁང་སྲུང་བ་རྣམས་ཀྱིས་མངོན་སུམ་དུ་ཐོསོ།།

༡༣ ས་བརྟགས་ཏེ་ཆོག་བགྱིས་པའི་སར་ནི་དབུ་རྩེ་བརྩིགས། ཁང་པ་ནི་ལགས་ནས་སྐུ་གཟུགས་ཇི་ལྟ་བུ་ཞིག་བྱ་སྙམ་ནས་བཙན་པོ་〈པོས་〉དགོངས་པ་ལས། རྨང་ལམ་དུ་མི་དཀར་པོ་ཞིག་གི་མཆིད་ནས། རྒྱལ་པོ་ཁྱོད་སངས་རྒྱས་ཀྱི་སྐུ་གཟུགས་ཇི་ལྟ་བུ་དང་ཅི་ལས་བྱ་སེཾས་པ་ངས་བསྟན་གྱིས། སྟོན་བཅོམ་ལྡན་འདས་ཀྱིས་བྱིན་གྱིས་བརླབས་པ་ཡོད་ཀྱིས་འདོང་ཞེས་ཟེར་ཏེ་ཁས་པོ་རིར་ཕྱིན་པ་དང་།

བྲག་ཀུན་ལྟར་བཅུག་པ་དང་། འདི་དང་འདི་ནི་དེ་༧ན་གཤེགས་པའི་མཚན་འདི་དང་འདི་ཞེས་བྱ་བ་དང་། བྱང་ཆུབ་སེམས་དཔའི་མཚན་འདི་དང་འདི་ཞེས་བྱ་བ་ཞེས་མཚན་སྨོས་སོ།། ཁྲི་བོ་ཀུན་ཡང་བསྟན་ཏེ་དགུང་སངས་མ་ཐག་ཏུ་གཤེགས་ཏེ་རྨང་ལམ་དུ་བསྟན་པ་དེ་གཟིགས་པ་དང་། རྨང་ལམ་དང་འཐུན་〈མཐུན་〉པར་བྲག་ལ་ལྷའི་གཟུགས་འོལ་བྱི་〈སྤྱི་〉ཙམ་གདའ་ནས་ཤིན་ཏུ་དགྱེས་ཏེ་བལ་པོའི་རྡོ་མཁན་འགུགས་པ་〈པར་〉བཏང་ནས། མཆིས་མ་ཐག་ཏུ་སྐུ་གཟུགས་རིལ་དེ་ཉིད་དུ་བགྱིས་ཏེ། ཤིང་རྟ་ལ་བཞག་པའི་དུས་སུ་གཡོས་སོ།། ཤར་སྒོའི་ཐེམ་ཀར་ཕྱིན་པའི་ཚེ་ས་ལན་༡)གཡོས་སོ།། ཁྲི་གཙང་ཁང་གི་ནང་དུ་ཕྱིན་པ་དང་གདན་ལ་བཞུགས་སུ་གསོལ་བའི་ཚེའང་ས་གཡོས་སོ།། དེ་ནས་ན་གཟའ་གསོལ། གསེར་གྱི་སྣ་རགས་བཅིངས་པའི་སྟེང་དུ་འཛིམ་པ་གཡོགས་སོ།། དེ་ནས་གླིང་གཞན་ (༧གླི་ཕྲན་བརྒྱད་ཡག་ཤ་ལྷ་འོག་) དང་མཆོད་རྟེན་༧འདང་ (མཆོད་རྟེན་དཀར་པོ་ཤུད་ཕུ་རྫ་ལྷོ་རེ་ང་མིས། ནག་པོ་ངན་ལཾ་སྟག་ར་ཀླུ་གོང་གིས། དམར་པོ་སྣ་ནཾ་རྒྱལ་ཚ་ལྷ་སྣང་གིས། སྔོན་པོ་མཆིས་མདོ་༧སྦྲེ་ཆུང་གིས་) བརྩིགས་ཏེ། ལྷོ་ཕྱོགས་ཀྱི་མཆོད་རྟེན་མཐིང་ཁའི་འཁོར་ལོ་ཤིང་མཁན་དང་། མགར་བས་ཁས་པོ་རིའི་ (དྲུང་) དུ་ལགས་ནས་སང་དྲང་རྒྱུ་ལས་སྐོར་བ་ (དང་དེ་བཅལ་བས་དེ་) ནི་མཆོད་རྟེན་ལ་བཙུགས་ནས་གདའོ་ཞེས་གསོལ་པ་དང་། ལྷ་སྲས་ཀྱི་ཞལ་ནས་ཤིང་མཁན་དང་མགར་བ་ལ་ (ལྷོས་དང་ཞེས་བཀའ་སྩལ་〈བསྩལ་〉པ་དང་། བལྟས་པ་དང་བཙུགས་པར་མཐོང་སྟེ་དགའ་ཆེས་ནས་སྣན་དུ་གསོལ་བ་དང་། ཤིང་"མཁན་དང་མགར་བ་ལ་) བྱ་དགའ་ཆེར་སྩལ་〈བསྩལ་〉ཏོ།། དེའི་ནུབ་མོ་ཕྱུ་མཁན་བལ་པོའི་གཡར་ལམ་ན་མི་གསེར་ཁྲབ་ཅན་༧ས་འཁོར་ལོ་ཁྱེར་ཏེ་བཙུགས། མི་དེ་རྣམས་ན་རེ། ཁྱོད་ཀྱི་མཆོད་རྟེན་འདི་དང་བདུན་བརྩིགས་ན་འདི་ཡང་ལེགས་རབ། བྱ་དགའ་གསེར་ཁྲབ་འདི་ཁྱེར་ཅིག་ཅེས་པ་དང་། མཆོད་རྟེན་འདི་ལ་བསྐོར་བ་བྱས་པ་ནི་ཅི་འདོད་འགྲུབ་པོ་ཞེས་སྨྲ་བ་རྨིས་ནས་དགུང་སངས་པ་དང་དེར་བལྟས་ཙན་མི་ནི་མི་གདའ། ཁྲབ་ནི་དངོས་སུ་གདའ། དེ་༧ན་དུ་ (བྱུང་བ་) ཕྱུ་མཁན་གྱིས་བཙན་པོའི་སྣན་ཞུས་ (པ་) དང་བྱ་དགའ་ཡང་འཁོར་དང་ཅས་པ་ལ་ཆེ་ཐང་དུ་གནང་། དེ་སྐད་དུ་སྟོན་པ་ནི་རྒྱལ་པོ་ཆེན་པོ་༨་ལགས་ཏེ། རྒྱལ་པོ་ཆེན་པོ་༧འི་གཟུགས་ཀྱང་ཐུཾ་པའི་སྟེང་དུ་མཛད་དོ།། (ཁོར་ཡུག་ལྟུང་〈ལྟུགས་〉རི་ནག་པོས་བསྐོར། ཕྱོགས་༧ར་སྒོ་༧རྟ་བབས་༧བྱས། ནང་དུ་མེ་ལོང་ལྷ་བུའི་དཀར་ཞལ་བྱས། ཐྲན་མ་ལྷོ་ནས་བསྐྱིལ་བ་བྱང་སྒོར་འགྲོ་བར་བྱས། ལྟུང་རིས་〈ལྟུགས་རིའི་〉

ནང་དུ་བྲ་བྲེ་〈བྲིའུ〉མ་གཏོར་ཞླ་བ་དུད་འགྲོ་འགྲོར་མི་གནང་། མི་འགྲོ་ན་རྐང་པ་བཀྲུས་ནས་འགྲོ། ཕྱིའི་ལྷ་ཁང་ཁམས་༣་ཚེ་སྐྱོང་ཟས། དབུ་ཚལ་པོ་ཡོང་ཟས། དགེ་རྒྱས་འཕྲོ་〈འབྲོ་〉ཟས། གཙུག་ལག་ཁང་ཀུན་ཁྲི་བཟང་ཡབ་ལྷག་ཡིན།

༢༩ གསེར་གྱི་གཞི་ལ་གཡུའི་འཕྲ་〈ཕྲ་〉བཀོད་པ་ལྟ་བུ་དེ་ལུག་ལོ་ལ་གྲུབ་ནས་བོ་དྷི་ས་ཏྭ་རབ་གནས་ལན་༣་བྲུས། ཐ་མའི་དུས་སྐུ་གཟུགས་ཕོད་དབུ་རྩེ་ཐང་ལ་བྱོན་ནས་ཆོས་སྟོན་ནས་གསོལ་སླར་གཤེགས་ཏེ་རང་རང་གི་གདན་ལ་བཞུགས་པས་བཙན་པོ་དགྱེས་སོ།།) གཙུག་ལག་ཁང་ནི་བརྩིགས། ཞལ་ནི་མ་བསྒྲོས་པའི་སྐབས་སུ་ (དབའ་) གསས་སྣང་རབ་ཏུ་བྱུང་བའི་མིང་ཡེ་ཤེས་དབང་པོར་བཏགས་སོ།། (གསུང་གི་རྟེན་ཆོས་རྒྱས་པར་བྱ་བའི་ཕྱིར་) ཞང་བློན་གྱི་བུ་ཚ་མཆིམས་ལེགས་གཟིགས་ལ་སོགས་པ་མང་པོ་ཞིག་རྒྱ་ (གར་གྱི་) སྐད་བསླབས་པ་ལས། མཆིམས་ཨ་ནུའི་བུ་ཤཱཀྱ་པྲ་བྷ་དང་། པ་འོར་ན་འདོད་ཀྱི་བུ་བཻ་རོ་ཙ་ན་དང་། དབའ་རྨ་གཟིགས་ཀྱི་བུ་ (དབའ་) རད་ན་དང་། ཞང་ཉ་བཟང་གི་བུ་ (ཞང་) ལྷ་བུ་དང་། (སྣ་ནམ་) བསེ་བཙན་དང་། ཤུད་པོ་ཁོང་སླེབས་རྣམས་ཀྱིས་ནི་སྐད་ལོབས་སོ།། གཞི་རྫོགས་སོ། ། སྐད་ལོབས་པ་ (ལོ་ཙ་〈ཙྪ〉བ་དྲུག་པོ་དེས་བོད་ལ་འཇམ་དཔལ་ཀྱི་ཡ། ཨུ་པ་ཡ་རྒྱ་གར་དུ་མ་ལུས་པ་ཙམ་བསྒྱུར། རྒྱའི་མཁན་པོ་མེ་གོང་དང་། ལོ་ཙྪ་བ་ལྷ་ལུང་ཀླུ་གོང་། འགོ་བོམ་ལྷན་མ་ཡུལ་གོང་། བྲན་ཀ་ལེགས་གོང་རྣམས་ཀྱིས་མདོ་ས་ལུ་ལྗང་པ་སོགས་པ་མང་དུ་བསྒྱུར།། རྒྱ་ལས་སྒྱུར་བའི་ལོ་ཙྪ་བ་ལྷ་ལུང་ཀླུ་གོང་། བེག་ཟླ་གོང་། བྲན་ཀ་ལེགས་གོང་། མགོ་འབོམ་ཡུལ་གོང་དང་། ལོ་ཙྪ་བའི་མཆན་བུ་མཁས་པ་འདན་མ་རྩེ་རྨ། འགག་ཉ་བཙན། ལོ་ཁྲི་ཆུང་། འབིག་ཁྲིའུ། ཁྲི་ཆུང་རྣམས་ཀྱིས་དང་པོ་ལས་རྣམ་འབྱེད། བར་དུ་ས་ལུ་ལྗང་པ། མཐར་རྡོ་རྗེ་གཅོད་པ་རྣམས་བསྒྱུར་ཞིང་། དེ་ཡང་ཕལ་ཆེར་བེག་ཟླ་གོང་ཞ) ཕྱུས་བསྒྱུར་བའི་དུས་ས་ལུ་ལྗང་པའི་མཇུག་ལས་འཇིག་རྟེན་དུ་འཁོར་བའི་རྒྱུན་དང་འདུ་བའི་ཚོགས་ཏེ་བྱུང་བའི་ཆོས་ནི་ཐ་མར་ཆོས་ལྡེའི་ཕྱིར་བལྟ་སྟེ། ལྡེ་གང་ཞེ་ན། རྟག་པར་མ་ཡིན། ཆད་པར་མ་ཡིན། འཕོ་བར་མ་ཡིན། རྒྱུ་ཆུང་དུ་ལས་འབྲུས་〈འབྲས་བུ་〉ཆེན་པོ་འབྱུང་བ་དང་། དེ་དང་འདྲ་བའི་རྒྱུད་དུ་བལྟའོ་ཞེས་འབྱུང་བའི་སྐབས་སུ་བཙན་པོ་ཁྲི་སྲོང་ལྡེ་བཙན་གྱིས་གཏན་དུ་གཏད་རག་བཏང་བའི་ཚིག་ལ། གཏན་ཅིས། ལྟ་ཅིས་ནས་འདི་ལྟ་བུའི་ཆོས་བཟང་པོ་ཐོས་སོ།། བློན་པོ་

འབའ་སང་ཤི་དང་དབའ་གསས་སྣང་ཟེར་བ་ལྷར་བདེན་པས་ལྷ་ཆོས་ནི་མི་བྱར་རུང་ངོ་ཞེས་གསུང་ངོ་〈གསུངས་སོ〉།) དང་དབའ་རྨ་གཟིགས་ཀྱི་བུ་ (མཁན་པོ་བོ་དྷི་ས་ཏྭ་ལས་) རབ་ཏུ་བྱུང་བའི་མིང་ནི་རད་ནར་བཏགས་སོ།།

༢༥ ལུག་གི་ལོ་དགུན་ཟླ་འབྲིང་པོ་ལ་ཞལ་བསྒྲོས་པྲ་ཧྟི་ཆེན་པོ་〈པོས་〉མཛད་པའི་ཚེ། ཇོ་(མོ་)གཅེན་ཁྲི་རྒྱལ་དང་། སྲུ་བཙན་མོན་རྒྱལ་ལ་སོགས་ཏེ་རྗེ་འབངས་བརྒྱ་རབ་ཏུ་བྱུང་བའི་མཁན་པོ་ཡང་དབའ་རིན་པོ་ཆེས་བགྱིས། བཀའ་ཤོག་ཆེན་པོ་བཏང་། སླན་ཆད་ཆགས་འོག་གི་འབངས་ལ་ཕོ་མིག་མི་དབྱུང་། མོ་སྣ་མི་གཅད་〈གཅོད་〉པར་གནང་། འབངས་ཕྱོགས་སུ་ཆོས་ཀྱི་བཀའ་ (དྲིན་) ཆེན་པོ་སྩལ་བར་བགས་གནང་། སློན་ཆེ་མན་ཆད་སྣ་ལ་གཏོགས་པ་འབངས་རིལ་པོས་ (བྲོ་འཚལ་ཆོས་གཅིགས་མཛད་དེ་རྡོ་རིངས་〈རིང་〉བཙུགས། དེ་མན་ཆད་དཀོན་མཆོག་༣་དང་། དགེ་འདུན་གྱི་བཤོས་ནི་ཁབ་སོ་ཆེན་པོས་) སྐྱོར་ཏེ་ཆ་ལས་གསོལ། ན་བཟའ་ནི་མང་ལ་འཕན་གྱི་བྲུངས་པས་སྐྱོར། བན་དེ་རེ་རེ་ཞིང་ལོ༡)་ལ་ནས་ཁལ་བཅུ་༢་ཐང་དུ་སྩལ་〈བསྩལ་〉། སླད་ཀྱིས་ཡེ་ཤེས་དབང་པོ་མངོན་པར་ཤེས་པ་དང་ཡང་ལྡན། (བཙན་པོ་ན་རེ་) དེད་རྗེ་འབངས་ཀྱི་དགེ་བའི་བཤེས་གཉེན་ཡིན་ཏེ། སངས་རྒྱས་ཀྱི་ཞལ་དང་འདྲ་བས། བཅོམ་ལྡན་འདས་ཀྱི་རིང་ལུགས་སུ་བསྒོས་ཏེ། ཆོས་ཀྱི་བཀའ་ལས་བཏགས། དྲལ་〈གྲལ་〉ཡང་ཞང་བློན་ཆེན་པོའི་གོང་དུ་འདུག་ཤིག་〈ཅིག〉ཆོས་ཀྱི་འདུན་ས་ཡང་འདུན་ས་ཆུང་ངུའི་གོང་དུ་ཕུལ་ལ། སྲིད་པ་ཡང་རིང་ལུགས་ཀྱིས་ཞང་བློན་ཆེན་པོའི་འདུན་ས་ཆུ་དྭན་ལ་གསོལ་བ་གྱིས་ཤིག་ཅེས་རྗེ་བློན་ཚོགས་པའི་ཚེ་བཀའ་ཞལ་གྱིས་སྩལ་〈བསྩལ་〉ཏོ།། བཅོམ་ལྡན་འདས་ཀྱི་རིང་ལུགས་སུ་བསྒོས་ནས། དཀོན་མཆོག་༣་གྱི་རྟེན་བརྟན་པ་དང་། ནཾ་དུ་ཡང་མི་གཞིག་〈ཞིག་〉པའི་སླད་དུ་དཀོན་མཆོག་༣་དང་དགེ་འདུན་གྱི་བཤོས་ཆ་ལས་མི་གསོལ་བར་རྒྱེན་རིས་སུ་བཀུམ་ན་སླད་རྗེས་སུ་ལེགས་པར་ཡེ་ཤེས་དབང་པོས་སྔན་དུ་གསོལ་བས། རྒྱེན་རིས་བཅད་པ་བཙན་པོས་ནི་བན་དེ་རེ་རེ་ལ་འབངས་མི་ཁྱིམ་བདུན་བདུན། ཞང་བློན་གྱིས་འབངས་ཁྱིམ་ལྔ་ལྔ་རིང་ལུགས་ལ་རྨས་〈སྨྲས་〉ན། མི་ཕ་ཆན་འགའ་བརྟན་པ་དང་། ཕུང་ཕུ་རལ་འགའ་ཕུང་པ་དང་། གནང་ཆེན་འགའ་ལ་སྣེ་བྲན་གྱིས་བཅད་པ་དང་། མི་༡)གི་སྐོར་བྲན་ཁྱིམ་དགུ་བརྒྱ་སྩལ་〈བསྩལ་〉བ་དང་སྦྱར་ན། སངས་རྒྱས་ཀྱི་ཆོས་བཟང་

པོ་འདི་སྐུ་དང་ཆབ་སྲིད་ལ་སྨན་པས་མ་འཚལ་ཏེ། མཐའ་ཡུན་གྱི་རྗེས་འབངས་ཀྱི་ཤུལ་བཟང་པོ་ནི་ཕྱི། ངན་སོང་༣་ཀྱི་སྒོ་ནི་བཀག་པ་ལ་སོགས་པ་ཡོན་ཏན་སྨོས་ཀྱིས་མི་ལང་བ་ཞིག་འབྱུང་བར་མཛད་པར་ཀུན་བཀས་བཀུ་པ་བཞིན་བགྱིས་ན་སླར་རྗེས་ཐུགས་གནོད་ཆེན་པོ་བསྟུད་མར་ཕྱུང་ངམ། མི་ཕྱུགས་ལ་གྲོ་ནད་ཆེན་པོ་ཞིག་བྱུང་ངམ། ཉི་འོག་གི་དགྲ་ཞིག (དབུས་སུ་བྱུང་ངམ། མུ་གེ་ཆེན་པོ་བསྟུད་མར་བྱུང་ན་དགོས་པ་མཐར་མི་ཕྱིན་པ་དང་། དཀོན་མཆོག་༣་གྱི་རྟེན་མི་གནས་པ་དང་)། དབོན་སྲས་རྗེ་འབངས་ལ་ཡང་དངོས་སྡིག་ཆེན་པོར་འགྱུར་བ་ལ་སོགས་པ་ (མི་ལེགས་པ་) མང་པོ་ཞིག་འབྱུང་བས། དཀོན་མཆོག་༣་ལ་འབངས་ (ཁྲིམ་) ཉེས་བརྒྱ། གང་ཟག་བན་དེ་རེ་རེ་ལ་ཁྲིམ་༣་༣་ཐང་དུ་བཅད་དེ་དབང་དགེ་འདུན་ལ་བསྒྱུར་ནས་རྒྱན་རིས་ཀྱི་འབངས་རྐྱོད་དང་། རང་རྗེའུ་དང་། ཁབ་སོ་གནང་ཆེན་ཅན་དང་། ཐུགས་གཉེན་དང་༤ (གཞི) བཟང་ངོ་འཚལ་ནས་སྤྱི་བཏུས་བཟུང་། རྗེ་ཞིང་ནི་བཟང་ངོ་འཚལ་ལས། གནང་ཆེན་འགྲོ་ཁྲི་འཛམ་གུང་རྟོན་གྱིས་ཡུལ་བཟུང་བ་༤ན་བཅད་པ་ན་བན་དེ་མྱང་ཏེ་ང་ངེ་འཛིན་ལ་སོགས་པ་ཡིད་མ་རངས་ཏེ། ཡིས་དབང་པོ་ལ་ཡང་གཡར་མི་སྨན་པ་མི་མཆི་དགུ་མཆི་སྐད། དེ་ནས་ཡིས་དབང་པོ་ (མྱང་ལ་པས་མི་སྨན་པ་བརྗོད་པས་) སྨྲམ་པར་གསོལ་ཏེ། དཔེན་ས་ལྷོ་བྲག་ཏུ་མཆིས་པའི་སླད་ནས་བཙན་པོས་ (དབའ་) དཔལ་དབྱངས་རིང་ལུགས་ (དགེ་བཤེས་) སུ་བསྔོ་ས་ཏེ། ཡིས་དབང་པོས་ལྷོ་བྲག་ཏུ་བསྔོམས་ན་སྟག་ལ་ག་ཤ་བཀལ་བའི་འོག་སྤྱ་ཟམ་བཏགས་ཏེ་བཙན་གྱི་བྲག་ཏུ་མཆིས་ཏེ་རི་བྱ་སྣ་ཚོགས་རྫོ་ཤིང་ལ་འབབས་ 〈བབ་〉 པ་༥ན་དུ་ཡི་དབང་པོའི་ལུས་ལ་འབབས་ 〈བབ〉། ཁྲིམས་ཟླ་དག་ལ་ཉེར་ཡང་མི་བཏུབ།

༢༥ དེའི་ཚེ་རྒྱ་ཡུལ་ནས་རྒྱའི་ (ཧྭ་ཤང་མ་) ཧྭ་ཡ་ན་བོད་ཡུལ་མཆིས་པ་ལས་བོད་ཀྱི་བན་དྷེ་ཕལ་ (གྱིས་ཆོས་) བསླབས་ཏེ། ལྷ་བ་མ་མཐུན་ནས་འཁྲུགས་པ་དང་། བཙན་པོས་ཇི་ལྟར་མཛད་ཀྱང་མ་ཐྲེན་ཏེ་མ་ཧྭ་ཡན་གྱི་སློབ་མ་ལས་མྱང་ཤ་མིས་རང་གི་ཤ་གཏུབས། གཉགས་བི་མ་ལ་དང་། གཉག་ས་རིན་པོ་ཆེས་རང་གི་ཕོ་མཚན་བརྡུངས། རྒྱས་ནི་རང་གི་མགོ་ལ་མེ་བཏང་སྟེ། གཞན་ཡང་རྒྱ་གྲི་རེ་རེ་སྲེལ་ཞིང་ཅན་མེན་པ་རིལ་བསད་ལ། ངེད་ཀྱང་རིལ་ཕྱུ་མིའི་ངོས་སུ་མཆིའོ་ཞེས་མཆི་ཞིང་སྨན་དུ་གད་ས་ནས། འདིར་བན་དེ་ཀུན་མ་མཐུན་པས་འཁྲུག་པ་ལངས་ཇི་ལྟར་ (བྱ་) ཞེས་བཀས་མ་སྦྲིང་ (བ

ར་)། ཡིས་དབང་པོའི་སྒྱུ་དར་〈སྒྱུན་སྡར་〉མཆི་ཞེས་ཕོ་ཉ་ཞིག་བཏང་བ་ལས། སྒྱུ་དར་〈སྒྱུན་སྡར་〉མ་མཆིས་ནས། ནང་འཁོར་གཙོན་ཁམ་པ་བཏང་སྟེ། མཁན་པོ་ཁྲུགས་ན་ཟངས་ཆེན་པོ་སྦྱིན། མ་ཁྲུགས་ན་གསད་དོ་ཞེས་ལུང་སྩལ་〈བསྩལ〉། (ནང་འཁོར་གྱིས་) མཁན་པོ་ལ་བཀའ་སྒྲོམ་བྲག་ཕུག་ཏུ་བསྐུར་ཏེ། (བཙན་པོའི་) བཀའ་ཞལ་གྱིས་སྩལ་〈བསྩལ་〉བ་ཞིག་དངོས་གསོལ་ཏེ་སྒྱུ་དར་〈སྒྱུན་སྡར་〉མཆི་བར་སྤྲིང་བ་ལས་བྲག་ཕུག་ཏུ་བཀུག་ནས་བཀའ་སྩལ་གཞན་ནི་མ་མཆིས། མ་ཁྲུགས་ན་གསད་དོ་ཞེས་མཆི་བས་གཤེགས་སུ་མི་གནང་ན་བྲག་ལ་མཆོངས་ཏེ་འགུམ་ཞེས་བགྱིས་པ་དང་། འདི་ཁོ་བར་ཆད་བྱེད་པྀ་〈པའི་〉བདུད་ཆེན་པོ་ཞིག་འོངས་ཏེ། ད་ཚོད་ཀྱི་སྲོག་གཏོན་གྱིས་ཧ་དེད་ལ་ཤོག་ཅེས་གསུངས་ནས། དགའ་ཆེས་ཏེ་ཕོ་བྲང་དུ་མཆིས་ན་འཕྲུལ་དུ་ཐབས་ཁྲ་མེན་དང་། རྒྱ་བྱེའུ་ཆེ་ཐང་དུ་གནང་། ཚེབས་བཅུ་ལྔ་བསྟོད་དེ་བཏང་བས། ཡི་དབང་པོ་སྒྱུན་དར་〈སྡར་〉མཆིས་ཕྱག་བཙལ་བ་དང་། (བཙན་པོ་ན་རེ་) བན་དེ་དག་འདི་ལྟར་འཁྲུགས་པས་ད་ཇི་ལྟར་བྱ་གསུངས། (ཡིས་དབང་པོ་ན་རེ་) དེ་ལ་བདག་འདིར་དགུག་མི་འཚལ། བདག་མ་མཆིས་ཏེ་སྒོམ་པའི་བར་ཆད་མ་བྱུང་ན་ལྷ་སྲས་ཀྱི་སྐུ་ཚེ་དང་། བདག་གི་ཚེའང་ཡུན་རིང་དུ་གནས། ལྷ་ཆོས་ཀྱང་བྱམས་པ་གཤེགས་ཀྱི་བར་དུ་གནས་པར་འགྱུར་བ་ཞིག་ན། བོད་ལ་སྐལ་བ་མ་མཆིས་ཏེ་ཡོང་ནི་སངས་རྒྱས་ཀྱི་བསྟན་པ་གང་བྱུང་བར་མུ་སྟེགས་ཀྱི་རྒོལ་བ་ཡང་འབྱུང་བས། བོད་ཡུལ་དུ་བསྟན་པ་ལྔ་བརྒྱ་ཐམ་ལ་ཉེ་བ་ན་བྱུང་སྟེ་མཆི་བས། མུ་སྟེགས་ཀྱི་རྒོལ་བ་ནི་མི་འབྱུང་། སངས་རྒྱས་པ་ཉིད་ལྟ་བ་མི་མཐུན་པས་རྩོད་པར་འགྱུར་གྱིས་དེ་ལྟ་བུ་བྱུང་ན་ངའི་སློབ་མ་ཀ་མ་ལ་ཤི་ལ་བལ་ཡུལ་ན་འདུག་པ་ཁྲུག་ལ་ཤགས་འདེབས་སུ་ཆུག་ལ། རྒྱལ་པོས་སྨྲུམས་〈སྨྲུམ་〉གྱིས་ཤོག་ཅེས་མཁན་པོ་ (བོ་དྷི་ས་ཏྭ) འདའ་ཀར་མཆི་བས། ད་ཡང་དེ་ཙན་དུ་མཛད་དུ་གསོལ་ཞེས་ནས་ཀ་མ་ལ་ཤི་ལ་འགུགས་སུ་བཏང་བ་དང་། ཏོན་མུན་པས་ཤེས་རབ་འབུམ་བླངས་ཏེ་བསམ་གཏན་གླིང་སྒོ་བཅད་ནས་ཟླ་བ་༢སུ་ཤགས་བསླབས། དགོངས་པ་ངེས་པར་འགྲེལ་པ་རྫོག་པས་དྲིལ་ཏེ་བོར།

༡༧ དེའི་ཚེ་ཀ་མ་ལ་ཤི་ལ་མ་མཆིས་ཀྱི་བར་དུ་ཡིས་དབང་པོས་བོ་དྷི་ས་ཏྭའི་ལྟ་བ་དང་། ཅོན་མེན་ཀྱི་ལྟ་བ་ཇི་ལྟར་ལགས་པ་སྙན་དུ་གསོལ་བས། ལྷ་སྲས་ཀྱི་དགོངས་པ་ཡང་གྲོལ་ཏེ་དགྱེས་ནས་དབུ་བ

ཏུད་ཏེ་〈དེ་〉ཡིས་དབང་པོ་ནི་ངའི་ཨ་ཙཪྻོ་ཞེས་བཀའ་སྩལ་〈བསྩལ་〉ནས་ཕྱག་བཞེས། དེ་ནས་ཀ་མ་ལ་ཤི་ལ་འོངས་ནས། བྱང་ཆུབ་ཀྱི་གླིང་དུ་གུང་ལ་ནི་བཙན་པོ་བཞུགས། ཧྭ་ཤང་དང་ཀ་མ་ལ་ཤི་ལ་༢་གཡས་གཡོན་དུ་སེང་གེའི་ཁྲི་ལ་བཞག མཇུག་ལ་སློབ་མ་རྣམས་དངར་ཏེ། ཧོན་མུན་པའི་སློབ་མ་ནི་ཇོ་མོ་བྱང་ཆུབ། སྲུ་ཡང་དག བན་དེ་ལང་ཀ་ལ་སོགས་པ་ན་ལ་མི་ཧོག་གི་ཕྲེང་བ་རེ་རེ་ལག་ཏུ་བསྐུར་ནས་བཀའ་སྩལ་〈བསྩལ་〉པ། ངའི་མངའ་རིས་ཀྱི་འབངས་ཀུན་བོད་ནག་པོ་ལ་ཞེན་པའི་དོན་ (དུ་) བལ་ཡུལ་ནས་ཟ་ཧོར་གྱི་རྒྱལ་པོའི་བུ་བོ་དྷི་ས་ཏྭ་སྤྱན་དྲངས་ཏེ་དཀོན་མཆོག་༣་གྱི་རྟེན་བཙུགས་ནས་འབངས་ཤུན་ལྷ་ཆོས་སློབ་ཏུ་བཅུག་པ། ཉུང་ཤས་ཅིག་〈ཞིག་〉རབ་ཏུ་བྱུང་བའི་འོག་ཏུ་ཧྭ་ཤང་མ་ཧྭ་ཡན་འདིར་ཕྱིན་ཏེ། བོད་ཀྱི་ (བན་དྷེ་) རབས་ཤིག་〈ཞིག་〉གིས་ཧྭ་ཤང་ལ་བསླབ། ཁ་ཅིག་〈ཁག་གཅིག་〉ནི་བོ་དྷི་ས་ཏྭའི་སློབ་མ་ཡིན་པས་ཧྭ་ཤང་གི་ལྟར་སློབ་ཏུ་བཏུབ་སྟེ་འཕྲུགས་པ་ལ་ངས་ཞལ་ཆེ་〈ལྕེ་〉བཅད་ན་ཧྭ་ཟང་གི་སློབ་མ་རྣམས་རངས་ཏེ། མྱི་ཤ་མིས་ནི་རིང་གི་ཤ་གཏུབས་ཏེ་ཤི། རྒྱས་ནི་རང་གི་མགོ་ལ་མེ་བཏང་སྟེ་ཤི། གཉགས་བི་མ་ལས་ནི་རང་གི་ཕོ་མཚན་བརྡུངས། གཞན་ཡང་ཆུ་གྲི་རེ་རེ་ཁྲེལ་ཞིང་ཅེན་མེན་རིལ་བཤད་ལ་ཕྲུ་མིའི་ངོས་སུ་མཆིའོ་ཞེས་ཟེར་ནས། དེ་ལྟར་བྱེད་དུ་གནང་བར་གཡོན་བསྙོས་པ་ཡིན། ད་ཅེན་མེན་པའི་མཁན་པོ་བོ་དྷི་ས་ཏྭའི་སློབ་མ་ཀ་མ་ལ་ཤི་ལ་ཡིན་བླ་〈པས་〉དེ་འོངས་པ་དང་། ཧྭ་ཤང་གཉིས་ཤེས་པ་སྤུར་〈བསྤུར་〉ལ་གཏན་ཚིགས་གང་ཆེ་བ་ལ་ང་རྒྱལ་མ་བྱེད་པར་ཆོས་ལུགས་༤་ན་དུ་མི་ཧོག་ག་ཕྲེང་བ་ཕུལ་ཅིག་ཅེས་བཀའ་སྩལ་〈བསྩལ་〉པ་དང་། ཧྭ་ཤང་གླི་སེཾས་ཀྱི་རྣམ་པར་རྟོག་པས་བསྐྱེད་པ་དགེ་བ་དང་མི་དགེ་བའི་ལས་ཀྱི་དབང་གིས་སེཾན་〈སེམས་ཅན་〉རྣམས་ངན་འགྲོ་དང་མཐོ་རིས་ལ་སོགས་པའི་འབྲས་བུ་ཐོང་ཞིང་འཁོར་བ་ན་འཁོར་རོ།། དེ་ལྟ་བས་ན་ཅི་ཡང་མི་བསམ་མོ།། སྦྱིན་པ་ལ་སོགས་པའི་ཆོས་སྤྱོད་པ་རྣམ་པ་བཅུ་བཤད་པ་ནི་སྐྱེ་བོ་དགེ་བའི་ལས་འབྲོ་མེད་པ་མ་རབས་དབང་པོ་བརྟུལ་པོ་བློ་ཞན་པ་རྣམས་ཁོ་ན་ལ་བསྟན་པ་ཡིན་ནོ།། སྔོན་སྦྱངས་པ་དབང་པོ་རྣོ་བ་རྣམས་ལ་ནི་ནམ་མཁའ་ལ་སྤྲིན་དཀར་ནག་༢་ཀ་〈གས་〉སྒྲིབ་པ་དང་འདྲ་བར་དགེ་སྡིག་༢་ཀ་སྒྲིབ་པར་འདྲ་བས་ཅི་ཡང་མི་སྤྱོད། ཅི་ཡང་མི་སེཾས། མི་རྟོག་མི་དམིགས་པ་ནི་༡)་ཆར་འཇུག་པས་ས་བཅུ་པ་དང་འདྲའོ་ཞེས་སྨྲས་པ་དང་ཨ་ཙཪྻ་ཀ་མ་ལ་ཤི་ལས་སྨྲས་པ། དེ་ལྟར་ཅི་ཡང་མི་བསམ་ཞེས་ཟེར་བ་ནི་སོ་སོར་རྟོག་〈རྟོགས་〉པའི་ཤེས་རབ་སྤངས་པ་ཡིན་ནོ།། ཡང་དག་པའི་ཡེས་ཀྱི་རྩ་བ་ནི་དོན་དམ་པར་སོར་སོ

ར་རྟོག་〈རྟོགས་〉པ་ཡིན་པས་དེ་སྤྲངས་པླ་〈པས་〉ནི་རྩ་བ་བཅད་པའི་ཕྱིར་འཇིག་རྟེན་ལས་འདས་པའི་ཤེས་རབ་ཀྱང་སྤྲངས་པ་ཡིན་ནོ།། སོ་སོར་རྟོག་〈རྟོགས་〉པའི་ཤེས་རབ་མེད་པར་རྣལ་འབྱོར་པ་ཐབས་གང་གིས་མི་རྟོག་པ་ཉིད་ལ་གཞག་པར་བྱ། གལ་ཏེ་ཆོས་ཐམས་ཅད་(མི་)དྲན་པར་བྱ་བ་དང་། ཡིད་ལ་མི་བྱ་བར་ཁྲིད་ཀྱིས་མི་ནུས་སོ།། གལ་ཏེ་བདག་གིས་ཆོས་ཐམས་ཅད་དྲན་པར་མི་བྱའོ།། ཡིད་ལ་མི་བྱའོ་སྙམ་སྟེ། དེ་ལྟར་བསྒོམས་ཤིང་དེ་དག་ལ་དྲན་པ་མེད་པར་བསྒོམས་ན། དེའི་ཚེ་དེས་དྲན་པ་(ཤིན་ཏུ་)ཡོད་ལ་བྱས་པར་འགྱུར་རོ།། ཇི་སྟེ་དྲན་པ་དང་ཡིད་ལ་མེད་ན་དེའི་ཚེ་དེ་༡རྣམ་པ་གང་གིས་མེད་པར་འགྱུར། དེ་༡དཔྱད་དགོས་ཏེ། མེད་པ་ལས་ནི་རྒྱུར་མི་རུང་སྟེ། གང་གིས་མཚན་མ་མེད་པ་དང་། ཡིད་ལ་བྱེད་པ་མེད་པར་རྣམ་པར་མི་རྟོག་པར་འགྱུར། དེ་ཙམ་གྱིས་ཁྲིད་རྣམས་རྣམ་པར་མི་རྟོག་པར་འགྱུར་ན་བརྒྱབ་བ་ཡང་རྣམ་པར་མི་རྟོག་པར་ཐལ་བར་འགྱུར་རོ།། ཡང་དག་པར་ན་སོ་སོར་རྟོག་〈རྟོགས་〉པ་མེད་པར་རྣམ་པ་གཞན་གྱིས་དྲན་པ་མེད་ཅིང་ཡིད་ལ་བྱེད་པ་མེད་(པར་བྱ་བ་)འི་ཐབས་མེད་དོ།། དྲན་པ་མེད་ཅིང་ཡིད་ལ་བྱ་བའི་ཐབས་མེད་པས་དེ་དག་གིས་སྟོང་པ་ཉིད་རྟོགས་པར་མིའགྱུར་རོ།། (སྟོང་པ་ཉིད་མ་རྟོགས་པར་ནི་སྒྲིབ་པ་སྤྱོང་བར་མི་འགྱུར་རོ།) ཇི་སྟེ་མ་རྟོགས་ཀྱང་སྒྲིབ་པ་སྤྱོང་ན་དུས་ཐམས་ཅད་དུ་རང་ཐར་བར་འགྱུར་རོ།། ཡང་གལ་ཏེ་རྣམ་འབྱོར་པ་ཆོས་ཐམས་ཅད་དྲན་པ་ཉམས་པའི་རྨོངས་པས་དྲན་པ་དང་ཡིད་ལ་བྱེད་པ་མི་འཇུག་ན། དེའི་ཚེ་ཤིན་ཏུ་རྨོངས་པ་ཡིན་པས་རྣམ་འབྱོར་པར་ཅི་ལྟརའགྱུར། ཡང་དག་པར་སོ་སོར་རྟོག་〈རྟོགས་〉པ་མེད་ན་དྲན་པ་〈པ་〉མེད་པ་དང་ཡིད་ལ་བྱེད་པ་ལ་གོམས་པར་བྱེད་པས། གླེན་པ་ཉིད་ལ་གོམས་པར་བྱས་པ་ཡིན་ནོ།། དེའི་ཕྱིར་ཡང་དག་པའི་ཡེས་ཀྱི་སྣང་བ་རྒྱང་རིང་དུ་བསྲིངས་པར་འགྱུར་རོ།། ཇི་སྟེ་དྲན་པ་ཉམས་པ་ཡང་མ་ཡིན། གླེན་པ་ཡང་མ་ཡིན་ན་ནི་དེའི་ཚེ་ཡང་དག་པར་སོ་སོར་རྟོག་〈རྟོགས་〉པ་མེད་པར་ཇི་ལྟར་དྲན་པ་མེད་པ་དང་ཡིད་ལ་བྱེད་པ་མེད་པར་(བྱེད་)ནུས་པར་འགྱུར། དྲན་༡ཀ་ཏུའང་མི་དྲན། མཐོང་༡ཀ་ཏུའང་མི་མཐོང་བར་ནི་མི་རུང་ངོ་།། དྲན་པ་མེད་ཅིང་ལ་ཡིད་ལ་བྱེད་པ་མེད་པ་ལ་གོམས་པར་བྱས་ན་ཇི་ལྟར་སྔོན་གྱི་གནས་རྗེས་སུ་དྲན་པ་ལ་སོགས་པར་འགྱུར་ཏེ། འགལ་བའི་ཕྱིར་དྲོ་བ་དང་། འགལ་བ་གྲང་བ་སྟེན་པའི་ཚེ་(དྲོ་བའི་ཚོར་བ་)མི་འབྱུང་བ་༤ནོ།། དེ་ལྟ་བས་ན་དམ་པའི་ཆོས་དྲན་པ་མེད་པ་དང་ཡིད་ལ་བྱེད་པ་(པ་དང་། སངས་རྒྱས་ཀྱི་ཆོས་ཐམས་ཅད་མཁྱེན་པསྱོ་〈ལ་སོགས་〉པར་) མེད་པ་འབྱུང་བ་དེ་ཡང་དོན་དམ་པར་སོ་སོར་རྟོག་〈རྟོག

ས་〉པ་སྟོན་དུ་འགྲོ་བ་ཡིན་བར་〈པར་〉བལྟ་བར་བྱ་སྟེ། གང་གི་ཕྱིར་ཡང་དག་པར་སོ་སོར་རྟོག་〈རྟོག
ས་〉པ་ཉིད་ཀྱིས་དྲན་པ་མེད་པ་དང་ཡིད་ལ་བྱེད་པ་མེད་པར་ནུས་ཀྱི། གཞན་དུ་ནི་མ་ཡིན་ཏེ། ཇི་ལྟར་
རྣམ་འབྱོར་པས་གང་གི་ཚེ་ཡང་དག་པའི་ཤེས་རབ་ཀྱིས་བརྟགས་ན་དོན་དམ་པར་དུས་༣་དུ་ཆོས་སྐྱེ་
བ་འགའ་ཡང་མ་མཐོང་བ་དེའི་ཚེ་ཇི་ལྟར་ཡིད་ལ་དྲན་པར་བྱ། དོན་དམ་པར་དུས་༣་དུ་མེད་པའི་ཕྱིར་
མྱོང་བ་མེད་པ་གང་ཡིན་པ་དེ་ཇི་ལྟར་དྲན་པར་བྱ། དེའི་ (ཕྱིར་) སྤྲོས་པ་ཐཾད་ཉེ་བར་ཞི་བས་རྣམ་པར་
མི་རྟོག་པའི་ཡེིས་ལ་ཞུགས་པ་ཡིན།དེ་ལ་ཞུགས་པས་སྟོང་པ་ཉིད་རྟོགས་པར་འགྱུར་རོ།། དེ་རྟོགས་ལྟ་བ་
ངན་པའི་དྲ་བ་མཐའ་དག་སྤངས་པ་ཡིན་ནོ།། ཐབས་དང་ལྡན་པའི་ཤེས་རབ་ཀྱིས་བརྟགས་པས་ཀུན་
རྫོབ་དང་དོན་དམ་པའི་བདེན་པ་ལ་ཡང་ (དག་པར་) མཁས་པ་ཡིན་ནོ།། དེ་ལས་ནི་སྒྲིབ་པ་མེད་པ
འི་ཡེིས་ཐོབ་པའི་ཕྱིར་སངས་རྒྱས་ཀྱི་ཆོས་ཐཾད་ཐོབ་པར་འགྱུར་ཞེས་གསོལ་ (པ་དང་)།

༢༨ ལྷ་སྲས་ཀྱི་ཞལ་ནས་ (བྱེད་) ཧོན་ཅེན་གང་ལྟར་དགའ་བ་ཡང་མཆིད་ཤགས་སོ་སོ་སན་ཐོབ་
ཤིག་〈ཅིག་〉ཅེས་བཀའ་བསྩལ་པ་དང་། སང་ཤིའི་མཆིད་ནས་རྒྱའི་ཅིག་ཅར་འཇུག་ཅིང་རིམ་གྱིས་སྦྱོ
ར་བ་མཆི་བ། ཕ་རོལ་ཏུ་ཕྱིན་པ་དྲུག་ཀྱང་འཛིན་པ་མ་མཆིས་པའི་ཕྱིར་སྦྱིན་པར་མིང་བཏགས་ཏེ། ཁ
མས་༣་ཡོངས་སུ་བཏང་སྟེ། བདག་དང་བདག་གིར་འཛིན་པ་མཆིས་ན་སྦྱིན་པའི་ནང་ན་ཐཾད་བཏང་བ་
ཡིན། སྒོ་༣་གྱི་ཉོངས་པ་འགོག་པ་ནི་ཚུལ་ཁྲིམས་ཏེ།རྣམ་པར་མི་རྟོག་པ་ལ་ཉོངས་པ་མ་མཆིས་ན་ལྷག་
པའི་ཚུལ་ཁྲིམས་བསྲུང་མི་འཚལ་ལོ། ཆོས་གང་ལ་ཡང་བཟོད་པ་དང་མི་བཟོད་པ་མེད་ན་བཟོད་པའི་མཆོ
ག་ལགས།ལེ་ལོ་ཡོད་པས་བརྩོན་འགྲུས་སུ་མིང་བཏགས། བརྩོན་པ་དང་མི་བརྩོན་པ་མེད་ན་བརྩོན་འགྲུ
ས་ཀྱི་མཆོག་མི་ཤིགས་〈བཤིག་〉པ་སྲ་བ་ཞེས་བྱ་སྟེ་བརྩོན་འགྲུས་ཀྱི་མཆོག་ལགས། སེམས་གཡེངས
པ་ཡོད་པས་བསམ་གཏན་དུ་མིང་བཏགས། སེམས་གཡེང་བ་མེད་ན་བསམ་གཏན་དུ་མིང་མི་འདོགས།
ཆོས་ཉིད་མི་ཤེས་པས་ཤེས་རབ་ཏུ་མིང་བཏགས། ཆོས་རང་སྤྱིའི་མཚན་ཉིད་མ་ནོར་བར་ཤེས་ན་ཤེས་
རབ་ཀྱི་མཆོག་ལགླ་ཏེ་སྟོན་པ་མྱ་ངན་ལས་འདས་ནས་རིང་ཞིག་ཏུ་ལྟ་བ་མི་མཐུན་པ་ཡང་མེད་ན།
སླད་ཀྱིས་རྒྱ་གར་གྱི་དབུ་མ་རྣམ་༣་མ་མཐུན་པ་དང་། རྒྱའི་ཧོན་ཙཆན་ཞིག་ (ཀྱང་བར་དུ་བྱུང་) པར་
གྱུར་ཏེ་མ་མཛལ་〈འཛལ་〉བ་ (དང) ཀུན་མ་རྟོགས་པ་ལས་གྱུར་གྱི། འཇུག་པའི་སྒོ་ཐ་དད་ཀྱང་དོ

ན་མི་རྟོག་མི་དམིགས་པར་༽།འབྲས་བུ་མྱ་ངན་ལས་འདས་པ་འཚོལ་བ་ཡང་༽་ཅེས་སྤྱི་མཐུན་པ་སྐད་དུ་གསོལ། (དབའ་) དཔའ་དབྱངས་ཀྱིས་སྨྲས་པ། ༽་ཅར་འཇུག་ཅིང་རིམ་གྱིས་སྦྱོར་མཆི་ (ཅེས་པ་) བའི་ཚིག་འདི་༢་དཔྱ་རལ་དུ་སྨྲ་སྟེ། རིམ་གྱིས་སྦྱོར་བར་འཚོལ་ན་ནི་ཅོན་མེན་དང་མི་འདྲ་བའི་རྒྱུ་ཡང་ཅི་མཆིས། ༽་ཅར་འཇུག་ (ན་) སླན་ཆད་ཅི་བྱེད་ཕྱེད་ད་ལྟ་ཕོན་སངས་རྒྱས་ན་ཅི་ཉེས། དཔེར་ན་རི་ལ་འཛེག་ན་གོམ་པ་རེ་རེས་བགྲོད་ན་ (ཡང་) དཀའ་ཆེས་ཏེ། སྐད་ཅིག་མཆོང་བའི་མཐུ་མེད་པ་དང་འདྲ་བར། ས་དང་པོ་ཐོབ་པ་ཡང་ཤིན་ཏུ་དཀའ་ན་སངས་རྒྱས་ཀྱི་སར་༽་ཅར་ (ཞུགས་) པའི་སངས་རྒྱས་གང་ཡིན། ལུང་བསྟན་པའི་ཁུངས་ (ཀྱང་འཚལ་ཟེར་) བཙལ་ (དགོས་ལ)། ཏོན་ཅོན་༢་ཤིན་ཏུ་མི་འདྲ་སྟེ། ཅོན་མེད་ནི་གསུང་རབ་ཀུན་ལ་མཁས་པར་བསླབས་ཤིང་སྦྱངས་ཏེ། ཤེས་རབ་རྣམ་པ་༣་ལ་བརྟེན་ནས་ཆོས་ཐཾད་མ་ནོར་བར་རིག་ཅིང་མི་སྐྱེ་བའི་བཟོད་པ་ཐོབ་བོ།། དོན་དམ་པར་སད་ང་པོ་ཐོང་པ་ཡང་ཆོས་སྤྱོད་རྣམ་པ་བཅུ་ལ་སོགས་པ་ཤིན་ཏུ་བསྒོམས་པའི་ཕྱིར་བཟོད་པ་ནི་ས་དེ་ལས་ཡང་དག་པར་འདས་ནས་ཡང་དག་པའི་སྒྲིབ་མེད་པར་འཇུག།། ལྟུང་བ་ཕྲ་མོའི་འབྲུལ་པ་ (ཀུན་ཏུ་འབྱུང་བ་) ཤེས་ཁྱེན་སྤོང་བར་མི་ནུས་པས། དེ་ཡོངས་སུ་རྫོགས་པར་བྱ་བའི་ཕྱིར་འབད་པས་ས་༢་པ་འཐོབ་པོ་〈བོ་〉།། འཇིག་རྟེན་གྱི་ཏིང་ངེ་འཛིན་དང་སྙོམས་པར་འཇུག་པ་དང་། ལུང་དང་རང་གི་རྟོ་སླ་པ་མཐའ་དག་ཐོབ་པའི་ཚིག་མི་ཤེས་ཏེ་ཕྱོགས་བཅུའི་སརྒྱས་ལ་ཆོས་ཞུ་ཞིང་སློབ་པོ་〈བོ་〉།། ཐོས་པའི་གཟུངས་རྫོགས་པར་བྱ་བའི་ཕྱིར་འབད་པས་ས་༣་པ་འཐོབ་པོ་〈བོ་〉།། བྱང་ཆུབ་ཀྱི་ཕྱོགས་དང་འཐུན་〈མཐུན་〉པའི་ཆོས་ཐོས་པ་དེ་དག་གིས་དེ་ལ་གོམས་པར་བྱ་དང་། སྙོམས་པར་འཇུག་པ་ལ་སྲེད་པ་དང་། ཆོས་ལ་སྲེད་པའི་སེམས་ལྷག་པར་བཏང་སྙོམསུ་མི་འཛོག་པས། དེའི་ཡན་ལག་ཡོངས་སུ་རྫོགས་པ་ལ་འབད་པས་ས་༤་པ་འཐོབ་པོ་〈བོ་〉།། བདེན་པ་རྣམ་པར་དཔྱད་པ་དང་འཁོར་བ་དང་མྱ་ངན་ལས་འདས་པ་ལས་༽་ཏུ་མི་འཛོག་པར་མངོན་སུམ་དུ་བྱས་པའི་རྗེས་ལ་ལྷག་པར་བཏང་སྙོམས་སུ་གཞག〈བཞག་〉པའི་ཐབས་ཀྱིས་ཡོངས་སུ་ཟིན་པའི་བྱང་ཆུབ་ཀྱི་ཕྱོགས་དང་འཐུན་〈མཐུན་〉པར་མི་ནུས་ཕླ〈པས་〉དེ་ཡོངས་སུ་རྫོགས་པ་མ་ཡིན་ཏེ་འབད་པས་ས་ལྔ་བ་འཐོབ་པོ་〈བོ་〉།། འདུ་བྱེད་ཅི་ལྟ་བ་༤་ན་(མངོན་) དུ་བྱས་ན་དེ་ལ་སྐྱོ་བ་མང་བ་དང་། མཚན་མ་ཡིད་ལ་བྱེད་པ་མང་དུ་གནས་ (པར་མི་ནུས་) པའི་ཕྱིར་འབད་པས་ས་དྲུག་པ་འཐོབ་པོ་〈བོ་〉།། བར་ཆད་མེད་པ་དང་རྒྱུན་མི་འཆད་པར

མཚན་མ་མེད་པ་ཡིད་ལ་བྱེད་པ་ལ་གནས་པར་མི་ནུས་པའི་ཕྱིར་འབད་པས་ས་བདུན་པ་འཐོབ་པོ་⟨བོ་⟩།། མཚན་མ་མེད་པ་ལ་གནས་པ་དེ་ལྷག་པར་བཏང་སྙོམས་སུ་བཞག་པ་དང་། མཚན་མ་ལ་དབང་ཐོབ་པ་མི་དམིགས་པའི་ཕྱིར་ (འབད་པས་) ས་བརྒྱད་པ་ (དང་དགུ་པ་) འཐོབ་པོ་⟨བོ་⟩།། ཤེས་བྱ་ཐཾད་ལ་ཆགས་པ་མེད་པ་དང་ཐོགས་པ་མེད་པ་མཐོང་བར་མི་ནུས་པས་དེའི་ཡན་ལག་ཡོངས་སུ་རྫོགས་པར་བྱ་བའི་ཕྱིར་འབད་པས་ཐཾད་མཁྱེན་པའི་གོ་འཕང་འཐོབ་⟨ཐོབ་⟩པ་ནི་ས་བཅུ་པའོ།། ས་བཅུ་ལ་སྦྱངས་ཤིང་བསྒྲོད་ནས་བརྟེས་པ་ལགས་ན་ཁྱེད་ཧོན་མུན་པས་མ་བསླབས་མ་སྦྱངས་པར་ནི་འཇིག་རྟེན་གྱི་བྱ་བ་ཐཾད་ཀྱང་མི་ཤེས་ན་ཐཾད་མཁྱེན་པའི་ཡེ་ཤེས་རིག་པའི་གནས་ལྔ་ལ་འཇུག་ཅིང་ཤེས་བྱ་ཐཾད་ཀྱི་མཐར་ཕྱིན་པ་ཅི་ (ལྟར་རུང་ཟེར་) ཅི་ཡང་མི་བྱེད།མ་བྱས་ན་བདག་རང་གི་ཟན་ཡང་མི་འགྲུབ་སྟེ་ལྟོགས་ཏེ་མཆི་ན། བླ་ན་མེད་པའི་སངས་རྒྱས་སུ་ལྟ་ག་ལ་འགྲུབ། བདག་རང་ལ་ཡང་མི་ཕན་ན་གཞན་ (གྱི་དོན་) ལྟ་ག་ལ་ནུས། བྱང་ཆུབ་སེམས་དང་པོ་བསྐྱེད་པ་ནས་སེཾན་ ⟨སེམས་ཅན་⟩ གྱི་དོན་ལྟར་བྱས་པས་བསོད་ནཾས་ཀྱི་ཚོགས་སུ་འགྱུར། ཤེས་རབ་རྣམ་༢་ལ་བརྟེན་པས་ཡེ་ཤེས་ཀྱི་ཚོགས་སུ་འགྱུར། ཉོན་མོངས་དང་ཤེས་བྱའི་སྒྲིབ་པ་སྤྲངས་པས་ཐབས་ཀྱིས་འཁོར་བ་མི་གཏོང་། ཤེས་རབ་ཀྱིས་ཉོན་མོངས་པས་མི་གོས། མཐར་སངས་རྒྱས་ནས་ཀྱང་འཁོར་བའི་མཐར་ཐུག་གི་བར་དུ་སངས་རྒྱས་ཀྱི་མཛད་པ་བསམ་གྱིས་མི་ཁྱབ་པས་སེཾན་ ⟨སེམས་ཅན་⟩ གྱི་དོན་མཛད་ཅིང་འཁོར་བ་ལས་བསྒྲལ་ནས་ཐཾད་མཁྱེན་པའི་གོ་འཕང་ལ་འཇོག་ན།མ་བསླབས་མ་སྦྱངས་ (ཅི་ཡང་མི་ཤེས་) ན་བདག་དང་གཞན་གྱི་དོན་ཡང་མི་བྱེད་ལ། མི་ (སེཾས་) པ་སྙོང་ང་དང་འདྲ་བས་སངས་རྒྱས་སུ་འགྲུབ་པཾ་⟨བཾ་⟩། མ་བརྟགས་མ་བལྟས་པར་ནི་ཐ་མལ་དུ་འགྲོ་ན་ཡང་རྫབ་ ⟨བརྫབ་⟩ འཚོས་པར་འགྱུར་རོ།། དེ་བས་ན་སངས་རྒྱས་འཐོབ་པར་འཚལ་བས་ཞི་གནས་དང་ལྷག་མཐོང་ལ་གོམས་པར་བགྱི་འཚལ་ཏེ། གང་དེ་༢་ལ་མ་གོམས་པ་ནི་དངོས་པོའི་མཐའ་ཡང་མི་རྟོགས། བསམ་པ་ཡོངས་སུ་རྫོགས་པར་ཡང་མི་འགྱུར་བར་བསྟན་ཏེ། དེ་ཁོན་ཉིད་ལ་སེཾས་ཤིན་ཏུ་གསལ་བར་བྱུང་བའི་ཚེ་ཞི་གནས་དང་ལྷག་མཐོང་ཟུང་དུ་འབྲེལ་པའི་ལམ་དུ་འགྲུབ་པ་ལགས་ཏེ། སྒོམ་ནའང་དེ་ལྟར་ལེགས་ཞེས་དཔལ་དབྱངས་ཀྱིས་སྨྲས་པ་དང་། ཧོན་མེན་གྱིས་ཅེན་མེན་ལ་ཤགས་མ་ཐུབ་སྟེ་མེ་ཏོག་དོར་ནས་འཕམ་ ⟨ཕམ་⟩ བླངས་སོ།། དེ་ནས་ལྷ་སྲས་ཀྱི་ཞལ་ནས་ཧོན་མུན་༡ཅར་འཛུག་ཅིས་མཆི་བ་ཙན་དུ་ཆོས་སྤྱོད་རྣམ་བཅུ་ (ལ་) སྐྱོན་སྐལ་ ⟨བཀལ་⟩། དེ་མི་བགྱིད་ཅིང་བདག་དང་

གཞན་གྱི་ (སློབ་སྦྱོང་གི་) སྒོ་བཀག་ན་སེམས་བྱིང་ཞིང་ཆོས་ནུབ་པར་འགྱུར་བས་ལྟ་བ་ནི་ནཱ་གཱ་རྫུ་ནའི་ལྟ་བ་ལ་ལྟོས་ཤིག སྒོམ་པ་ནི་ཤེས་རབ་རྣམ་༣་ལ་བརྟེན་ཏེ་ཞི་གནས་དང་ལྷག་མཐོང་ལ་སྒོམས་ཤིག་ཅེས་བཀའ་སྩལ་〈བསྩལ་〉ནས།

༢༩ སྣར་ཡེ་ཤེས་དབང་པོ་དང་། བོ་དྷི་ས་ཏྭས་གསོལ་བ་༤ན་མཐར་གྱིས་འཇུག་པར་ཆད་དེ། སྒྲ་བསྒྱུར་〈སྒྱུར་〉གྲྭ་བཙུགས་ (སློབ་སྦྱོང་། ལྟང་འབུལ། སེམས་འཆོས་ཀྱི་གྲྭ་༣་བཙུགས་) ནས། (ལོ་ཙ་〈ཙྪ་〉བ་དུག་པོད་མཚན་ཉིད་སྡེ་སྣོད་༣་འཆད་) མདོ་སྡེ་དབ་ཐེག་པ་ཆེན་པོའི་མདོན་པའི་བསྟན་བཅོས་རིལ་བསྒྱུར། ཧན་ཧྭ་ལས་མ་ཧཱ་ཡོ་ག་མུ་སྟེགས་དགེ་བ་ལ་གཟུད་པའི་སླད་དུ་གཙང་རྨི་མེད་པར་བསྟན་པ་ཆོས་དབྱིངས་ཇི་ལྟ་བ་ནི་མ་རྟོགས་པར་ལོག་པར་བཟུང་དུ་དོགས་ཏེ་མ་བསྒྱུར། སྔགས་གཡོག་〈ཡོ་ག་〉ནུས་པ་ཡང་བོད་ལ་མི་འབྱུང་ནས་མ་བསྒྱུར། བྲམ་ཟེ་རྣམས་དགེ་པ་ལ་གཟུད་པའི་དོན་དུ་ཀྲི་ཡ་གསུངས་པ་དང་།ཨུ་པ་ཡ་བོད་ལ (རན་པར་ཡེ་ཤེས་དབང་པོས་གསོལ་ཏེ་བསྒྱུར། འདུལ་བ་ལུང་སྡེ་༩་ལས་ཐཾ་ཡོད་སྨྲའི་སྡེ་པ་རྒྱུ་དང་འབྲས་བུ་སྟོན་དུ་སྟོན་པས་བོད་ལ་) འཚམ་པར་གསོལ་ཏེ་བསྒྱུར། ཉན་ཐོས་ཀྱི་མདོ་སྡེ་ལུང་རིང་པོ་དང་། གང་པོ་རྟོགས་པ་ཅུང་ཟད་ཞིག་བསྒྱུར། ཉན་ཐོས་ཀྱི་མདོན་པ་ཀོ་ཤ་བསྒྱུར། དབུས་མཐའ་ཀུན་དུ་འབངས་ཀུན་ལྷ་ཆོས་སློབ་ཅིང་དགེ་ (བ་) མི་བགྱིད་དུ་མི་གནང་བའི་ཡུལ་ཡུལ་དུ་སློབ་དཔོན་ (ལོགས་ན་) བསྐོས་ (ཡོད)། ཞང་བློན་དང་བཙུན་མོ་ཀུན་ཡང་ཀ་བ་ལི་རེ་རེ་ཐོགས་ནས་ཆོས་སློབ་ཏུ་སྩལ་〈བསྩལ〉། སྟོན་རྒྱལ་པོ་གདུང་རབས་ལྟར་ཆོས་མ་ཚུགས་པ་དེ་ལྷ་སྲས་ཁྲི་སྲོང་ལྡེ་བཙན་དང་། ཨ་ཙར་བོ་དྷི་ས་ཏྭ་དང་། དཔའ་ཡེ་ཤེས་དབང་པོ་དང་། འབའ་སང་ཤི་༤ས་དཀོན་མཆོག་༣་གྱི་རྟེན་བཙུགས་ (གཙུག་ལག་ཁང་བཞེངས་པ་ལ་སོགས་〈ལ་སོགས་〉པ་ལོགས་ན་ཡོད་) བོད་ཁཾ་སུ་དམ་པའི་ལྷ་ཆོས་རྒྱ་ཆེར་བསྒྲགས་སོ།།

༣༠ ཡེ་ཤེས་དབང་པོ་ཆེ་འདའ་ཀར་མི་མ་ཡིན་པ་དག་གིས་བསུ་ཞིང་། དྲི་ཞིམ་པོ་དང་། ནམ་མཁའ་ལས་མཆོད་པ་དག་ཀྱང་བྱུང་ངོ་། ཡེ་ཤེས་དབང་པོས་འཕགས་པ་ལ་ཐེ་ཙོ་〈ཚོམ་〉ཞུ་བའི་དུང་དུ་ལྷ་སྲས་གཤེགས་ནས་འབྲས་ཐུག་གསོལ་བ་དང་། ཡེ་ཤེས་དབང་པོའི་མཆིད་ནས་ལྷ་ཅིག་གི་ཕམ་ཕབས་འདི་མནོས་ན

ས་སླད་ཆད་ཕིཾ་གྱི་ཟབས་སྦྲངས། ཏིང་ངེ་འཛིན་དང་ཟབས་སུ་བཞེས། ཕུང་པོ་དང་ཆོས་སུ་བརྗེའོ་ཞེས་མཆི་སྐྱེ་ཆེ་འདས།། བཙན་པོའི་ཞལ་ནས་ཨ་ཙ་རྱ་ཆེ་འདས་པ་དང་སླར་ན་ཁ་བོའི་ཆེ་ཡང་རིང་པོ་མི་ཐུབ་ཅེས་གསུང་ 〈གསུངས་〉 (ནས་ཐུགས་ངན་ 〈ངལ་〉 ཆེར་མཛད་) །དེ་ནས་རབ་ཏུ་བྱུང་བ་རྣམས་ཧོན་མེན་པའི་ཚོག་མ་ཉན་ཏེ་ཆོས་སློབ་ཅིང་དགེ་ལེན་དུ་ཡང་མ་བཏུབ། རྒྱ་གར་གྱི་དར་མའི་དགེ་ཕྲོག་ཐག་ཙམ་བླངས་ཏེ་བསྒྱུར་ན། ཤི་ (ལེ་) ན་ལེན་ཏྲར་རྒྱ་གར་གྱི་དར་མ་མེས་ཚིག་སྐྱེ་མ་ཚང་བ་ལས། རྒྱ་ཡུལ་དུ་ལོ་སྟོང་ཉིས་བརྒྱ་ལོན་ནས་ཆོས་བྱུང་སྟེ་གསུང་རབ་ཀྱི་དགེ་ཚང་བར་བཞུགས་པ་ལྷ་རྒྱའི་དར་མ་མ་འགྱུར་བ་ཡིད་ལ་གཅགས་ 〈བཅགས་〉 གསུང་ངོ་ 〈གསུངས་སོ་〉།། རྫོགས་སོ།།༔

ལྷ་སྲས་ཁྲི་གཙུག་ལྡེ་བཙན་ (རལ་པ་ཅན་) གྱི་སྐུ་རིང་ལ་རྒྱ་གར་གྱི་མཁས་པ་མང་པོ་སྤྱན་དྲངས་ཏེ་ཀ་ཅོག་རྣམ༣་གྱིས་སྔར་མ་འགྱུར་བའི་ཆོས་རྣམས་ (ཀྱང་) བསྒྱུར། (སྔར་) འགྱུར་བ་རྣམས་ཀྱང་སྐད་གསར་ཆད་ 〈བཅད་〉 ཀྱི་གཏན་ལ་ཕབ། ལྷ་ཁང་བརྒྱ་རྩ་བརྒྱད་ཀྱི་གྲངས་ཀྱང་བཞེང་། ཆོས་ཁྲིམས་དར་གྱི་མདུད་པའང་བསྒྱུར་ནས་བསྡམས་ཏེ་ལྷ་ཆོས་གཏན་ལ་ཕབ་པོ་ 〈བོ་〉།།

སངས་རྒྱས་ཀྱི་ཆོས་བོད་ཁམས་སུ་ཇི་ལྟར་བྱུང་བའི་བཀའ་མཆིད་ཀྱི་ཡི་གེ་དབའ་བཞེད་པ་རྫོགས་སོ།།

ཞུས་དག།

༣༡ ཨ་ཙཱརྱ་ཡེ་ཤེས་དབང་པོ་འདས་ནས་སླད་ཀྱིས་ཡེ་ཤེས་དབང་པོའི་བུ་མོ་དབའ་ཟ་སྤྱན་རས་གཟིགས་ཀྱིས་ཇོ་མོ་བྱང་གི་སྔན་དུ་གསོལ་ཏེ་རྗེ་འབངས་ཀྱི་བསོད་ནམས་སུ་ཆོས་སློབ་བཙུགས། སྤྱན་རས་གཟིགས་ཀྱིས་བྲག་དམར་མ་མ་གོང་དུ་མཆོད་རྟེན་བརྒྱ་རྩ་བརྒྱད་ཅིག་〈གཅིག་〉བརྩིགས་པའི་ཚེ་ཆུ་མིག་དང་ས་བཟང་པོ་གླུས་བསྔངས།ཇོ་བ་རྒྱ་གར་གྱི་ཡི་གེ་ཅན་བྱུངོ།། ཨ་ཙཱརྱ་འབའ་རད་ནས་ཤེས་རབ་འཁྱུ (ཕོག་མ་པོད་ཕིམས་སུ་རྒྱས་པར་བསྒྱུར་རོ།། དེའི་ཚེ་དེའི་བྱིན་རླབས་ཀྱིས་འཇིག་རྟེན་གྱི་ཁམས་ཐེག་པ་ཆེན་པོ་སྤྱོད་པ་ཤ་སྟག་གི་ཞིང་དག་པར་སྐྱེ་བར་འགྱུར་རོ་ཟེར་) ཞེས་སྐྱི་ཡཾ་དུ་འབའ་རད་ནས་ལུང་བསྟན།དབའ་མཁན་པོ་མཧཱ་ལྷ་སྲས་ཀྱི་སྔན་དུ་འབུམ་བཤད་པ་དང་འོར་ཆེའོ་ཞེས་གསུངས་ནས་སྤྱི་བོ་ལ་བྱུགས་ཏེ་བྱ་དགའ་ཆེར་སྩལ་〈བསྩལ〉། ཇོ་མོ་ལྷ་རྒྱལ་གྱི་ཞལ་ནས་དེ་ལྟར་ཆོས་འཆད་མཁས་པ་ཟས་སུ་ཅི་ཟ་ (སྐོམ་སུ་ཅི་) ཞིག་འབྱུང་ཞེས་གསུང་གདའ། དེ་ནས་འབའ་སང་ཤི་སླད་ཀྱིས་ཚེ་འདའ་ཀར་འགྲན་བཟངས་ལྷ་ཁང་གི་ལྷ་ཡིད་བཞིན་འཁོར་ལོ་ལ་མཆི་མ་བྱུང་། མྱི་མ་ཡིན་པ་ངུ་བའི་སྒྲ་བྱུང་སྟེ། དམ་པའི་ཆོས་ནི་དང་པོ་དེ་ལྟར་བརྙེས་ཤེས་གདའོ།།

༣༢ ཧའི་ལོའི་དཔྱིད་ཟླ་ར་བའི་ཇོ་ལ་བཙན་པོ་ཁྲི་སྲོང་ལྡེ་བཙན་ནི་འདས། སྲས་མུ་ནེ་བཙན་པོ་ནི་སྐུ་ཆུངས་〈ཆུང་〉།ཆོས་སྤྱོད་ལ་དགའ་བའང་ཉུང་སྟེ།ལྷ་སྲས་ཡབ་ཀྱི་འདད་བགྱི་བར་བཅད་པ་ན། མཆིམས་བཙན་བཞེར་ལེགྲ་གཟིགས་དང་། སྣ་ནཾ་རྒྱལ་ཚ་ལྷ་སྣང་དང་། ངན་ལཾ་སྟག་ར་ཀླུ་གོང་ལསྐྱོ〈ལ་སོགས་〉པ་བློན་པོ་ནག་པོ་རྣམས་ཀྱིས་ཆོས་ནུབ་པར་བྱ་བའི་ཕྱིར་དང་། བོད་བཙུན་བར་བྱ་བའི་ཕྱིར་བྲག་དམར་མཆོ་མོའི་འགྲུར་དུ་རེའུ་ཆེན་པོ་ཕུབ་སྟེ། ཆིབས་ལས་རྟ་པོ་ཆེ་དང་མགྱོགས་པ་མང་པོ་དང་། ཆིབས་ཀྱི་རྐྱེན་པ་ར་ཚས་དང་། རིང་གུར་ལཏ་པའི་བཟོ་འདྲུབས་པས་གཞི་བཟུང་སྟེ། བོན་པོ་ཡང་འཕན་ཡུལ་གྱི་ཨ་གཤེན་དང་ཐྲེ་སྟུ་དང་། མཆོ་ཅོག་དང་། ཡ་ངལ་ལཏ་པ་བརྒྱ་ཉི་ཤུ་རྩ་བདུན་བསོགས་〈བསགས་〉ཏེ་འདད་བགྱིད་པར་བཅད་པ་ལས། སྲས་མུ་ནེ་བཙན་པོས་ཞང་བློན་ཆེན་པོའི་མདུན་སར་སྤྲིང་བ། ངའི་མདང་གི་རྨང་ལཾ་ན། འོག་མིན་གྱི་གནས་ལྕང་ལོ་ཅན་གྱི་ཕོ་བྲང་ཟེར་བ་ཞིག་ན། བཙོམ་

ལྷན་འདས་དཔལ་རྣམ་པར་སྣང་མཛད་དང་། ཕྱག་ན་རྡོ་རྗེ་དང་། འཇམ་དཔལ་གཞོན་ནུ་〈གཞོན་ནུར〉 (ཕྲུ་ར་པ) དང་། ཡབ་ཁྲི་སྲོང་ལྡེ་བཙན་རྣམས་ཐབས་གཅིག་ཏུ་བཞུགས་ཏེ། མདོ་སྡེའི་ལུང་ཁུངས་དང་། བསྟན་བཅོས་ཀྱི་གཏཾ་རྒྱུད་མང་པོ་གསུང་ཞིང་འདྲུག་པ་སྨྲིས་ཏེ། མཚན་ལྟས་འདི་དང་སྦྱར་ན་ན་ལྷ་སྲས་ཡབ་ཀྱི་འདད་ནི་བོན་དུ་བྱུར་མི་རུང་གི དཀར་ཆོས་བྱ་དགོས་པས་བཅོམ་ལྡན་འདས་ཀྱི་རིང་ལུགས་དང་། སྒྲ་སྒྱུར་གྱི་ལོ་ཙྪ་བ་དང་། མདུན་ས་ཆེ་ཆུང་དུ་གཏོགས་པའི་ཞང་བློན་ཆེན་པོ་དག་ཞིབ་ཏུ་མཆིད་གྲོས་འཕྲུན་〈མཕྲུན་〉བར་〈པར་〉གཉེར་དུ་ཁྲུམས་ཅིག་〈ཤིག་〉ཅེས་བཀའ་བསྩལ་བཛྲ་ངསོ།།

༣༣ དེ་ནས་འགོན་ཀླུའི་དབང་པོ་དང་། མཁས་པ་རྣ་ཆ་ཅན་༢་ཀྱིས་ཉིན་ལ་མཚན་དུ་བརྒྱུགས་ཏེ།ཚ་བ་ཚ་ཤོད་〈ཤོས་〉ཀྱི་རྒྱལ་ཁམས་ནས་པ་གོར་བཻ་རོ་ཙ་ན་དང་། རྒྱལ་མོ་གཡུ་སྒྲ་སྙིང་པོ་༢་སྤྱན་དྲངས་ཏེ། རིང་ལུགས་ཀྱི་བན་དེ་རྣམས་དང་། ལྷ་ལུང་ལྷུན་གྱི་དཔལ་དང་། ལོ་ཚ་〈ཙྪ་〉བ་མཆིམས་ཤག་ཀྱ་(ཤཱ་ཀྱ) དང་། ཨ་ཙ་ར་〈ཙརྱ་〉པ་གོར་བཻ་རོ་ཙ་ན་དང་། སྣ་ནམ་ཡ་ཆ་ཤེས་སྟེ་ལ་སྒོ་〈ལ་སོགས་〉པ་མཆིད་གྲོས་སུ་འཚལ་བ་ལས། གཡས་གྲལ་བོན་པོས་བཟུང་། གཡོན་གྲལ་བློན་པོས་བཟུང་། གུང་ལ་རྒྱལ་བུ་བཞུགས་ཏེ་བན་ཏེ་ལ་གྲལ་མ་སྟེར་བས་འཚོས་ཏེ་ཆོས་དང་འཕྲུན་〈མཕྲུན་〉བའི་གྲལ་མེད་པ་ལ། སློབ་དཔོན་བཻ་རོ་ཙ་ནས་བསྟུག་ཞ་〈ཞྭ་〉ཆེན་པོ་ཅིག་〈གཅིག་〉གསོལ། སྤྱ་གྲུག་རིང་པོ༑ བསྣམས། གསེར་ཐུལ་ཆེན་པོ༑ གསོལ་ནས། རྒྱལ་བུ་ལ་ཞེ་ས་གཞུང་བཞིན་དུ་ཕུལ་ནས། མངའ་བདག་གི་འོག་གཡས་གྲལ་དང་པོ་ན་མཆིམས་བཙན་བཞེར་ལེགས་གཟིགས་ཡོད་པའི་རྒྱབ་ཏུ་འཁར་བའི་ཨོཾ་ཚུགས་མཛད་ནས་བཞུགས་པས། བཙན་བཞེར་ལེགས་གཟིགས་ཉམས་ལ་མ་བདེ་ནས་ཕྱིར་མིག་བལྟས་པས། བཻ་རོ་ཙ་ནའི་སྣ་རའི་གསེབ་ན་ཁྲོ་ཆུ་ཞུང་དཀར་ཙམ་ཤིག་ཤིག་སྣང་བ་དང་། ཤིན་ཏུ་སྐྲག་ནས་གོག་གིས་ལངས་པའི་ཤུལ་དུ་བཻ་རོ་ཙ་ནས་བཞུགས་པས་བན་དེ་ལ་གཡས་གྲལ་ཤོར། དེ་ལྟར་མདུན་སར་བསྒྲིགས་ཏེ་བཞུགས་པའི་དུས་སུ། རྒྱལ་བུའི་འཕྲིན་གྱི་བྱང་བཟངས་སླག་པར་གཟས་པ་དང་། ཞང་བཙན་བཞེར་ལེགས་གཟིགས་ཀྱིས་འདི་སྐད་སྨྲས་ཏེ། ཕྱུཾ་ལགས་རིང་ལུགས་ཀྱི་བན་དེ་ཆེན་པོ་དང་། ཨ་ཙ་ར་〈ཙརྱ་〉དག་སྤྱིར་བདག་ཅག་གིས་གསལ་ན་མི་འཚལ་ཞིང་། མཐའ་བཞི་ཉེ་འོག་དང་བརྡའ་མཛལ་ཏེ་གསང་སྒོ་ཕྱེ་ནའང་། འོ་སྐོལ་མངའ་རིས་བོད་ཀྱི་རྒྱལ་ཁམས་སུ་རྗེ་མི་ལྡེ། ལྷ་ལྡེ་སྤྱ་རྒྱལ་གཉའ་ཁྲི་བཙན

པོ་ལྷ་བུ་ཞིག་འགྲེང་མགོ་ནག་གི་རྗེར་གཤེགས་པའི་ཚེ།ཡ་མཚན་ཅན་གྱི་གོར་དུ་དུང་དཀར་ཆེན་དཀར་ཆུང་། གཉན་གཡུ་རུ་ལྡེ་མདོངས། རྨོག་རྨ་ལགས། རྨ་ཁྲབ་ཞོལ་མོ། གཞུ་རང་བརྡུངས། རྨ་མདུང་ཟང་ཡག རལ་གྲི་གཤེན་གྱི་བླ་མཆོ། དམུ་ཤུབ་གོང་ཁྲ་ལསྒྱ་〈ལ་སོགས་〉པ་མང་པོ་ནི་མདའ། དེ་ཙ་ན་འབངས་ཞབས་འབྲིང་བ་སྐུ་གཤེན་ཚེ་ཚོག་དང་སྲབས་ཅིག་〈གཅིག་〉ཏུ་བཞུགས་ཏེ། ཤེང་སྟོང་པོ་ནི་སྐྱ་དུད་དུད། གོར་ཕ་བོང་ནི་འཕར་ཐང་ཐང་། རྫུ་འཕྲུལ་དང་ཡ་མཚན་ཆེ་བའི་ཚད་༡་མཆིས་སོ།།

དུས་དེ་ཙམ་ན་མི་གྲུམ་ཀྲུང་〈ཡང་〉ས་ལ་འདད་གཏང་〈གཏོང་〉བ་དང་བང་སོ་བརྩིག་མི་འཚལ། དེ་ནས་སྲས་ཆེ་བས་ཁ་ཐུབ་ནས་ཡབ་གདུང་དུ་གཤེགས་ཏེ་འདད་བཏང་བ་རྩུད་ཆད་དུ། ལྷ་ཐོ་ཐོ་རི་སྙན་ཤལ་དང་གྲང་ལུང་གི་གྲུང་སྣན་དུ་བཞོས་ཏེ། གཏོང་འདད་གཏོང་བ་ཡང་གྲང་ལུང་གི་གྲུང་སྣན་གྱིས་གཏོང་ངོ།། ལྷ་ལ་ལྷ་འདུར་ཞེས་ཀྱང་བགྱི་སྟེ། རྗེའི་གཏོང་འདད་དང་། འབངས་ཀྱི་འདུར་ལུགས་དེ་རྩུན་ཆད་དུ་བྱུང་བ་ལགས་ཏེ། འདད་བཏང་རྩུན་ཆད་དུ་བཞུགས་ཀྱི་སྐུ་ཕབར་〈མཁར་〉ནི་བཙན་ཐང་སྒོ་བཞི་བརྩིགས་པས་བཀྲ་ཤིས་ཞིང་ཞལ་གྲོ་〈དྲོ་〉བ་ལགས། བསྟེན་པའི་སྐུ་ལྷ་ནི་ཡར་ལ་〈ལྷ་〉ཤམ་པོ། གྲོངས་ཀྱི་བང་སོ་ར་བ་ཐང་དུ་བཏབ་སྟེ། ཡར་ལ་〈ལྷ་〉ཤཾ་པོ་ནི་གཉན་ཞིང་མཐུ་ཆེ། ཕྱི་ལུགས་ར་བ་ཐང་ནི་བཀྲ་ཤིས། དེ་ཙ་ན་གཡོ་རུ་སྣད་ནས་ཉུང་ཤས་ཙཾ་༡་ལས་ཟེ་〈ཟེང་〉པོའི་རྗེ་ཁྲི་འཕང་༢་དང་ཞང་ཞུང་གི་རྒྱལ་པོ་གཉའ་ཞུར་ལག་ (མིག་) ལསྒྱ་〈ལ་སོགས་〉པ་རྒྱལ་རིགླ་ཕྲ་མོ་མངའ་རིས་སུ་འདུས་པ་ལགས། མངའ་ཐང་ཆེ་བ་དང་ཆབ་སྲིད་མཐོ་བ་ནི་གཙུག་ལག་དང་ལྡན་བས་བྱུང་སྟེ། སྐུ་གཤེན་ཚེ་ཅོག་དག་གི་ལྷ་སྤྱོད་ཀྱང་ལེགས་པ་འདྲ། ཕ་བ་སྐུ་གཤེན་པ་དག་གི་སྟོང་འདད་ཆེ་ཞིང་ཞལ་གྲོ་〈དྲོ་〉བ་ལས། ད་འདི་ལས་བཟློག་སྟེ་འདད་བན་དེས་མཛད་དེ། རྒྱ་གར་གྱི་ཆོས་ལུགས་སུ་མཛད་སྤྱོད་ལྟར་བགྱིས་ནས། གལ་ཏེ་བཀྲ་མི་ཤིས་པ་དག་བྱུང་ན། བླ་སྒོ་༢་ཅར་གྱི་ཆབ་སྲིད་དམས་པར་དེས་པས་རིང་ལུགས་ཀྱི་བན་ཆེན་པོ་དང་བློ་ (ན་) པོ་རྣམས་འཐུན་〈མཐུན་〉བར་〈པར་〉གྱིས་ལ་འདད་བོན་ལུགས་སུ་བྱ་བར་རིགས་སོ་ཞེས་གླེངས་སོ།།

༣༩ དེ་ནས་བཻ་རོ་ཙ་ནའི་ཞལ་ནས་ཚིག་དེས་ལྟང་མི་ཆོད་པས་གཡས་གླུ་པོའི་ཡི་གེ་གླག་སོལ་ཅིག་གསུང་〈གསུངས་〉ནས་ལན་བཏབ་པ། ཨོཾ་བྱང་ཆུབ་སེམས་དཔའི་གདུང་རྒྱུད། རིགས་༣མགོན་པོའི་

སྤྲུལ་པ། ཕྱུགས་རྗེ་ཆེན་པོའི་མངའ་བདག མི་རྗེ་ལྷའི་དབོན་སྲས་རིན་པོ་ཆེ་གསེར་གྱི་གཉའ་ཤིང་ལྷ་བུ་དབུ་ལ་བཞུགས་ལགས། ཆབས་<ཆབ་>འོག་ན་མཆིས་པ་འབངས་ཀྱི་རབ་པ་མང་ཞིག་མི་གསོལ། ཅུང་ཟད་ཞུ་བས་ས་ས་ནས་སྙན་གསན་པར་ཞུ་ལགས། དངོས་ངན་པ་སྨུག་ལས་ཀྱི་སྐལ་བས་ལྷོ་བལ་གྱི་སྐད་བསླབས་ཏེ་མཐའ་བཞི་ཉི་འོག་གི་རྒྱལ་རིགས་ཀུན་གྱི་ཁ་བརྒྱུད་ནས། ཤིག་དོང་དང་། སྤྲུལ་ག་དུག་པ་ཅན་གྱི་དོང་དུ་སྐྱལ་<བསྐྱལ་>བས་ཤ་སྲབ་ཅིང་དབང་པོ་མི་གསལ་བར་གྱུར་ཏེ་འཚལ་བའི་སྒྲོ་རྒྱུད་གིས་ཀྱང་ནི་ཐོས་པ་མང་པོའི་སྒྲོ་ནས་གཞི་བླངས་ཏེ། སྤྱི་ཆེད་ཅུང་ཤས་ཅཾ) གསོལ་ན། ཡོང་འཛུ་བུའི་གླིང་གི་འཇིག་རྟེན་གྱི་ཁམས་ན་སྲིད་པ་ཇི་ལྟར་སྤྱོད་པ་ཅིག་<ཞིག་>ལགས་ཞེ་ན། དཔེར་ན་བར་སྣ་ང་འདི་རྡོ་རྗེའི་ཕ་བོང་ཅིག་<གཅིག་>གིས་རང་གིས་རང་འགྲིལ་ཏེ་ས་གཅིག་ནས་གཅིག་འདས་ཀྱང་མི་འགྱུར་བ་བཞིན་དུ། མི་གཅིག་ཁ་ཤར་ཕྱོགས་སུ (བ་) ལྟས་ཏེ་ལ་གཅིག་རྒྱལ་<བརྒྱལ་>། རྒྱུ་གཅིག་འབོགས། ཐང་གཅིག་རྒྱལ་<བརྒྱལ་>ཏེ་ཚེའི་མཐར་ཕྱུག་པར་སོང་ཡང་མི་དང་ཡུལ་ལ་ཟད་པ་མཆིས་སོ།། དེ་ལ་ཞང་བཙན་བཞེར་ན་རེ། བཞུགས་ཀྱི་སྐུ་འཁར་<མཁར་>ནི་བཙན་ཐང་སྒོ་བཞི། སྙེན་གྱི་སྐུ་ལྷ་ནི་ཡར་ལ་<ལྷ་>ཤཾ་པོ། གྲོངས་ཀྱི་བང་སོ་ནི་རབ་ཐང་དུ་བཏབ་པས་བཀྲ་ཤིས་བགྱི་བ་དེ་ཤོ་པེ་བ་ལགས་ཏེ།

༣༥ དེ་བས་བཀྲ་ཤིས་པ་རྒྱ་གར་གྱི་ཡུལ་ཤྲཱི་ན་ལེན་དྲའི་གཙུག་ལག་ཁང་ན་དཾ་པའི་ཆོས་ལ་ཕྱུགས་ཆེས་ཤིང་དཀར་ཕྱོགས་ལ་མོས་པའི་བྱིན་རླབས་ཀྱིས་རྒྱལ་པོ་ད་ན་ཏ་ལོ་ལ་སྲས་ཕུ་རེ་ཛ་ཏ་ཏེ་དང་། སྲས་མོ་པ་ལ་ནི་ལ་སྡོ་<ལ་སོགས་>པ་བརྟེད་ཉེར་ལྔས་ལོ་སྟོང་ལྔ་བརྒྱ་དང་། ལོ་སྟོང་སུམ་བརྒྱ་ལོན་པ་བཞུགས་སོ།། ཡང་རྒྱ་གར་གི་རྒྱལ་པོ་རྣམ་རྣྡ་དང་། ཨུ་རྒྱན་གྱི་རྒྱལ་པོ་ཨིན་དྲ་བྷུ་ཏི་ལ་མི་རབས་བཅུ་བཞིའི་བར་དུ་ཕ་ཁུ་ཡང་ཚེ་རྗེ་<བརྗེ་>། བུ་ཚ་ཡང་རབས་མི་འཆད། ལེགས་པའི་ཡོན་ཏན་དུས) ལ་རྫོགས་པའི་སྐྱུས་ཀྱི་ཞིང་གྱུད་པ་བ་ཞིག་ཀྱང་མཆིསོ།། ཡང་རི་རབ་ཀྱི་རྩེ་མོ་སུམ་བཅུ་རྩ་གསུམ་དགའ་ལྡན་ལྷའི་གནས་རྣམ་པར་རྒྱལ་བའི་ཁང་བཟངས་<བཟང་> (ཞེས་) བྱ་བ་ན། གྱུང་ལ་ལྷའི་དབང་པོ་བརྒྱ་བྱིན་བཞུགས། ཅོག་ཆེན་པོ་བཞི་ན་གནོད་སྦྱིན་བཞི་བཞུགས། བ་གཾ་སུམ་བཅུ་རྩ་ ༢ན་འཁོར་ཉེ་དབང་སུམ་བཅུ་རྩ་ ༢ བཞུགས་ཏེ་དགྱེས་པ་ལ་ལོངས་སྤྱོད་ཅིང་། རིན་པོ་ཆེའི་གཞལ་ཡས་ཁང་གདན་མནན་ན་ནི

མ་ (ཞེས་) བྱེད་ཅིང་། བཏེག་ན་འཕར་བ་ལ་བཞུགས་པ་མཆིས་སོ།། ཡང་འོག་མིན་ཆོས་ཀྱི་དབྱིངས་ཀྱི་ཕོ་བྲང་དང་། སརྒྱས་ཀྱི་ཞིང་ཡོངས་སུ་དག་པ་བདེ་བ་ཅན་ནམ། པད་མ་ཅན་ཞེས་པ་ན། སྐྱེ་འཆི་དང་འདུ་འབྲལ〈བྲལ་〉མེད་པ་བཀྲ་ཤིས་པ་བགྱི་བ་དེ་ལྷ་བུ་ལགས་སོ།། ཡར་ལྷ་ཤམ་པོ་གཉན་བགྱི་བ་དེ་ཤོ་པེ་བ་ལགས་ཏེ། དེ་བས་གཉན་ཞིང་མཐུ་ཆེ་བ་ཀླུ་པོ་ཆེན་པོ་བཞི་འཾ་མཐུ་སྙོབས་ཀྱི་བདག་པོ་ཕྱག་ན་རྡོ་རྗེ་ལསྗོ〈ལ་སོགས་〉པ་རིགས་གསུམ་འགོན〈མགོན་〉པོ་འམ། ཐུགས་རྗེ་ཆེ་ལ་ཐབས་མཁས་པ་བཅོལ་ལྡན་འདས་རྣམ་པར་སྣང་མཛད་སྐུ་མདུན་རྒྱབ་མི་གསལ་བ། སྲིད་པའི་ཆོས་ཐཾད་ལ་དབང་སྒྱུར་མ་མཆིས་ཏེ། གཉན་ཞིང་མཐུ་ཆེ་བ་དེ་ལྷ་བུ་ལགས་སོ།། བོན་ཀྱི་ལྷ་སྐྱོད་དང་གཙུག་ལག་ལེགས་བགྱི་བ་དེའང་ཤོ་པེ་བ་ལགས་ཏེ། ཟང་པོའི་རྒྱལ་པོ་ཁྲི་འཕང་གསུཾ་གྱིས་ལྷ་སྙིང་རྗེ་མེད་པའི་ཐང་ལྷ་ཡར་ལྷ་གསོལ། འཕན་ཡུལ་གྱི་ཨག་གཤེན་རྣམ་ ༢ གྱིས་གནག་ལུགས་དང་ཧྲ་ལསྗོ〈ལ་སོགས་〉པ་དྲུད་འགྲོ་མང་པོ་ནི་བཤད། འདྲེད་འགྲིན་དང་གཙོ་མི་ལསྗོ〈ལ་སོགས་〉པ་འདྲེ་གསུར་འདོད་དང་། བོན་ལུགས་འདོད་མང་པོ་བསགས། སྡིག་སྡུ་མའི་སྟེང་དུ་ཕྱི་མ་མནན〈བསྣན་〉ཏེ་འབྲུལ་པའི་ཆོས་ལ་སྒྱུད་པས་ཁོའི་བྲན་ཉང་སྤྲས་གཏོན་དང་ ༣། ཆོ་སྒྲོངས་འཕྲིན་དང་བཞི། མཁར་ཁྲུང་ལུང་རྒྱབ་བུ་སྣང་དང་ཆས་ནས་སྤྲུ་རྒྱལ་བོད་ཀྱི་མངའ་རིས་སུ་འདུས་པ་ལགས་ཏེ། དེ་ལྷོ་ཆེ་ཞིང་ཞལ་བསོད་པ་ལགས་སཾ། ཞང་ཞུང་གི་རྒྱལ་པོ་གཉའ་ཞུར་ལག་མིག་གིས་ལྷ་སྙིང་རྗེ་མེད་པའི་གྲི་གོད་དང་མི་ཐུར་ནི་གསོལ། ཞང་ཞུང་གི་ཆོས་ལུགས་རྣམ་པ་བཞེར་བོན་ཤིད་བཏང་བས་ཞང་ཞུང་གི་རྒྱལ་སྲིད་བརླགས་ནས་འཕར〈མཁར་〉རྩེ་མཐོ་དང་། ཀོད་ལྷའི་ལསྗོ〈ལ་སོགས་〉པ་སྤྱུ་རྒྱལ་གྱི་མངའ་རིས་སུ་འདུས་པ་ལགསོ།། དབོན་འ་ཞའི་རྒྱལ་པོས་ལྷ་སྙིང་རྗེ་མེད་པའི་སྲིད་དྲི་དཀར་པོ་ནི་གསོལ། དབོན་འ་ཞ་རྗེ་ཉིད་ཀྱི་ལུགས་སུ་བོན་ཤིད་ནག་པོ་བཏབ་པས་འ་ཞའི་རྒྱལ་སྲིད་བརླག་ཏེ་སྤུ་རྒྱལ་གྱི་མངའ་རིས་སུ་འདུས་པ་ལགསོ།། མཆིམས་དགས〈དྭགས་〉པོའི་རྒྱལ་པོས་བོན་ཤིད་ནག་པོ་བཏང་བས་མཆིམས་ཀྱི་རྒྱལ་སྲིད་བརླག་སྟེ་ད་ལྟ་ཞང་བཙན་བཞེར་དག་ཀྱང་འབངས་ཚད་མར་གྱུར་པ་ལགས་སོ།། སྤུབས་རྗེ་སྲིབས་པོས་ལྷ་སྙིང་རྗེ་མེད་པའི་སྤུབས་ལྷ་མཐོན་དྲུག་ནི་གསོལ། བྱུར་མི་བཏུབ་པའི་བོན་ཤིད་ནག་པོ་བཏང་བས། སྤུབས་ཀྱི་རྒྱལ་སྲིད་རླག〈བརླག་〉སྟེ་སྤུབས་འཕར་སྐྱ་མོ་ཆས་ཏེ་བོད་ཀྱི་མངའ་རིས་སུ་འདུས་པ་ལགས་སོ།། དེ་ཙམ་དུ་ཉེས་པ་ཆེ་བའི་རྒྱུ་མཚན་གྱིས་ཤིད་བོན་ལུགས་སུ་བྱུར་མི་བཏུབ་པ་འདྲའོ།།

དཾ་པའི་ཆོས་ནི་ལུང་ཚད་མའི་ཟིན་ཏེ། དགེ་བ་བྱས་པས་མཐོ་རིས་དང་། སྲོག་གཅོད་སོགས་ (པ)
མི་དགེ་བ་བྱས་པས་ངན་སོང་དུ་ལྟུང་ཞེས་འབྱུང་བས། འོ་སྐོལ་གྱི་རྗེ་ཁྲི་སྲོང་ལྡེ་བཙན་ལྷ་བུ་ཞིག་གཟུག
ས་ཕྱུང་སྐད་ཅིག་མིའི་ལུས་བླངས་ཀྱིས་ཀྱང་དགོངས་པ་སྐྱུས་སུ་བཞུགས་ཏེ་གཟུགས་བརྙན་གྱི་དཀྱིལ་
འཁོར་བརྒྱ་རྩ་བརྒྱད་བཞེངས་པ་དང་། ཤེས་རབ་ཀྱི་ཕ་རོལ་དུ་ཕྱིན་པའི་མདོ་སྡེ་བརྒྱ་རྩ་བརྒྱད་བཞེང
ས་ཏེ་དགེ་བའི་འཕྲོ་བཟང་བས་དེ་དང་རྗེས་སུ་འཐུན་〈མཐུན་〉པར་བགྱིད་འཚལ། འཕྲུལ་པའི་སྤྱོད་
པ་ངན་པས་བསླུས་ན་དཔེར་ན་ཧ་དཀར་པོ་ལ་སྣུན་ནག་པོ་བསྣད་པ་ལྟར་སྔར་གྱི་སྒྲིབ་པ་དང་གེགས་སུ་
འགྱུར་ངེས་པས་ལྷ་སྲས་ཀྱི་གཏོང་འདོད་འདི་ཆོས་ལུགས་སུ་བགྱིད་པར་ཞུ་ཞེས་གསུངས་པས།

༣༨ མཆིམས་བཙན་བཞེར་ལེགས་གཟིགས་ན་རེ། བན་དེ་དག་ཁྱེད་ཀྱི་མཆིད་ཤགས་དེ་ཁུངས་ནི་
ནམ་མཁའ་སྟོང་པ་ལས་བྱུང་། དུས་ཚོད་ནི་ཚེ་ཕྱི་མ་ལ་བཏབ། ཁ་ཟིན་ནི་ལྷ་སྲས་ཀྱིས་མཛད། བདག་
ཅག་གི་མཆིད་གྲོས་ལྟར་མི་འགྱུར་ན་ཅི་ལེགས་པར་མངའ་གསོལ། ཕོ་བྲང་གི་མདུན་ས་ཡང་བན་དེས
ཟུང་〈བཟུང་〉། རྗེའི་ཞབས་ཐོག་〈ཏོག་〉ཀྱང་བན་དེས་ཀྱིས། མཐའི་སོ་ཁ་ཡང་བན་དེས་སྲུངས་ཟེ
ར་ཏེ་སྤྱུགས་རྩབ་བྱས་སོང་བས། གཞན་སུས་ཀྱང་མ་སྦྱོབས་ཏེ་སླབ་མ་བྱུང་བ་ལ། སློབ་དཔོན་བཻ་རོ་
ཙ་ནས་སླར་གཉེར་དེད་རང་བན་དེས་བྱེད་ཅེས་གསུངས་པས་ལྷ་སྲས་ཀྱང་རབ་ཏུ་མཉེས་སོ།།
དེ་ནས་བན་དེ་རྣམས་ཀྱིས་ལྷའི་བུ་དྲི་མ་མེད་པའི་མདོ་ (གཙུག་ཏོར་དྲི་མེད་ཀྱི་གཟུངས་) ལ་བརྟེན་ན
ས་འདད་ཤིད་དཀར་ཆོས་སུ་མཛད་དོ།། དེའི་དུས་སུ་རྡོ་རྗེ་དབྱིངས་ཀྱི་དཀྱིལ་འཁོར་བཞེངས་ཏེ་ལྷ་སྲ
ས་ཁྲི་སྲོང་གི་འདད་བཏང་། བཻ་རོ་ཙ་ནས་ཐུགས་བདག་མཛད། གཡུ་སྒྲ་སྙིང་པོས་ཆོག་མཛད། ངན་
ལཾ་རྒྱལ་ (བ་) མཆོག་དབྱངས་དང་། འབོན་ཀླུའི་དབང་པོ་དང་། སྣུམས་〈སྣུབས་〉ནམ་མཁའ་སྙིང་
པོ་ལསྒོ་〈ལ་སོགས་〉པས་ཤེས་རབ་ཀྱི་ཕ་རོལ་དུ་ཕྱིན་པ་སྲས་ཡུམ་མང་དུ་སླུགས་〈བཀླགས་〉ཏེ་ལྷ་སྲས་
ཀྱི་འདད་རྒྱས་པར་བཏང་ངོ།། དེ་ནས་མངའ་བདག་མུ་ནེ་བཙན་པོ་དང་། བཻ་རོ་ཙ་ན་དང་། རྒྱལ་མོ་ག
ཡུ་སྒྲ་སྙིང་པོ་ ༢ གྱིས་ལྡན་དཀར་ཏ་མོ་རར་བཀའ་ངེས་པའི་ལུང་དོན་མན་ངག་རྣམས་རྒྱ་སྐད་ལས་བོད་
སྐད་དུ་བསྒྱུར། སྲས་མུ་ནེ་བཙན་པོས་བཀའ་ངེས་པའི་ལུང་དོན་མན་ངག་ཟབ་པ་རྣམས་སྟོད་དང་ལྡན་
པ་ལ་གཏད། ལ་ལ་དབུ་རྩེ་ཟངས་ཁང་གི་བསེ་སྒྲོམ་ནག་པོར་སྦས་ཏེ་བཞག་གོ། དེ་ནས་གཡུ་སྒྲ་ (སྙི

ང་པོ་) ཉིད་ཚ་བའི་ཡུལ་དུ་བཞུད། བི་རོ་ཙ་ན་ནུབ་ཕྱོགས་གྲུད་ཀྱི་ཡུལ་མ་ག་ཏྲའི་བྲག་ཕུག་ཏུ་ཡུན་གྱི་དགོངས་པ་ལ་གཤེགས་སོ།། ལ་ལ་ན་རེ་ཤར་ཕྱོགས་ལིའི་ཡུལ་ཤེར་འཁར་དཀར་པོའི་ནང་ན་ལི་རྗེ་དཀར་པོའི་བུ་མོ་ལི་ཟ་ཚུལ་ཁྲིམས་མཚོ་བྱ་བ་ཁྲིད་ནས་བྱང་ཕྱོགས་ཀྱི་ལྷ་ཁང་གི་སྒོ་ཅན་གསོས་ཀྱང་ཟེར་རོ།། དེ་ནས་ཕྱིས་ངན་སོང་སྦྱོང་རྒྱུད་ལ་བརྟེན་ནས་ཀུན་རིག་དང་གཙུག་ཏོར་དགུའི་དཀྱིལ་འཁོར་ལ་བརྟེན་ནས་ཤེད་རྣམས་བྱས་སོ།། གྲིར་ཤི་བ་ལ་ཁྲོ་བོ་ཉི་མའི་དཀྱིལ་འཁོར་བརྟེན་ནས་ཤེད་བྱས། དེའི་གཏད་ཡར་དང་། ཁྲི་འདུལ་ལསྒོ་〈ལ་སོགས་〉པ་རྣམས་མདོ་སྟེའི་ཁུངས་དང་སྦྱར་ནས་མཛད། དུས་དེ་ནས་ཤེད་ཐེད་ཆོས་ལུགས་སུ་བྱེད་པ་བྱུང་སྟེ། དེ་ཡང་བོན་ལུགས་གླེན་པ་དག་ནོར་ལོངས་སྤྱོད་མང་པོ་གཏེར་དུ་སྦེད་པ་ཡོད་སྐད། དེ་ནི་གོང་ཆེ་ལ་ཕན་ཆུང་བར་དགོངས་ནས་ཆོས་ལུགས་མཁས་པ་དག་གིས་ཟས་གཏད་ཀྱི་ཕྱག་བཞེས་འདི་མཛད་སྐད་དོ།། ཟས་གཏད་ཀྱི་ལོ་རྒྱུས་རྫོགས་སྷོ།།།།

찾아보기 사람 이름 · 땅 이름 · 나라 이름 · 책 이름

【ㄱ】

가똥짼유숭[똥짼유숭] 105, 106

가섭 부처님[음광불] 120

『개세』 42, 60, 61

개찰부잰 142, 143

검각劍閣 46

게개초사 147

겐둔최펠 62

경부행중관자립파 32

곡렉빼세랍 스님 29

곡로댄세랍 스님 29, 32, 33

곡로얍세 29

곤룽곤빠佑寧寺 11

관觀 24, 166, 168, 245

관음계[아왈로끼따브라따] 스님 26

구게 왕국 28

구나팔라 스님 28

『구당서』 87, 91

귀로에상소누뻴 스님 13

『근본중송[중론]』 26, 33, 36

『금강경』 40, 71, 73, 126, 148

김 하샹[김 화상, 무상 스님] 38, 39, 40, 41, 42, 44, 54, 57, 58, 59, 64, 68, 69, 70, 71, 72, 73, 75, 76, 78, 79, 81, 82, 84, 85, 86, 87, 91, 92, 93, 94, 123, 124, 125, 126, 127, 128

김상옹조[금성 공주] 87, 91, 108

김지견 96, 123

『께따카, 정화의 보석』 26, 36, 37

께상 119, 120

께우래룽 127

껜래 150, 151

【ㄴ】

나남마샹촘빠께 109

나남냐상 39, 71, 125

나란다 사원 113, 179

낙초출침갤와 스님 29

낭첸 151

낸뽀상와 12, 101

냥딩게진 151, 153

냥뢰공 140

냥쌰미고차 137

네르닥짼동시 137

네팔 11, 18, 40, 71, 102, 111, 113, 114, 115, 117, 118, 119, 122, 126, 132, 140, 145, 146, 156, 158, 178

니와냐도레낭짼 105

【ㄷ】

다라루공 138

『달라이 라마가 들려주는 티베트 이야기』 22, 23

달마 대사 47, 50, 123

달욘땐착 스님 34

당 태종[딩가딩쭌] 105, 106

당 화상[처적 스님, 처적 선사] 47, 49, 50, 123 47

『대승기신론』 52

『대승집보살학론』 26

대월지국 38, 125

『대정신수대장경』 46, 48

『댄까르마목록』 25, 26

댄틱사원 27

돈문파 21, 24, 156, 161, 162, 163, 165, 168, 171, 173

『두견가음杜鵑歌音』[『서장왕신기西藏王臣記』] 44, 57

둘와돗룩[돗둘] 29

둘와맷룩[맷둘] 29

둥까르 로상친래 62

『둥까르(티베트학)대사전』 62

등신부동금강상 19

똘마 129, 130

【ㄹ】

라사뻬하르 118, 119

라싸쭉라캉[조캉 사원, 대소사大昭寺] 16, 17, 19, 102, 116, 118

『라세』 43, 61

라싸 18, 19, 27, 59, 64, 102, 106, 110, 118, 121, 129, 130, 153, 174

라첸공빠랍샐 스님 27, 28

『람림첸모』 129

랑초낭라 118, 119, 122

로히띠강 114

롤프 알프레드 슈타인[슈타인] 61, 63

루메출침쎄랍 스님 27, 28

룽축 궁전 115

리친 102, 103, 104

린첸상뽀 스님 27, 28, 29

【ㅁ】

마가다국 38, 125

마두명왕 144

마명 보살 70, 125

마새꽁 143
마차장춤예세 스님 34
마하보디 사원 113
마하야나 화상 37, 46, 153, 154, 157, 158, 159
망유 111, 113, 136
『명구론』 33
명제明帝 131
무분별지 160, 161, 162
뭄샹옹조[뭉샹옹조, 문성 공주] 106
미륵법륜 19

【ㅂ】

바랫나 스님 157, 173
바빼양 스님 140, 157, 163
바사잰리시 173
바상씨[상씨] 38, 39, 43, 44, 60, 61, 62, 68, 69, 70, 71, 72, 73, 74, 75, 77, 80, 81, 83, 94, 119, 120, 123, 124, 125, 128, 141, 149, 161, 171, 174
바샐낭[바새낭] 25, 43, 68, 69, 61, 62, 63, 70, 72, 74, 77, 80, 83, 111, 112, 113, 114, 115, 117, 118, 122, 123, 124, 148, 149
『바세』 10, 11, 23, 37, 38, 41, 42, 43, 44, 45, 46, 54, 55, 56, 57, 58, 59, 60, 61, 62, 63, 64, 65, 66, 67, 68, 85, 87, 92, 93, 94, 99, 172, 183
바하시 140
바하짼 140
『반야등론』 26
『반야등론주』 26
방글라데시 40, 71, 115, 126, 157
『백련화보정경』 103
번뇌장 166
『법법성론』 32
법칭[다르마끼르띠] 스님 26, 32
법호[다르마팔라] 스님 28
『보성론』 32
『보운경』 103
『보협경요육자진언』 14
본교 12, 13, 19, 21, 45, 56, 73, 75, 76, 79, 81, 82, 86, 101, 111, 115, 128, 131, 137, 138, 140, 142, 157, 174, 175, 176, 177, 180, 181, 183
부견 왕 18
부뜬린첸춥 스님 11, 27, 57, 60
『부뜬불교사』 10, 11, 27, 44, 57
『불설대승장엄보왕경』 102
『불설도간경』 40, 71, 73, 126, 148
『불설업보차별경』 39, 71, 73, 126, 148
『불소행찬』 38, 125
불호[붓다빨리타] 스님 26
『불호주』 26

『붉은 역사』 44, 57

비로짜나 스님 175, 176, 178, 179, 182

빠오쭈락첸와 스님 44, 57

빠찹니마착[빠찹니마착빠] 스님 33, 34

빠찹빠상왕뒤 45, 46, 65, 66

【ㅅ】

사군삼존師君三尊 20, 109

사꺄소남갤챈 스님 11, 57

사대주四大洲 142, 144, 145

사대천왕四大天王 131, 132, 147, 180

사두팔라 스님 28

『사백론』 33

『사백론주』 33

사뺀꾼가갤챈 스님 42, 43, 60, 62

『사택염』 29, 32

사호르 40, 71, 74, 77, 79, 83, 115, 118, 126, 158

『삼국사기』 18

삼뽀라 103

삼예사 20, 21, 25, 30, 35, 43, 45, 56, 59, 61, 110, 114, 121, 128, 129, 133, 134, 137, 139, 140, 141, 142, 144, 145, 146, 147, 148, 149, 152, 153, 157, 167, 170

삼예종론 21, 153

삼예훈기춥[삼예사] 114

상푸네우톡 사원 29

샘반샤익 66

샤루최데夏魯寺 사원 11

샹개냐상 137

샹냐상 117

샹냥상 122

샹론 68, 123, 128, 134, 141, 142, 148, 150, 151, 169

샹침메헵 137

샹탕색빠예세중내 스님 34

선지식 40, 71, 72, 74, 77, 79, 83, 114, 115, 126, 127, 140, 150

설일체유부 25, 169

세르끼고차[까나까와르만] 34

세속제 32, 36, 161, 168

셍고하룽시 39, 71, 119, 122, 126, 137

셍고하룽초세낸렉 132

소론 113

소수림왕 18

소지장 166

『송고승전』 46, 48, 49, 50, 58, 64, 92, 123

순도 스님 18

숨빠캔첸예세뻴졸 스님 42, 43

승의제 33, 36, 161, 163, 168

시가체 11, 27

『신당서』 87, 89, 91, 106
『신라불교연구』 123
신불맹서비信佛盟誓碑 149, 167
신수 스님 50
『십만송반야경』 156, 173
십법행十法行 24, 163, 168
『십선법경』 103

【ㅇ】

아난따 119, 120, 121
아도 스님 18
아띠쌰 스님 27, 29, 115
아라야빠로 전각 142, 143, 144
아프가니스탄 19
암도 지방 11, 27, 28, 42, 61
야마구찌 즈이호山口瑞鳳 58
『양결정론量決定論[정량론定量論]』 32
엑추 69, 70, 72, 78, 79, 82, 84, 85, 123, 124, 128
『역대법보기』 46, 49, 50, 58, 64, 91, 123
연화계[蓮花戒, 까말라씰라] 스님 21, 25, 26, 32, 37, 46, 156, 157, 158, 159
연화생[蓮花生, 파드마삼바바, 빨마삼바바] 스님 20, 21, 45, 109, 128, 129, 130, 131, 132, 133, 134, 135, 136, 138, 146
예세왕뽀 스님 114, 148, 150, 151, 153, 154, 155, 157, 168, 169, 171, 173
예세외[하라마예세외] 스님 28
오명五明 165
『오부다라니경』 103
오장나[烏仗那, 우갠] 21, 128, 130, 179
오파타야 113, 153
『왕조명경王朝明鏡』[『서장왕통기西藏王統記』] 10, 44, 57
용수[나가르주나] 논사 24, 25, 33, 36, 37, 68
『우전대수기』 108
우쩨전殿 144
우찰포용사 147
운부라강 12, 101
『원각경대소석의초』 46, 49, 50, 123
월칭[찬드라끼르띠] 스님 33, 34, 37
『웨이시에역주[《韋協》譯注]』 46
유가행중관자립파 25, 32, 33, 36, 113, 162
육자진언[옴마니반메훔] 12, 101, 102
이도종 106
이란 19
이불란사 18
이연 106
이염[李炎, 당唐 무종武宗] 22
인도 11, 14, 15, 19, 28, 32, 27, 28, 57, 104, 119, 142, 148, 161, 162, 171, 172, 177, 179,

134, 153, 178

일본 19, 41, 58

『입보리행론』 26

『입중론』 33

【ㅈ】

자마[자마 지역] 74, 77, 82, 110, 114, 119, 120, 137, 143

자마캐뽀리[캐뽀리] 산 141, 144

장구겸경章仇兼瓊 47

『장꺄교의론』 34

장꺄롤빼도제 스님 34

장안長安 39, 49, 70, 72, 73, 76, 81, 89, 90, 91, 105, 125, 126, 127, 128

『장엄경론』 32

재붕사원 45, 65

장개라렉시 74, 77, 83

쟝개쟈렉시 119

적천[샨티데바] 스님 26

적호[寂護, 샨타락시타, 보디사따] 스님 20, 21, 25, 26, 32, 37, 40, 45, 109, 113, 126, 138, 156

전진前秦 18

전흥기前興期 불교 23, 25, 33

점문파 21, 24, 154, 157, 158, 161, 162, 163, 168

정중사淨衆寺 50

정천사淨泉寺 46, 48

제5대 달라이 라마[가왕로상갸초] 44, 45, 57, 65

제띠고망 129

제바 논사 33

『제불보살명칭경』 14

제싱 151

조데루궁돈 105

조로사하부맨 143

조무하개 173

조손삼법왕祖孫三法王 20

족로께상개공 109, 110

존승궁 179

좀돈빠 스님 27

중관귀류파[스와딴뜨리까, 우마탈규르와] 33, 34, 36, 162

『중관수습차제삼편[수습차제삼편]』 156

『중관심론』 29, 32

『중관이제론』 25

중관자립파[쁘라상기까, 우마랑귀빠] 25, 32, 33, 34, 36, 162

『중관장엄론』 25

『중관광명론』 21, 25, 156

중국 10, 11, 19, 22, 23, 27, 44, 56, 57, 58, 60, 64, 85, 87, 93, 94, 100, 106, 109,

131, 148, 153, 155, 171

『중변분별론』 32

즈자냐팔라 스님 28

지止 24, 168

지선 스님 47, 49

지선 스님

지장[즈나냐가르바] 스님 25, 37

진나[디그나가] 스님 26, 32

짬빠 129

짱빠살뵈 스님 34

짼뽀 궁리궁짼 23

짼뽀 냐치짼뽀 23, 56, 176

짼뽀 무네짼뽀 174, 175, 182

짼뽀 송짼깜뽀[치송짼, 치송짼깜뽀] 14, 18, 19, 20, 23, 100, 104, 106, 138

짼뽀 치달마우둠짼[랑달마] 19, 20, 21, 23, 27, 28

짼뽀 치데송짼 173

짼뽀 치데쭉땐 45, 56, 73, 75, 76, 79, 81, 82, 84, 85, 86, 88, 89, 91, 92, 93, 108, 117, 121

짼뽀 치송데짼 12, 20, 23, 25, 33, 44, 45, 56, 60, 63, 68, 72, 73, 74, 75, 76, 77, 80, 81, 82, 84, 85, 86, 87, 92, 93, 101, 103, 109, 117, 121, 138, 140, 149, 150, 171, 173, 174, 175, 181

짼뽀 치쭉데짼[랄빠잰] 12, 23, 101, 121, 171

짼뽀 하토토리낸짼 10, 12, 23, 101

쪼몬짜라 138

쫑카빠 로상착빠[쫑카빠] 스님 37, 129

찍마마 137

【ㅊ】

차빠꾼가도제 스님 44, 57

차캔 129

채인환[인환 스님] 58, 64, 86, 96, 123

청변[바바비베카] 스님 26, 29, 32, 37

청해성 11, 27, 42, 88, 90

체 176

체뽕사 147

초문사 18

치상얍학 147

치쭌 공주 18, 19

치톡제탕라바 109, 110

친교사 40, 71, 73, 76, 79, 82, 113, 115, 118, 119, 122, 126, 130, 131, 133, 135, 136, 138, 141, 142, 143, 171, 173

침메렙 39, 71, 126

침짼세렉시 174, 176, 181

칭빠 궁전 103

【ㅋ】

카니쉬카왕 38, 125

카이운 시라다테白館戒雲 41
캉까르출침깨상 41, 58
캐쉬미르 28, 32, 33, 34, 119
캡스타인 58, 65
쿠닥찹 143
쿵뽀둔쭉 138
킹뽀체테 138

【ㅌ】
타라 보살 143, 144
탁상닥로 143
토머스 레어드THOMAS LAIRD 22
토번당회맹비 102, 116, 118
톤미삼보타[톤미삼뽀라] 14, 102, 103, 104
투깐교의론 11
투깐로상최끼니마 스님 11
퉁진화 65
티베트[토번吐蕃] 10, 11, 12, 13, 14, 15, 18, 19, 20, 21, 22, 23, 26, 27, 28, 29, 31, 33, 34, 36, 40, 41, 42, 43, 44, 45, 56, 57, 58, 60, 61, 62, 66, 68, 69, 70, 71, 72, 73, 74, 75, 76, 77, 78, 79, 81, 82, 83, 85, 86, 87, 88, 89, 90, 91, 92, 93, 94, 99, 100, 101, 102, 103, 104, 105, 106, 107, 108, 109, 110, 111, 113, 114, 117, 118, 119, 120, 121, 122, 123, 124, 125, 126, 127, 128, 129, 130, 131, 132, 133, 134, 135, 136, 137, 138, 140, 142, 143, 150, 153, 154, 156, 157, 158, 165, 169, 171, 172, 173, 174, 176, 180, 181

【ㅍ】
파키스탄 21, 38, 125, 128, 130, 179
『팍샘존씽』 43
팔중주八中洲 144, 145, 157
팡탕 궁전 121, 131, 132
『팡탕목록』 121
푸루샤푸르[페샤와르] 38, 125
『푸른 역사』[청사青史, *Blue annals*] 13, 14, 15, 56

【ㅎ】
하사 궁전[포탈라 궁전] 16, 121, 131, 132
하사라모체[소소사小昭寺, 라모체] 106, 108, 109
『학자의 연』 44, 57
한국 19, 41, 58
『해심밀경소』 156, 157
해친 형제 119
핸까르다모라 궁전 182
『현관장엄론』 32
『현명불타밀의』 42, 60
『현자들의 즐거운 잔치』 44, 57, 64, 65, 67
『현자희연』 44, 57
협존자協尊者 38, 125

혜능 스님 50

혜안 스님 50

호카 지방 121

호탄 106

홍인 스님 49, 50, 123

화룡현化隆縣 27

황부판 65

회창폐불會昌廢佛 22

후흥기後興期 불교 27, 28, 29

힐데가르드 디엠베르거 46, 66

THE STORY OF TIBET Conversations with the Dalai Lama 23

「チベット佛教と新羅の金和尙」 123

『インド仏教人名辭典』 21, 113

三枝充悳 21, 113

저자후기

1. 『바세』를 처음 접한 것은 1997년 경이다. 도쿄대학 야마구찌즈이호(山口瑞鳳, 1926-2023) 교수가 발표한 「티베트불교와 신라 김화상チベット仏教と新羅金和尙」이라는 논문에서였다. 인환(印幻, 1931-2018) 스님과 김지견(金知見, 1931-2001) 교수가 함께 펴낸 『신라불교연구新羅佛教硏究』(1973, 東京: 山喜房佛書林)라는 책에 수록된 이 논문을 읽으며 '8세기 중 · 후반의 티베트불교 역사'를 기록한 『바세』라는 책이 있다는 사실을 처음으로 알게 됐다. 신라인 김 화상, 즉 김무상(金無相, 684-762) 스님이 티베트불교 발전에 이바지했다는 기록이 그 책에 있다는 점도 비로소 알았다.

적지 않은 시간이 흐른 뒤인 2012년 9월 티베트어를 배우러 중국 청해성青海省 성도省都인 서녕시西寧市에 있는 청해민족대학青海民族大學 티베트어진수반[藏語進修班]에 진학했다. 시내를 구경하던 어느 날 그곳의 한 서점에서 티베트어판 『바세』를 우연히 다시 만났다. 기쁜 마음에 책을 구입해 숙소로 돌아와 펼쳤으나 읽을 수 없었다. 티베트어 실력이 초급보다 아래였던 당시 어떻게 읽을 수 있었겠는가? 북경 중앙민족대학의 퉁진화(佟錦華, 1928-1989) 교수와 황부판(黃布凡, 1933-2021) 교수가 함께 중국어로 번역한 『바세拔協』(1990, 成都: 四川民族出版社)를 어렵게 구해 읽었으나 그 책에 '김 화상'이라는 단어는 보이지 않았다. '김 화상은 『바세』에 등장하지 않는 인물인가?'라는 생각이 들었다.

2. 평소 인사하고 지내던 청해사범대학青海師範大學의 한 티베트인 교수로부터 다양한 필사본 『바세』가 있고 어떤 필사본에는 "김 화상이라는 이름이 나온다."라는 말을 2013년 1월 듣게 되었다. 당시까지 발견된 『바세』의 모든 필사본이 수록된 티베트어책을 구했다. "①***rba bzhed phyogs bsgrigs***, bde skyis kyis bsgrigs, be cin: mi rigs dbe skrun khang, 2009." 와 "②***dba' bzhed bzhugs so***, dpe sgrig 'gan 'khur ba longs khang phun tshogs rdo rje, lha sa: bod ljongs bod yig dpe rnying dpe skrun khang, 2010." 등 두 권이 바로 그 책이다. '판권版權 페이지' 에 ①은 "『《巴協》汇編』, 德吉編, 北京: 民族出版社, 2009."로 ②는 "『韋協』, 龍康·平措多吉主編, 拉薩: 西藏藏文古籍出版社, 2010."으로 각각 한역漢譯돼 있었다.

티베트어 실력이 부족해 곧바로 해독하지는 못했다. 청해민족대학에서 티베트어를 익히며 청해사범대학의 티베트인 교수에게 부탁해 4개월 정도 『바세』를 별도로 배웠다. ①과 ②에 비로소 '김 하샹 gyim hashang[김 화상]' 이라는 티베트어가 보였다. 원시 모본母本에 가장 가까운 책에서 필사한 것으로 추정되는 필사본에도 '김 하샹 gyim hashang[김 화상]' 이라는 단어가 있었다. 내용도 아주 명확했다. "아! 이분이 김 하샹, 바로 무상 스님이구나!" 『바세』를 알게 된 지 거의 15년 만에 김 화상을 직접 확인했다.

3. 『바세』는 쉬운 책이 아니었다. 티베트 지명地名, 티베트 인명人名, 티베트 역사, 티베트 문화, 고전 티베트어 등 모든 면에 미숙未熟했던 당시의 필자가 읽기에는 굉장히 힘든 책이었다. 청해성에서 북

경으로 돌아와 박사과정을 이수하던 2년 동안[2013.7-2015.8] 때때로 『바세』를 펼쳐 보았으나 모르는 단어가 여전히 많았다. 『현관장엄론現觀莊嚴論』, 『입중론入中論』, 『석량론釋量論』, 『구사론俱舍論』 등을 배우고 티베트불교를 체험하기 위해 2015년 8월 말 청해성에 있는 한 티베트 사찰에 들어갔다. 그 사찰에서 3년 정도 학습한 뒤 『바세』를 보자 비로소 내용을 대충 파악할 수 있었다. 다시 북경에 돌아온 뒤인 2018년 1월경 『바세』에 나오는 어려운 단어나 구절에 대해 중앙민족대학 티베트학연구원의 교수들에게 물었다. 그럭저럭 전체를 통독通讀할 수 있었다. 번역할 수 있겠다는 자신감도 생겼다.

귀국 후인 2019년 1월 10일부터 5월 10일까지 '초벌 번역'을 마쳤다. 성철사상연구원이 발행하는 월간月刊 『고경』 제69호[2019년 1월호], 제70호[2019년 2월호], 제73호[2019년 5월호], 제74호[2019년 6월호] 등에 연재됐던 역주문譯注文이 바로 이것이다. 본서에 수록된 역주문은 당시의 글을 수정 · 보완한 '2차 번역'이라 할 수 있다. 1차 · 2차 과정을 거치며 『바세』는 우리말로 처음 완역完譯됐다. 당연한 말이지만 『바세』에 대한 나의 설명과 번역이 완벽하다고 생각하지는 않는다. 논문과 번역을 통하지 않고 내가 이해한 『바세』를 설명할 수 있는 다른 방법이 지금의 나에겐 아쉽게도 없다. 『바세』의 문맥을 정확하게 파악하지 못하고 설명했거나 번역한 오류가 있다면 독자들의 가르침을 겸허하게 받아들여 수정할 생각이다. 최대한의 노력과 정성을 쏟았기에 '이렇게' 『바세』를 만나 '이런 식으로' 『바세』를 이해하고 번역한 사람이 있다는 점을 기억해 준다면 그것만으로도 고마운 일이겠다. '그 존재'를 알게 된 지 25년이나 지난 요즘도 때때로 『바세』를 읽는다. 아무 페이지나 손 가는 대로 펼쳐 본다. 곧바로 해독되는 페이지가 많지만 '약간의 생각'이 필요한 페이지도 있다.

4. 8세기 말 모본母本이 완성된 것으로 추정되는 『바세』는 그동안 필사되어 전해졌다. 독일에서 태어나 프랑스에서 연구에 매진했던 동양학자東洋學者 롤프 알프레드 슈타인(R.A.Stein, 1911-1999)이 1961년 파리에서 한 필사본을 정리·출판하고(***sba bzhed zhabs btags ma***), 북경에 있는 민족출판사가 중국에 있던 필사본들을 교감해 1980년 출간하며 『바세』의 필사筆寫 시대는 공식적으로 마무리된다. 『바세』에 대한 연구가 진행되던 1990년 ***ba bzhed zhabs btags ma***를 중국어로 번역한 책[『바세拔協』]이 성도成都에 위치한 사천민족출판사四川民族出版社에서 출간됐다. 이 책은 '중앙민족학원 소수민족어언문학계 장어문교연실藏語文教研室[중앙민족대학 티베트학연구원의 전신]'이 펴낸 ***ba bzhed zhabs btags ma***를 저본으로 퉁진화佟錦華 교수가 1978년 중국어로 초역初譯했고, 1985년 북경도서관에 있던 ***ba bzhed zhabs btags ma***와 교감하고, 1987년 북경 중앙민족대학의 퉁진화 교수와 황부판 교수가 공동으로 수정한 뒤 1990년 함께 출판한 것이다. 2000년대 들어 『바세』의 여러 필사본을 집적한 『〈巴協〉匯編***rba bzhed phyogs bsgyigs***』(2009, 北京: 民族出版社)과 『韋協 ***dba' bzhed bzhugs so***』(2010, 拉薩: 西藏藏文古籍出版社)이 출간되며 『바세』는 보다 쉽게 접할 수 있게 됐다. 현존하는 필사본들의 세부적인 내용은 조금씩 다르나 쩬뽀 치송데쩬 시기의 불교 전래 과정

을 기록한 줄거리는 거의 같다. 인도의 연화계 스님과 중국의 마하야나 화상이 792-794년 경 삼예사에서 벌인 '대론對論[삼예종론宗論]'의 내용도 『바세』에 자세하게 정리되어 있다.

5. 많은 인연因緣에 힘입어 『바세 연구』가 출간됐다. 티베트어에 걸려 뒤뚱거리던 그 시절 격려해 주고 이끌어 주던 분들, 티베트 사찰에서 『아비달마구사론阿毘達磨俱舍論』·『현관장엄론現觀莊嚴論』·『입중론入中論』·『석량론釋量論』 등 오부대론五部大論을 배울 때 자세하게 설명해 주던 스님들, 청해성의 찬 바람에 걸려 감기感氣로 고생할 때 이겨내도록 도와주던 분들, 사찰에 머물며 공부할 수 있도록 배려해 준 관계자들, 티베트에서 공부할 수 있도록 물심양면으로 후원해 주신 모든 분께 인사드린다. 학업을 잘 마무리한 딸과 아들에게 이 책을 헌정獻呈한다. 출판을 맡아준 도서출판 어의운하 김성동 대표를 비롯해 『바세』에 관심을 보여준 분들께 감사드리며 『바세』에 나오는 중요한 한 구절을 소개한다.

> "불교를 보는 관점은 나가르주나 논사의 그것을 따르고 수행은 세 가지 지혜[三慧]에 의지해 지止와 관觀을 닦도록 하십시오!"

불기 2567[2023]년 4월 28일 금요일

종로 종각 부근의 우거寓居에서

འཇམ་དབྱངས་ཡེ་ཤེས། **조병활** 근지謹識